中国服务贸易协会 编
清华大学服务经济与数字治理研究院

中国服务贸易年度研究报告

数字转型和创新对服务贸易的影响

易小准　江小涓　主编

2022

Annual Research Report of China's
Services Trade 2022

Impact of Digital Transformation and Innovation on Services Trade

人民出版社

责任编辑:茅友生

封面设计:胡欣欣

图书在版编目(CIP)数据

2022 中国服务贸易年度研究报告/中国服务贸易协会,清华大学服务经济与
　数字治理研究院 编. —北京:人民出版社,2022.12

ISBN 978－7－01－025240－7

Ⅰ.①2…　Ⅱ.①中…②清…　Ⅲ.①服务贸易-研究报告-中国-2022

　Ⅳ.①F752.68

中国版本图书馆 CIP 数据核字(2022)第 204554 号

2022 中国服务贸易年度研究报告

2022 ZHONGGUO FUWU MAOYI NIANDU YANJIU BAOGAO

中国服务贸易协会　清华大学服务经济与数字治理研究院　编

人 民 出 版 社 出版发行

(100706　北京市东城区隆福寺街 99 号)

中煤(北京)印务有限公司印刷　新华书店经销

2022 年 12 月第 1 版　2022 年 12 月北京第 1 次印刷

开本:710 毫米×1000 毫米 1/16　印张:24

字数:340 千字　印数:0,001－5,000 册

ISBN 978－7－01－025240－7　定价:198.00 元

邮购地址 100706　北京市东城区隆福寺街 99 号

人民东方图书销售中心　电话 (010)65250042　65289539

序

中国服务业增加值占 GDP 比重一半以上,已成为中国经济发展的支柱,在推动中国经济增长和促进就业方面发挥越来越重要的作用。强劲增长的服务业也为中国服务贸易持续发展提供了坚实的基础,中国已连续八年保持世界第二的服务贸易大国地位。中国服务贸易协会作为国家服务贸易行业组织,为了加强服务贸易领域研究,掌握国际服务贸易发展动态,以及为政府和企业在制定发展战略时提供参考依据,联合清华大学服务经济与数字治理研究院开展合作,从 2022 年起开始组织国内服务贸易领域的专家和学者撰写和编制中国服务贸易年度研究报告。

《2022 中国服务贸易年度研究报告》详细地描述了世界和中国服务贸易发展的新情况、新特点和新格局,首次清晰地展示了中国数字贸易取得的新进展。报告中有关服务贸易和数字贸易的概念、分类和统计分析,极大地方便了读者对服务贸易和数字贸易的理解。

报告描述了 2021 年中国数字贸易发展的全景,分析了数字技术驱动服务贸易创新发展的机制,梳理了全球主要经济体在数字贸易

1

规则制订和数据跨境流动治理方面的主要趋势。报告对全球数字贸易规则的未来发展方向做出前瞻性分析,并对中国发挥的积极作用进行了全面阐述。

2022 年研究报告最大的亮点是聚焦目前服务贸易发展的最突出特点——数字转型和创新对服务贸易的影响。本报告传递了一个关键信息:数字技术的发展对服务贸易带来革命性的影响。报告用 10 章的篇幅对中国数字贸易的发展做出全方位的分析,使人们对中国数字贸易的创新和发展有了全新的认识。报告还就未来几年中国数字贸易的发展及其治理提供了建设性和可操作的建议。

我相信这份研究报告会给各类读者带来诸多益处,对学者来说有很强的学术性和专业性,对从事服务贸易和数字贸易的企业有很强的实用性,报告中的很多建议对政府制订相关政策促进服务贸易和数字经济发展也颇具参考价值。

易小准
商务部原副部长、世界贸易组织前副总干事

目　　录

概　　述

《2022 中国服务贸易年度研究报告》
——数字转型和创新对服务贸易的影响

2022 年对中国的服务贸易是重要的一年。首先,前 7 个月服务贸易在 2021 年恢复的基础上继续保持平稳快速增长,服务贸易逆差持续缩小。其次,数字转型和创新对传统贸易的促进作用日益明显,数字技术的发展使服务贸易成为当前最有活力的贸易领域。数字化转型推动中国跨境电商以前所未有的速度发展,不仅为出口增加了新模式,而且为中低端制造业存续和发展开辟一条新路径。

在服务贸易规则方面,包含电子商务章节的贸易协定《区域全面经济伙伴协定》(RCEP)于 2022 年 1 月 1 日正式生效,RCEP 十五个成员将逐步形成规则相通、标准相容的一体化数字贸易市场,有利于扩展成员在新兴数字领域的互利合作,为企业带来数字产业合作商机,促进各方数字经济发展。2022 年 8 月,中国加入《数字经济伙伴关系协定》(DEPA)工作组成立。中国服务领域开放的大门越开越大,在全国推进实施跨境服务贸易负面清单,中国服务业开放的政策环境进一步优化。

在此大背景下,中国服务贸易协会联合清华大学服务经济与数字治理研究院组织专家编写了《2022 中国服务贸易年度研究报告——数字转型和创新对服务贸易的影响》,介绍了当今中国服务贸易的详细情况,以及未来中国服务贸易将如何发展,特别是数字转型和创新对服务贸易影响和发展建议。报告为服务贸易企业提供中国服务贸易,特别是数字贸易发展的最新情况、特点、发展趋势和案例,反映国家贸易政策的执行情况和全球数字贸易规则的制定情况,同时报告中的相关政策建议也可以为政府部门制定政策时提供参考。

特约专稿　现代化建设新征程与服务贸易发展新格局

一、新发展格局下服务贸易的发展现状

2021 年服务业占中国经济总量的 53.3%,服务业吸纳就业的贡献突出,占中国就业总数的 48%。中国已经进入了服务经济时代,国际贸易竞争力的提升也要加快向服务贸易转变。

随着中国经济持续较高速度增长,人均收入水平已经站在了高收入国家的门槛边缘,劳动力成本上升要求我们立足国情新特点,培育服务贸易竞争新优势。服务贸易的发展能够促进出口向低碳结构转变,实现双碳目标这个重大任务。同时,发展生产者服务贸易,特别是研发服务、技术服务、商务服务、营销服务等,都对中国制造业转型升级,提升国际竞争力有积极作用。

二、服务业的特点及其对服务贸易的影响

从多种角度观察,与制造业相比,服务业的国际贸易比重都相对较

低。各国服务贸易占国际贸易的比重一直较低,服务贸易占服务业产值的比重明显低于货物贸易占工业和农业产值的比重,服务贸易占国际贸易的比重明显低于服务业占 GDP 的比重,中国尤其突出。这主要是因为传统服务业具有低效率和不可贸易的特点。"服务"通常是指没有实物形态产出的经济活动,且制造品出口中的服务含量未被计算。

三、国际贸易环境的变化及对服务贸易的影响

全球贸易保护主义升温与新冠肺炎疫情在全球快速蔓延产生叠加影响,导致 2020 年全球服务出口下降 20%,虽然 2021 年全球服务出口提升至 6.07 万亿美元,较 2020 年增长了 17.2%,但仍低于疫情前水平。

四、数字服务贸易:服务贸易发展的新机遇新动力

互联网和数字技术的广泛使用通过远程连接传统服务供需双方,极大促进了服务贸易的发展。数字服务贸易同样是中国服务贸易中增长最快的部分。数字时代的服务贸易出现了许多新业态,其中全球科技创新合作的发展意义重大。

五、中国服务贸易发展战略的几点思路性建议

中国服务贸易发展仍然有巨大潜力,建议高度重视发展数字服务贸易,加快发展高水平生产者服务贸易,发展丰富多元消费者服务贸易,继续发展服务外包并提升水平,推进服务业市场化改革和服务贸易制度创新,促进服务贸易发展与治理全球合作。

第一章　服务贸易和数字贸易的概念、分类和测度

一、服务贸易的概念、行业构成和统计方法

(一)服务贸易的发展与服务贸易概念的扩延

服务贸易的概念分为狭义论与广义论。国际收支服务贸易统计(BOP)将居民与非居民所从事的跨国服务视为国际服务贸易,即狭义论。GATS 将所有涉及不同国民或不同国土的服务交易都列入国际服务贸易范畴,即广义论。

(二)二元架构的服务贸易统计体系

GATS 拓展了服务贸易的概念,国际服务贸易不仅可以通过常住者与非常住者之间的交易实现,还可以通过在国外建立商业存在实现。《国际服务贸易统计手册》建立了二元架构的服务贸易统计体系,国际收支表(BOP)的服务统计和国外附属机构统计(FATS)。他们是在体系上相互独立,功能上相互补充的统计数据。

(三)国际收支统计 BOP 的服务子项的统计调查方法

BOP 的统计原则。国际收支平衡表经常账户关于服务贸易的统计在国际上认可度较高,也是发展最早、应用最广泛、统计最成熟的统计制度。IMF 各成员均按要求对 BOP 口径的服务贸易进行统计。

BOP 统计的责任机构和数据采集方法。服务贸易数据的采集是多源、多途径的,包括:国际交易申报系统、企业调查、住户调查、国际货物贸

易统计、官方数据以及来自伙伴国和国际组织的数据。商务部服务贸易司通过企业调查和大数据方法获得补充信息,对国家外汇管理局国际收支数据进行了必要的调整和改算,得出中国服务贸易统计数据。

（四）FATS 数据的统计调查方法

FATS 统计有关于国外附属机构经营状况的一系列指标,其中在东道国的服务销售与收支口径服务贸易并列,共同测度投资国在世界市场上所提供服务的价值量。FATS 统计主要调查以下三方面的指标:投资构成的来源指标、企业销售指标和雇员人数的报酬指标。中国的内向 FATS 统计借助外商在华投资企业统计采集有关数据,外向 FATS 统计借助中国境外投资企业统计采集有关数据。

二、数字贸易的概念、测度口径和测度方法

从"二元三环"架构出发,数字贸易是指数字技术化成和促成的跨境贸易,属于数字经济产品的国际贸易。

（一）国际组织关于数字贸易的测度

UNCTAD 的数字可交付口径的数字贸易专注于窄概念数字贸易的测度方法开发,其测度架构实质是数字技术赋能于传统服务贸易使之能够在线上交付,但是数字可交付服务不等于数字实际交付服务。OECD-WTO-IMF 联合开发的《数字贸易测度手册》把数字贸易定义为数字订购贸易、数字交付贸易和第三方平台服务贸易。

（二）数字贸易测度基本理念和方法的提出

2018 年初,贾怀勤教授首先提出开展数字贸易"融合比"法的理念和

数字贸易试测度的建议。该建议得到国家工业信息安全发展研究中心的响应。2020 年 10 月,工信安研中心发布了全国第一份《中国数字贸易测度报告》,披露了 2018—2019 年中国数字贸易进出口的整体规模和分类规模。2022 年工信安研中心测度出包括数字实际交付服务和数字订购服务的全覆盖数字服务贸易额。

（三）海关的跨境电商统计

2021 年起中国海关实施"跨境电商业态全口径"的统计方案。以电商平台为主要调查对象,通过行政记录、平台调查和大数据分析相结合的方法,全面统计跨境电商货物或物品的进出口规模,多维度全面反映中国跨境电商业态发展状况。

第二章　2021 年服务贸易和数字贸易发展状况

一、服务贸易发展情况

（一）服务贸易总额快速增长

中国服务贸易持续快速增长,逆差保持收缩态势。2021 年服务进出口总额达 52982.7 亿元人民币,同比增长 16.1%,贸易规模连续八年位居全球第二位,在世界服务贸易总额中的占比为 7%。

运输服务超越旅行服务成为服务贸易规模最大领域。新冠肺炎疫情导致旅行服务的进出口继续下降,知识密集型服务贸易稳定增长,出口增长较快的领域是个人文化和娱乐服务,知识产权使用费,电信计算机和信息服务。

（二）附属机构服务贸易持续增长

2020 年,中国附属机构服务销售收入合计达 17.5 万亿元,是当年 4.6 万亿元跨境服务进出口总额的 3.8 倍,商业存在继续保持服务贸易最主要模式的地位。

（三）服务业利用外资金额提高,服务贸易限制性指数仍较高。

中国多措并举扩大服务业对外开放,压减外资准入负面清单;扩大鼓励外商投资产业目录;推动服务业扩大开放综合试点。服务业领域利用外资规模持续增长,2021 年服务业实际使用外资金额 9065 亿元人民币。根据 OECD 发布的服务贸易限制性指数,在多数领域中国服务贸易限制性指数仍高于平均水平。

（四）离岸服务外包增长迅速

中国服务外包大国地位稳固,2021 年承接服务外包 21341 亿元,同比增长 25.4%。其中,离岸服务外包合同额首次突破一万亿元。离岸服务外包业务结构、区域布局与国际市场均呈现优化态势。

二、数字贸易发展情况

（一）可数字化交付服务贸易迅速发展

中国数字服务贸易规模位居世界前列,已经成为世界排名第五的可数字化交付服务出口大国,金额从 2015 年的 2000 亿美元增至 2021 年的 3605 亿美元,年均增长 10.3%,在服务贸易总额中的占比从 30.6% 增长至 43.9%。以电信、计算机和信息服务为核心的数字服务贸易比重不断提升。旅游、运输等传统领域加快数字化发展,金融、保险、文化娱乐、商务服务等新兴领域数字化水平不断提升,贸易结构不断优化。

（二）ICT 服务贸易规模持续扩大

中国信息通信技术（ICT）服务贸易规模持续扩大,已成为世界上仅次于爱尔兰、印度的第三大 ICT 服务出口国,世界影响力逐步提升。

（三）数字贸易重点领域发展状况

1. 跨境电子商务。全球前十大跨境电子商务销售国家中,中国和美国是 B2C 发展的引领者。其中,中国跨境（B2C）电子商务销售额为 1.5 万亿美元。2020 年电子商务企业全球市值前 5 名中中国占据 4 席。

2. 云基础设施规模持续增长,阿里云、百度云、华为云、腾讯云等中国的云计算服务商发展迅猛。2021 年中国云基础设施服务规模达到 274 亿美元,同比增长 45%。

3. 中国在移动支付中建立了领先优势,移动支付已经成为中国非现金支付的主要方式。全球主要经济体中,中国国内数字钱包消费占比最高,其中的电子商务消费中数字钱包消费占比接近 83%。截至 2021 年底,中国网络支付用户规模达 9.04 亿。

4. 中国卫星通信及位置服务产业实现突破性发展,2020 年总体产值达 4033 亿元,较 2019 年增长约 16.9%。

5. 中国数字游戏在全球占据重要地位。2021 年,中国数字游戏市场实际销售收入依然保持增长态势,自主研发游戏海外市场实际销售收入达 180 亿美元,比 2020 年增加了 25.6 亿美元,同比增长 16.6%,游戏产业作为文化产业出口重要支柱的地位进一步凸显。

6. 中国社交媒体发展迅速,在全国人口中的渗透率持续提高。2021

年,中国社交媒体用户规模超 10 亿人,社交媒体抖音及其国际版 TikTok 在全球 App Store 和 Google Play 总下载量已经突破 30 亿次。

7. 搜索引擎。截至 2021 年 12 月,中国网民规模达 10.32 亿,其中搜索引擎用户规模达 8.29 亿,占网民整体的 80.3%。

第三章　服务贸易市场主体发育状况

一、政府高度重视布局推进服务贸易市场主体培育

中国政府多次出台促进服务贸易发展的政策文件,以深化改革、扩大开放、鼓励创新为动力,推动扩大服务贸易规模,培育"中国服务"国际竞争力,提升"中国服务"在全球价值链地位。具体举措包括深入推进自由贸易试验区、自由贸易港以及服务业扩大开放综合试点(示范区)等建设,准入前国民待遇加负面清单管理制度、跨境服务贸易负面清单等一系列制度和政策创新,为服务贸易创造了更加自由便利的营商环境,拓宽了市场主体发展的空间。

二、服务贸易企业发展情况

中国服务企业更广更深地参与到国际市场竞争,涌现出越来越多的领军型服务贸易企业。从福布斯全球企业 2000 强排名看,2022 年上榜企业中服务领域企业 241 家。

(一)运输:中国运输领域逐渐培育形成一批业务规模大、覆盖范围广、竞争实力强的企业,以中远海运、中国国航、国铁集团、顺丰等为代表的物流运输领域的服务贸易企业,成为中国运输服务贸易的重要支柱。

(二)旅行:中国旅游资源丰富,旅游领域培育形成了包括中国旅游

集团、华侨城集团、首旅集团、锦江国际、携程集团、春秋集团等一批知名旅游服务贸易企业。

（三）建筑：建筑是中国具有较强竞争优势的服务贸易领域，2022 年福布斯全球企业 2000 强显示，中国建筑、万科企业、中国中铁、上海建工、中南建设等 47 家国际化发展工程建设企业进入榜单。

（四）保险：中国保险业依托本土市场优势，逐渐培育形成若干世界级保险企业，积极拓展全球业务。中国平安和中国人寿进入了 2021 年世界品牌 500 强。

（五）金融：中国已形成金融机构众多、金融工具丰富、功能齐全、生态优良的局面，成为比较发达的金融大国。外资金融企业积极来华投资经营，促进了中国金融服务贸易的发展。截至 2020 年底，共有 17925 家外资金融企业在国内登记注册。

（六）电信、计算机和信息服务：国际竞争力逐步增强，电信方面，中国移动等一批电信企业在服务国内市场的同时，积极开拓国际市场。软件和信息技术服务方面，华为、神舟数码、中兴通讯等一批企业创新发展能力不断增强，成为行业发展引领者。

（七）知识产权使用费：中国自主创新能力不断增强，知识产权出口能力不断提高。中国涉及知识产权使用及许可相关的进出口业务及企业日渐增多。

（八）个人、文化和娱乐服务：中国对外文化贸易保持较快发展，2021 年对外文化贸易额首次突破 2000 亿美元。中国的影视剧、网络文学、网络视听、创意产品等领域出口增长迅速。

（九）专业服务等其他商业服务：该领域汇集了知名国际跨国企业，众多的本土商业服务提供者也不断成长壮大，具备了较强的市场竞争力，积极参与全球商业领域的合作与竞争。

（十）维护和维修服务：在船舶、航空器以及其他交通工具维修保养等领域已经形成一批具有国际竞争优势的维护和维修服务贸易企业。在汽车、电子产品、机械设备等多领域也产生了众多具有行业影响力的维护和维修企业。

（十一）加工服务：加工贸易是中国外贸发展的重要领域，加工服务也是中国服务贸易发展的优势领域。在电子信息、纺织服装、食品加工、机械设备等众多领域涌现出许多专精特新发展的加工服务贸易企业。

三、服务贸易行业协会发展状况

（一）中国服务贸易协会（CATS）近年来在以下领域开展了大量工作：加强服务贸易领域研究，掌握国际服务贸易发展动态，特别关注数字经济、数字服务贸易等新业态，积极组织专家向国家有关部门报送内参，近4年已累计十余篇。自2017年以来，与联合国系统相关机构，联合国贸发、联合国南南、世界粮食计划署、世界贸易组织、世界海关组织、亚洲银行、金砖、上合组织等开展学术交流，针对"一带一路"发展中国家实施国际援助和跨境电商能力建设项目。CATS已将关注新技术、科技前沿、研究新模式、培育新业态与推动适应新业态的人才教育培养，特别是数字技术的产业化和传统产业数字化转型，以及由数字技术衍生、结合其他新业态、新模式作为工作的重点。长期与中科院、北航等科研机构共同研发"全球数字信用（NFDC）体系相关编码、时空区块链、数字云仓等新技术，近3年来积极推动"未来网络"在国内的试点。通过承办服贸会、进博会等国家级会议会展和与地方政府共同举办跨境电商正逐步培育一批服务贸易重点领域自主会议会展品牌，为行业交流搭建平台。利用中国驻外使馆等海外资源，组织开展国际服务贸易领域调研，帮助企业了解海外市场动态及商业信息；充分利用政府资源，组织中国省、市、自治区政府领导拜访外国政府和非政府组织领导,研究探讨扩大双边经贸往来。

(二)各地方服务贸易协会发展情况:截至目前,北京、天津、河北、吉林、上海、江苏、浙江、安徽、山东、广东、海南、重庆、贵州、云南等省、直辖市和自治区建立了省级服务贸易协会。

第四章　数字技术驱动服务贸易创新发展的机制研究

一、数字技术驱动服务贸易创新发展的机制分析

以 5G、大数据、云计算、人工智能和区块链等新一代数字技术为底层技术基础,由数字平台进行资源整合和要素集成,为服务贸易适配各种应用场景,不断创造服务贸易新业态和新模式,实现对服务贸易创新的驱动和赋能,显著增强了服务贸易的发展韧性和市场空间。

(一)底层技术支持

技术不断迭代升级改变了服务的创造和提供方式,克服了传统服务的不可交易性约束,提高了服务贸易的生产率。主要表现在 5 个方面:5G 技术提高了服务跨境交付效率;大数据为跨境服务供需精准匹配提供技术支持;云服务改变了服务提供模式;人工智能的深度学习推动服务贸易智能化;区块链重塑服务贸易的资产交易生态。

(二)数字平台

数字平台推动服务贸易创新发展主要基于两点:一是创新商业逻辑,高效撮合全球供需匹配;二是借助技术创新提高跨境履约的安全可信性,

有效管控交易全过程风险。

（三）应用场景

应用场景是由数字技术驱动赋能垂直行业，在应用中不断促进数字技术迭代升级，加速数字产业化和产业数字化、数字贸易化和贸易数字化的进程。数字技术广泛赋能传统服务贸易领域，驱动服务贸易全新应用场景层出不穷。

（四）要素集成

平台借助数字技术通过数据、算力、算法以不同方式有效组合要素资源，为服务贸易各环节和产业链、供应链生态赋能。

二、数字技术成为拉动中国服务贸易增长的动力源

中国数字服务贸易增长势头强劲，国际竞争力日益增强。数字服务出口细分领域快速发展。新一代数字技术服务出口增速迅猛，特别是云服务出口发展势头强劲，区块链技术国际合作空间不断拓展；数字产品服务出口竞争力显著增强；远程服务能力大幅提升。

三、数字技术驱动服务贸易创新发展的主要趋势

数字技术大幅提高了服务跨境交付水平，加速服务贸易新业态和新模式涌现，推动了以平台为载体的服务贸易组织方式变革，加速货物贸易与服务贸易融合发展，推动了服务贸易包容性增长。

四、数字技术赋能服务贸易创新发展的对策

加强关键核心技术攻关；推动跨境电商平台转型升级和加强专业技

术平台的开放创新合作,做大做强各类数字服务贸易平台;以需求为导向拓展新技术在跨境服务中的应用场景;完善技术与政策协同创新体制机制;坚持全链条监管、包容审慎监管和分类监管原则,对跨境数据流动实行分类监管原则,制定合理明确的风险评估标准,除涉及国家安全、产业安全、个人隐私等敏感数据外,促进其他商业数据自由跨境流动。

第五章　全球数字贸易规则发展的主要趋势

一、全球数字贸易规则的发展呈现出"多足多平台"特征

数字贸易规则已成为国际经贸规则体系变革和全球数字治理的重要内容。区域贸易协定成为制定规则的主要平台。截至 2021 年底共有 119 个已经签署的区域贸易协定中包含数字贸易相关规则,签约国覆盖全球 110 个国家。目前,全球数字贸易规则大致形成了美、欧、新、中等四种代表性模式。

《美墨加协定》充分彰显了"美式"数字贸易规则"开放、自由"的价值取向,是全球追求数据跨境流动自由化的最高标准协定,是贴合美国利益的制度设计。

《通用数据保护条例》(GDPR)体现了欧盟确保隐私安全情况下推进数据有序自由流动的"欧式"数据监管立场。

CPTPP 的数字贸易规则具有很明显的"美式"特征,倡导开放、自由、便利化的数字贸易体制。

DEPA 数字贸易规则独具创新性和灵活性,是一份数字贸易专门协定,体现出很强的创新性、包容性和灵活性。

RCEP 是现阶段中国参与国际数字贸易治理的最高标准,具有包容

发展特征,其中的"电子商务"章节是亚太区域内达成的范围最广、成员最多的多边电子商务规则,囊括了数字贸易规则中的重要议题,是现阶段中国参与国际数字贸易治理的最高水平。

二、全球数字贸易规则发展的主要趋势研判

数据要素在国与国之间的自由流动是个大趋势,与隐私保护及数据安全之间的平衡将是数字贸易规则博弈的焦点和难点。数字产品和数字服务贸易的自由化趋势将不断加强,数字贸易规则的内容将不断扩展,亚太地区将成为全球数字贸易规则多边博弈的最前沿。

三、政策建议

对标高标准国际数字贸易规则,加强顶层设计,促进深层次改革。进一步推动数字贸易的高水平开放,深化规则、规制、标准等制度性开放,着力构建开放型经济新体制。全面研究评估协定规则,梳理风险,将外部冲击降至最低,保障开放安全。充分发挥自贸试验区和海南自贸港制度创新的优势,先行先试,进行相关高水平议题的压力测试和风险测试。加强相关企业培训和人才培养,掌握高标准数字贸易规则的主要内容。在保障各国各区域数据安全的监管下,借助数字化技术,建立全球覆盖、渗透性强的多样化"云生态",为中国企业出海"大军"持续扩充力量,为商业、企业获得全球数字贸易快速发展红利创造有利条件。

第六章　全球数据跨境流动治理新趋势

一、中国数据流动法律法规新动态

针对数据跨境流动,中国已经出台了《个人信息保护法》《网络安全

法》《数据安全法》《数据出境安全评估办法》《个人信息出境标准合同规定》(征求意见稿)等一系列重要法规和政策文件,初步形成了支持和推动数字贸易发展的法律政策体系框架。

(一)《网络安全法》——数据跨境流动的安全底板。明确了网络空间主权原则、明确了网络产品和服务提供者的安全义务、明确了网络运营者的安全义务、完善了个人信息保护规则、建立了关键信息基础设施安全保护制度、确立了关键信息基础设施重要数据跨境传输规则。

(二)《数据安全法》——立足国家总体安全观,聚焦数据安全。体现了总体国家安全观的立法目标,聚焦数据安全领域的突出问题,确立了数据分类分级管理,建立了数据安全风险评估、监测预警、应急处置,数据安全审查等基本制度,并明确了相关主体的数据安全保护义务,这是中国首部有关数据安全的专门法律。

(三)《个人信息保护法》——数据跨境转移的审慎评估与国际协调。充分考虑了中国数字经济发展的现实状况与需求,有条件地支持个人信息的出境便利与自由,充分利用强大的网络应用市场吸引境外数据流入,增强在国际谈判数字议题中的砝码。《个人信息保护法》提供的数据出境评估、认证、标准合同三种基本方式相继出台法规予以配合、支持,为中国数据跨境流动的逐步自由开放奠定基础。

二、数据跨境流动的全球关切与分歧

从全球数字贸易规制角度来看,数据跨境流动的规则制定应当首先关注数据安全价值差异与个人隐私保护问题。

(一)个人信息权益保护

欧盟一直重视个人信息保护,围绕个人隐私创立了完备、全面的数据跨境流动法律体系,严防欧盟境内数据流向个人信息保护水平低于欧盟的国家和地区。美国对数据跨境流动的利益关切更偏重市场价值,未将个人隐私视为数据主体的基本权利,只是从保护消费者的角度进行立法。

(二)国家安全风险

2013 年"斯诺登事件"之后,各国开始基于国家安全风险防范对数据跨境实施普遍的限制措施。不论是坚持开放的数据自由理念的美国,还是为个人隐私考虑相对保守的欧盟,都在利用数据流动监管制度来防范国家安全风险。

三、域外数据跨境流动新动态

(一)欧盟——围绕 GDPR 持续创建史上最严格数据保护标准。欧盟 GDPR 被称为"史上最严数据保护条例",形成了以第三国充分性认定为主,多种替代机制为辅的多渠道个人数据出境体系。GDPR 个人数据跨境流动的基本工具包括第三国充分性认定、适当保障措施和法定例外情形。截至 2022 年 1 月 10 日,欧盟认可的达到"充分保护"水平的白名单只有 14 个国家。

(二)美国——围绕国际协定主张彻底的数据流动自由。美国对数据跨境流动的立场主要通过区域性谈判来表达,美国主要参与和推动的国际协定主要有 APEC 跨境隐私保护规则体系、CPTPP(后退出)和"美墨加协定"。美国也通过富有层次的国内法对数据自由流入、数据限制流出以及监管机构和方法进行了系统规定,包括对细分领域数据跨境流动的管理立法、各州的数据跨境流动立法实践以及行业自律规则。

(三)日本——基于信任的数据跨境流动。"基于信任的数据流动"(DFFT)理念上保持着较高水平的个人信息保护标准,在数据跨境流动方面不仅是 APEC 隐私保护框架的缔约方,更是通过了欧盟的充分性认定,在欧美两大数据话语权之外争得了一席之地。

(四)印度——非基于数字技术发展而实施的数据本地化原则。印度实施以数据本地化为基本原则的数据跨境流动立法。在数据本地化原则下,印度建立了多个具有代表性的本土数据中心,扩大数据市场,进一步为本国数字基础设施的发展提供庞大市场,重新定位其在新时代下数字贸易中的位置。

(五)俄罗斯——最严格的数据本地化措施。2015 年 9 月 1 日,《数据本地化法》生效,要求所有数据运营商应当确保俄罗斯公民个人数据的任何有关记录,应系统化、积累、存储、更改或提取发生在位于俄罗斯联邦境内的数据中心。

第七章　中国积极参与全球数字贸易规则制定

一、全球数字贸易规则制定的背景

数字贸易成为新一轮经济全球化的重要驱动力量,建立全球数字贸易规则已经刻不容缓。参与全球数字贸易规则制定的三种途径:一是通过区域贸易协定,在"志同道合"的成员之间达成数字贸易规则。二是参与世界贸易组织(WTO)开放的诸边谈判,通过"先易后难"的方式推动数字贸易规则在更大范围内建立。三是加入可扩展的包容性区域数字贸易协定。

美、欧、中三方成为主导全球数字贸易规则制定的主要力量。中国作为世界第二大服务贸易国和第二大数字贸易国,数字经济总量已跃居世界第二,成为引领全球数字经济创新的重要策源地之一,在数字贸易规则的制定中发挥着重要作用。

二、中国积极参与全球数字贸易规则的塑造

中国积极致力于在世界贸易组织框架内推动电子商务谈判。RCEP 展现了中国参与数字贸易规则构建的最高水平，在"跨境数据自由流动"等方面实现了突破。中国提出积极加入 CPTPP 和 DEPA，对标全球高标准数字贸易协定。

三、WTO 关于电子交易临时免征关税的规则

WTO 第 12 届部长级会议取得的一揽子成果中包括的《关于〈电子商务工作计划〉的部长决定》明确提出，将电子传输临时免征关税的做法延续到下一届部长级会议，意味着在规定的时间里，跨境电子传输将继续免征关税。

四、促进商业和贸易的数字贸易规则

"促进商业和贸易"的数字贸易规则是目前成员存在共识最多的领域。RCEP 的电子商务章节中的主要内容重点关注推动贸易便利化和改善电子商务环境，加强国际电子商务合作。参加 DEPA 将更有利于数字贸易规则促进中国的货物贸易和服务贸易的快速发展。

五、WTO 电子商务 JSI 谈判

2019 年 1 月，包括欧盟、美国和中国在内的 76 个世贸组织成员启动了电子商务 JSI 谈判。参加方同意"在尽可能多的世贸组织成员的参与下，寻求在世贸组织现有协定和框架的基础上取得高标准的结果"。截至 2021 年 1 月，有 87 个世贸组织成员参与谈判。

六、RCEP 中的数字贸易规则

RCEP 电子商务章节中的数据自由流动条款反映了中国在数字贸易的开放和规制之间寻找到了很好的平衡。可信任性是保护信息安全的必然要求。RCEP 案文中关于数字自由流动的规则既可以在合法商业交易中允许自由流动,同时也维持了监管和安全的空间。在网络、信息、国家安全和数字贸易的发展之间找到平衡,妥善解决信任和数据流动的关系,不仅会大大促进中国数字贸易的发展,还会进一步提升中国在数字贸易领域规则制定方面的话语权与影响力。

第八章　中国数字贸易发展的国际比较与借鉴

一、全球及主要经济体数字贸易发展情况

全球数字贸易快速发展,成为世界经济的重要贸易方式。从国别来看,中国、欧盟和美国三个主要经济体数字服务贸易占全球比重保持在60%左右,是全球数字服务贸易的主要贡献者。中国数字服务贸易在全球的重要性不断提升。商业存在形式下的数字服务贸易扮演重要角色。

二、主要经济体的数字贸易战略选择

美国:开放数字贸易。美国数字平台在全球处于领先地位,并实行自由开放的数字贸易战略,从而提升国家数字产业的竞争力,提升国家数字经济的竞争力。美国强调贸易自由化和便利化,倡导降低数字贸易壁垒。

欧盟:有条件开放数字贸易。欧盟致力于提升国家数字经济的竞争力,确保欧盟在数字贸易和技术创新的领先地位。欧盟实行有条件开放

的数字贸易战略,设置了GDPR高标准的数据保护体系,给予本地中小型数字平台企业一定程度的成长空间。

中国:稳健开放数字贸易。中国积极参与区域贸易协定,重点关注推动贸易便利化和改善电子商务环境,加强国际电子商务合作。积极申请加入国际高水平贸易协定,渐进地对标全球高标准数字贸易协定。

印度:限制开放数字贸易。印度在国际层面缺位于多边和区域数字贸易谈判,为数字贸易与数据流通设置了壁垒。印度主张征收电子传输关税,也设定了严格的数据本地化要求。

三、数字技术与数字全球价值链

在数字经济时代和全球价值链时代,数字技术、研发投入、融合创新已经成为中国贸易高质量发展的动力来源。

从1995年至2018年,中国各服务行业的数字技术渗透率绝大多数有所增长。从数字全球价值链来看,中国数字技术的快速发展促进了上下游产业的发展,在服务贸易增加值中数字技术相关部分的比重快速提高。中国研发投入经历了快速增长,已经从全球贸易中的研发投入净输入国转变为净输出国。

四、中国发展数字贸易实现高水平对外开放的路径选择

中国应从以下两个方面为加入国际高标准贸易协定进行准备。一方面,加快推动数字贸易发展,健全数字产业监管体系。进一步提高数字贸易供给能力,激活数字消费需求;平衡数字产业发展与监管,完善数字产业治理监管体系,保障数字产业平稳健康发展。另一方面,平衡监管与开放的关系,构建跨境数据监管体系。加快完善有关法律法规和政策,为数据流动与保护提供法律依据;建立数据分类分级管理体系,建立数据跨境

安全评估体系,在保障数据安全的前提下适度放开数据跨境流动;明确数据处理者的合规义务,引导企业对数据流动与保护进行合规管理。

第九章　跨境电商:对外贸易新业态

一、跨境电商进入数字贸易新阶段

2020 年新冠肺炎疫情以来中国跨境电商逆势增长,进入创新驱动、快速响应和综合发展的数字贸易发展新阶段,中国跨境电商数字化贸易与供给能力不断提升,跨境电商出口市场与贸易结构得到了改善,成为中国稳外贸促增长的重要力量。

二、中国跨境电商面临的发展机遇与挑战

机遇:RECP 协定为跨境电商出口带来利好;各类政策为跨境电商创造更好的营商环境;新冠肺炎疫情加速线上线下消费场景融合;资本的进入推动跨境电商规模化发展。挑战:国际环境面临不确定性,地缘政治引起的各区各国贸易保护、排斥与打压,跨境风险加剧;平台媒体政策收紧,跨境面临合规考验;物流及广告成本上升,利润空间被挤压;企业数字化能力不足,行业"内卷"严重。

三、跨境电商模式及生态演化

(一)跨境电商商业模式不断演进。从专注第三方平台转向多渠道运营,独立站从粗放铺货模式转向朝精品化和垂直化方向发展。社交媒体从引流为主转向引流与社交电商双轨并行模式。跨境电商直播模式全面爆发,但仍需完善业态以保持可持续发展。

（二）跨境电商产业生态逐步完善。平台服务从全球性综合型向区域性垂直型方向演化；技术服务从信息化升级为数字化和智能化；支付服务从单一收付款转向多元金融服务；物流服务进入全球化跨境网络与供应链协同时代；海外仓持续探索专业化、智能化、多元化和本地化发展；聚焦基于大数据的精细化、全渠道和品牌化营销服务。

（三）跨境电商体制机制不断健全。创新监管与监测模式引导跨境电商健康发展。各部门出台监管和监测相关政策；持续推进数字化手段提升监管效率；实现跨境进出口多模式监管全覆盖，监管模式的创新有利于国家引导跨境电商持续健康发展。构建防范机制提升跨境电商行业风险防范能力；研究制定跨境电商知识产权保护指南；引入跨境电商合规服务。

四、跨境电商发展对策

为助力跨境电商高水平发展，要重点关注以下四个着力点：加快推进数字化转型，着力培育出海品牌，持续完善综合服务平台，培养跨境电商人才。

五、跨境电商案例分析

（一）希音公司（SHEIN）作为高速成长的快时尚跨境电商，以数字化赋能全链路管理的商业模式不仅解决了服装行业库存的痛点，为中国企业跨境电商出海提供了相当宝贵的战略经验。

（二）店匠科技已经崛起成为国内最大的跨境出海电商独立站 SaaS平台，在全球累计服务商户超过 36 万家，并拥有 500 多家合作伙伴，用科技赋能跨境电商，助力中国企业成功出海。

（三）TikTok：跨境社交电商的新风口。TikTok 主要在短视频、直播、

TikTok 小店和广告投放等四方面大力开拓跨境电商市场,从数据上来看,大有超越 Facebook、Twitter 和 YouTube 等社交平台,以及超越亚马逊等跨境电商平台的势头。

(四)J&P 集团以 VAT 为核心竞争优势,未来将重塑服务体系,打造一支技术与服务并行的团队,助力解决中国卖家出海的合规痛点。

第十章　数字贸易发展典型案例评估

在数字革命的大背景下,企业都在努力推动数字化技术应用和数字化转型。本章案例研究主要基于 22 个企业数字化技术场景的案例应用,涉及医疗、跨境电商、金融科技、智慧城市、农业等行业,从项目案例的背景、项目内容、目前实施效果、技术和商业模式创新点等角度进行了分析整理,在一定程度上反映了中国目前数字化技术应用的发展,为进一步深度融合数字经济和实体经济提供借鉴。

医疗:涉及的医疗数字化技术企业包括中国人寿保险(海外)股份有限公司、中国联合网络通信有限公司珠海市分公司、广州金域医学检验集团股份有限公司、东软集团股份有限公司等。

跨境电商:涉及的跨境电商数字化技术的代表企业包括深圳市一达通企业服务有限公司、深圳市华甫达信息技术有限公司、杭州乒乓智能技术公司等。

金融科技:金融科技数字化技术的代表企业为金邦达有限公司、驼驼数字科技(北京)有限公司、普华永道咨询(深圳)有限公司等。区块链数字化技术的代表企业为映物云科技(云南)有限公司。

智慧城市:代表企业包括宏桥高科技集团有限公司、广联达科技股份有限公司、北京德知航创科技有限责任公司、珠海华发新科技投资控股有限公司、广州广电运通金融电子股份有限公司等。政务数字化代表企业为深圳太极云软技术有限公司。

农业:数字化代表企业为中国联合网络通信有限公司珠海市分公司和北京履坦科技有限公司。

特约专稿　现代化建设新征程与
服务贸易发展新格局

2021 年,中国服务进出口总额 8212.5 亿美元,占中国贸易总额的比重为 12.1%。同年,世界服务贸易总额为 116950.9 亿美元,中国占比 7.13%,排名在美国之后,名列第二。

党的十九大明确提出,我们已经进入建设现代化国家新征程,第一阶段是到 2035 年基本实现社会主义现代化,本文以这个新征程为大背景,研究今后 13 年中国服务贸易发展战略。

一、服务贸易发展要适应国家
发展新形势的要求

(一)服务业已经成为经济主体部分,国际贸易竞争力提升也要加快结构转变

中国发展已经进入新阶段。和改革开放初期以及加入 WTO 这两个开放阶段相比,国情发生了明显变化。其中一个显著特点,是服务业成为中国经济的主体部分,服务业占中国经济总量的比重 2012 年超过制造

业,2015 年超过 50%,2021 年达到 53.3%,见图 1。从就业比重看,2021
年第三产业比重占中国就业总数的 48%,占非农产业①就业总数的
76.7%,而制造业仅占总数的 29.1% 和非农产业的 46.4%。服务业吸纳
就业的贡献突出,中国已经进入了服务经济时代,见图 2。

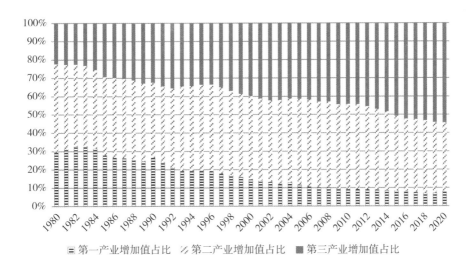

第一产业增加值占比　　第二产业增加值占比　　第三产业增加值占比

图 1　1980—2021 年三次产业增加值占 GDP 比重

数据来源:根据国家统计局数据计算整理。

国内服务业全面发展和竞争力提升,为服务贸易发展提供了重要的
产业基础。从国际经验看,一国服务贸易的竞争力与国内服务业发展水
平有直接关系。美国和英国是服务业大国,也是服务贸易大国。近些年,
中国服务业迅速发展,在国民经济中所占比重持续上升,这将为中国服务
贸易发展奠定重要基础。

从下图可以看出,与同期美国及世界相比,中国服务业增加值占国内
生产总值比重长期以来相对较低,但差距在不断缩小。1980 年,中国与
美国服务业增加值占国内生产总值比重相差超 45 个百分点,与世界相差

---

①　非农产业为第二产业和第三产业的总和。

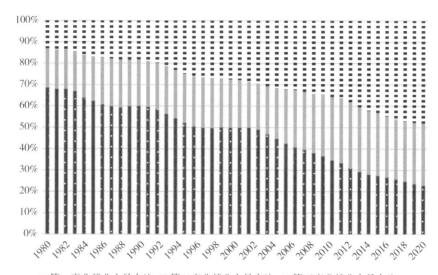

图 2　1980—2021 年三次产业就业人员占比

数据来源:根据国家统计局数据计算整理。

近 34 个百分点;到 2019 年,与美国相差下降到 26.7 个百分点,与世界相差下降到 14.2 个百分点。

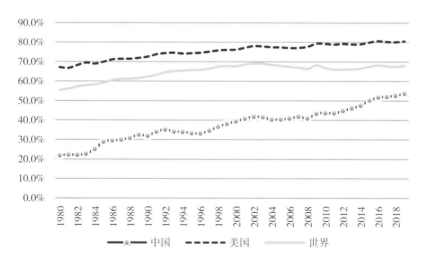

图 3　1980—2021 中美及全球服务业增加值占 GDP 比重(%)

数据来源:根据联合国贸易和发展会议(UNCTAD)数据计算整理。

（二）劳动力成本上升，服务贸易竞争优势培育要立足国情新特点

对外开放较早时期，由于劳动力极为富裕，中国制造业产品出口具有突出的成本竞争优势。特别是最能体现劳动力成本优势的加工贸易迅速发展，带动整个出口迅速增长，见图4，加工贸易占对外贸易总额的比重曾经多年高达50%以上，占出口总额的比重高达55%以上，[①]成为推动对外贸易、经济增长和扩大就业的重要力量。[②]

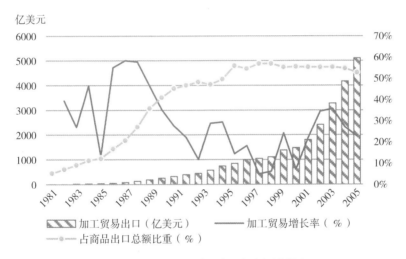

图4　中国加工贸易出口额、占比与增长率

数据来源：根据世界银行（WB）数据计算整理。

进入21世纪以来，中国经济持续较高速度增长，人均收入水平迅速提高。从2001年人均1010美元增加到2021年的11890美元，已经站在

---

① 加工贸易是一国按照国外委托方的要求，进口原料、材料或零件，利用本国劳动力加工后再出口的贸易形态，其目的是扩大就业，获得加工费收入。

② 除了用贸易依存度表示外循环的地位和贡献，还有学者用出口贸易增加值等其他方法来表示。相关分析可以参见沈利生、吴振宇（2003）、王直（2007）、刘亚军（2010）。

了高收入国家的门槛边了(按照联合国 2021 年标准,高收入国家门槛为 13205 美元),①见图 5。

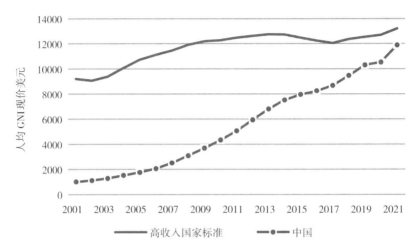

图 5　中国人均国民总收入与高收入国家门槛

数据来源:根据世界银行(WB)数据计算整理。

随着中国经济快速增长和人均收入大幅提升,中国城镇单位就业人员的平均年工资从 2000 年 1392.3 美元上升到 2021 年的 12805.9 美元,复合年增长率为 11.14%。因此,今后中国服务贸易加速发展,并不能复制制造业出口的发展路径,主要以低成本优势获得竞争力。未来服务贸易的发展要立足中国当下的国情,在较高结构水平下加快发展。

(三)双碳目标是重大任务,服务贸易发展能够促进出口向低碳结构转变

中国长期出口大量有许多资源含量高的出口工业品,这也是其一些

---

① 数据来源:WORLD BANK DBLOGS:"New World Bank country classifications by income level:2022-2023", 2022 年 7 月 1 日发布, https://blogs. worldbank. org/opendata/new-world-bank-country-classifications-income-level-2022-2023。

资源消耗占全球比重较高的一个重要原因。长期以来作为各种工业和消费品的主要生产国,中国温室气体排放的很大一部分可归因于其他国家和地区的最终消费。[1] 有研究表明,中国的制造业中心产生 CO_2 排放量占到全国排放量的 75%,而这些地区大量出口制造业产品,在出口目的国中,对美国和日本的出口分别占中国与外国相关的二氧化碳排放量的 23% 和 9%。[2] 还有研究表明,2007 年,中国净出口中的二氧化碳年排放量总计为 1177 公吨,相当于中国二氧化碳排放总量的 22%。[3]

大量出口有较高能源资源含量的工业品,不仅导致更多排放,也导致国内短缺资源进一步扩大缺口。以石油消费与国内石油供给为例,2002—2019 年中国石油能源消费总量从 24789.2 万吨增长到 64506.5 万吨,年均增长率达到 5.8%;石油生产量自 2015 年达到最高值 21455.6 万吨后开始不断减少;国内石油供给缺口逐年递增,以年均 10.7% 的增速,从 2002 年的 8089.2 万吨扩大到 2019 年的 45405.1 万吨,见图 6。因此,减少资源能源含量较高的制造业产品出口、增加人力资源密集、资源消费和碳排放较少的服务业出口,是改善我国出口商品结构的内在要求。

(四)制造业转型升级全面推进,高水平生产者服务贸易能发挥重要作用

在经济全球化过程中,高水平生产者服务为提升制造业竞争力产生

① Liu,Z.et al.Targeted opportunities to address the climate-trade dilemma in China.Nat.Clim. Change 6,201−206(2016).Kander,A.,Jiborn,M.,Moran,D.D.& Wiedmann,T.National greenhouse-gas accounting for effective climate policy on international trade.Nat.Clim.Change 5,431−435(2015).

② Yang,Y.,Qu,S.,Cai,B.et al.Mapping global carbon footprint in China.Nat Commun 11, 2237(2020).https://doi.org/10.1038/s41467-020-15883-9

③ Qi T,Winchester N,Karplus V J,et al.Will Economic Restructuring in China Reduce Trade-Embodied CO2 Emissions?〔J〕.Energy Economics,2014,42(mar.):204−212.

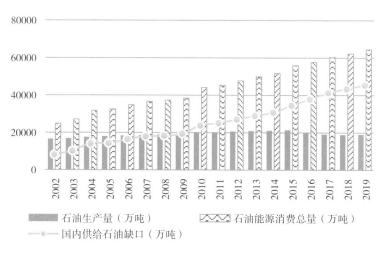

图 6　2002—2019 年中国石油消费量与产量(万吨)

数据来源:根据国家统计局数据计算整理。

重要影响。研究表明,进口高水平研发服务、设计服务、金融服务、商务服务、营销服务等,是发展中国家制造业提升全球竞争力的重要因素。从产业特点看,那些生产制造全球化水平高的产业,与其相关的生产者服务全球化程度也高,美国企业中医药和汽车是制造全球化程度最高的行业,也是研发、销售等服务全球化程度最高的行业。[①] 没有服务业分工深化和形成全球服务网络,制造业的全球价值链分工就不可能深化和高效率运转。[②] 服务贸易中,生产者贸易是最重要的部分,当下已占全球服务贸易比重的80%以上。发展生产者服务贸易,特别是研发服务、技术服务、商务服务、营销服务等,都对中国制造业提升国际竞争力有积极作用。中国近些年生产者服务贸易快速发展,比重迅速提升,从 2006 年的 62.5%提高到 2020 的 93.5%,见图 7。

---

① Meyer-Krahmer F,Reger G.New perspectives on the innovation strategies of multinational enterprises:Lessons for technology policy in Europe[J].Research Policy,1999,28(7):751-776.

② 江小涓、李辉:《服务业与中国经济:相关性和加快增长的潜力》,《经济研究》2004 年第 1 期。

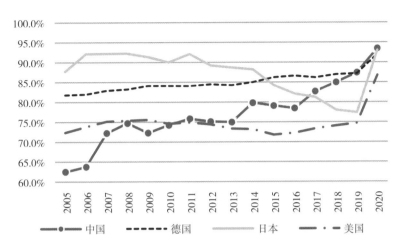

图7　2005—2020年中美日德生产性服务贸易出口及占比

数据来源：联合国贸易和发展会议（UNCTAD），结合国家统计局、国家外汇管理局对生产性服务贸易
与消费性服务贸易的分类计算得到。

（五）收入水平提高推动消费升级，对扩大高端服务进口产生较多需求

随着经济体量的扩张，中国国内消费市场迅速扩张。2021年中国社会消费品零售总额达到44.1万亿元，比2012年增长1.1倍，年均增长8.8%，消费多年成为经济增长的第一拉动力。近十年中美两国间消费规模差距不断缩小。2021年中国社会消费品零售总额达到6.83万亿美元（根据2021年汇率换算），占到美国（6.27万亿美元）的108.98%，中国已经超过美国成为全球最大的消费品零售市场，见图8。

更重要的是，随着消费规模稳步扩大，消费结构也不断升级。居民消费正从注重量的满足向追求质的提升转变，从以商品消费为主向商品和服务消费并重转变。2021年，食品开支占消费支出的比重（居民恩格尔系数）为29.8%，比2012年下降了3.2个百分点。2021年人均服务性消费占居民消费比重为44.2%，比2013年提升4.5个百分点。居民对优质

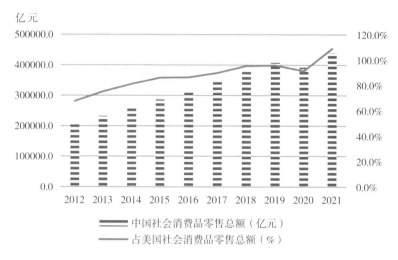

图 8　2012—2021 年中国社会消费品零售总额及相对比重

数据来源:中国社会消费品零售总额数据来源于国家统计局;美国社会消费品零售总额来源于美国经济分析局(BEA)。

消费进口的需求不断增加,以出境旅游和海外留学这两项重要的服务进口为例,[①]从 2000—2019 年,中国各类出国留学人员从 3.9 万人增加到 70.4 万人,年均增长率达到 16.4%。2019 年全年中国公民出境旅游人数达到 1.55 亿人次,年均增长率达到 15.2%,见图 9。

二、服务业的特点及其对服务贸易的影响

(一)服务贸易长期以来的低比重:多种角度的观察

与制造业相比,服务业是一个多种角度观察国际贸易比重都相对较

---

① 出境旅游和海外留学是"服务进口",这一点容易混淆。在国际贸易中,"付外汇"为进口,"收外汇"为出口,而出境旅游和海外留学都是中国居民支付外汇的行为。

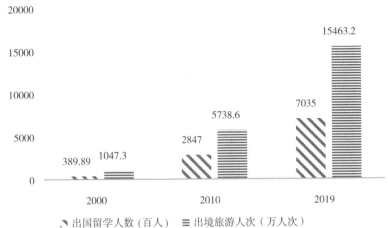

图9　中国出国留学人数与出境旅游人次

数据来源:中国出国留学人数来源于国家统计局;出境旅游人次数据来源于世界旅游组织。①

低的产业部门。

1. 各国服务贸易占国际贸易的比重一直较低,中国尤其突出

服务贸易占国际贸易的比重一直较低。20 世纪 70 年代以前,服务贸易占全球贸易的比重一直在 10% 左右。过去 40 年,服务贸易在国际贸易中的比重上升,地位日趋重要,根据联合国贸发组织(UNCTAD)的相关数据,1980—2021 年全球服务贸易占全球对外贸易总额比重不断上升,已经从 1980 年的 16.2% 提升至疫情前 2019 年的 24.3%,疫情后降至 2021 年的 21%,见图 10。同期,英国、法国、美国和日本分别从 22.2%、23.0%、15.5%、16.2% 提升到 36.2%、30.2%、22.3%、19.7%;德国从 1990 年的 16.0% 提升到 2021 年的 19.9%。而同期中国服务贸易占对外贸易总额比重从 1982 年的 9.8% 提升至 2016 年的 15.2%,疫情前降至

---

① 世界旅游组织相关数据,《145 项重点旅游统计》,https://www.unwto.org/tourism-statistics/key-tourism-statistics。

2019 年的 14.6%,疫情后降至 2021 年的 12.1%,低于全球水平,与英国、法国、美国、德国和日本等发达国家相比,中国服务贸易占贸易总额的比重还有很大的提升空间,见图 11。

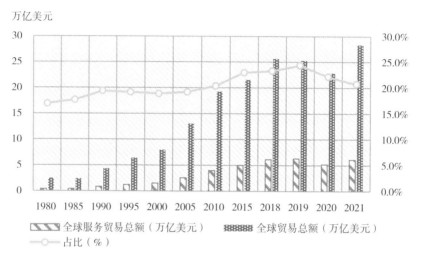

图 10　全球服务贸易占全球贸易总额的比重

数据来源:根据联合国贸易和发展会议(UNCTAD)数据计算整理。

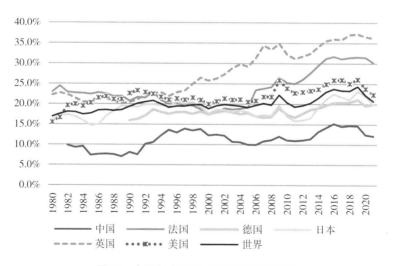

图 11　各国服务贸易占贸易总额的比重

数据来源:根据联合国贸易和发展会议(UNCTAD)数据计算整理。

2. 服务贸易占服务业产值的比重明显低于货物贸易占工业和农业产值的比重,中国尤其突出

国际经验显示,货物贸易占工农业产值的比重较高,而服务贸易占服务业产值的比重较低。如图 12 所示,全球货物贸易出口占工业和农业增加值的比重由 1980 年的 38.4% 上升至 2019 年的 70.8%;同期服务贸易出口占服务业增加值比重由 6.0% 上升至 11%,其所占比重持续且显著低于货物贸易,服务业的国际贸易比重明显低于制造业。①

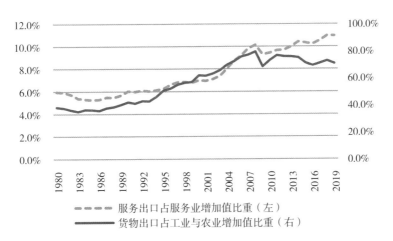

图 12　全球服务贸易出口占服务业增加值、货物贸易出口占工业和农业增加值比重
数据来源:根据联合国贸易和发展会议(UNCTAD)数据计算整理,其中制造业增加值包括工业(采矿、制造、公用事业)和农业(农业、狩猎、林业、渔业)。

分国别看,1980—2019 年英国和法国服务贸易出口占其服务业增加值比重持续快速增长,分别从 10.3% 与 10.7% 增长到 20.5% 与 15.4%;德国从 1990 年的 6.3% 增长到 2019 年的 14.6%;英国和德国增长超 8 个

---

①　由于制造品全球化分工水平高,而传统统计方法中并没有将从国外大量进口的中间产品从出口的制造品中剔除,导致出口的制造品规模"虚高",所以计算出这一比重,货物出口占工业与农业增加值的比重较高。

百分点,法国也增长了近 5 个百分点。美国和日本服务贸易出口占其服务业增加值比重增长较为缓慢,分别从 1980 年的 2.5% 和 3.2% 增长到 2019 年的 5.2% 和 5.9%,均增长了近 3 个百分点。中国服务贸易占比总体上升,但其间有过波动,1982—2007 年期间,中国服务贸易出口占中国服务业增加值比重从 4.0% 提升到 9.2%,2007—2019 年中国服务业增加值年均增长率达 14.8%,高于中国服务贸易出口年均 6.3% 的增速,使得 2007 年之后服务贸易出口占服务业产值的比重呈现不断下降趋势,到 2019 年已下降至 3.7%,见图 13。

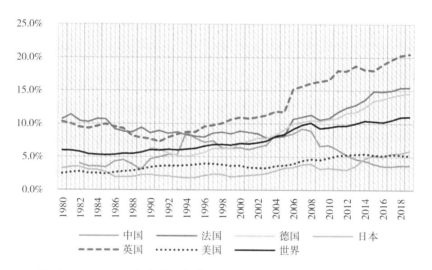

图 13　1980—2020 年中美及全球服务贸易出口占其服务业增加值比重

数据来源:根据联合国贸易和发展会议(UNCTAD)数据计算整理。

3. 服务贸易占国际贸易的比重明显低于服务业占 GDP 的比重,中国尤其突出

服务业目前已经成为全球经济的主体,中国也已经进入了服务经济时代。2019 年,世界生产总值和世界就业总数中,服务业产业和就业所

占比重分别达 64.9% 和 50.6%①;而服务贸易占世界贸易的比重为
24.3%。可以看出,与服务业在全球经济中的重要地位相比,服务贸易在
全球贸易中的地位仍然偏弱。

从世界范围来看,2019 年,英国、美国和日本服务贸易占总贸易比重分
别为 37.2%、26.1% 和 23.1%;三国服务业占该国 GDP 比重则分别为
70.9%、80.5% 和 69.3%。同期中国服务贸易占总贸易比重 14.6%,中国服
务业占 GDP 比重 53.8%。我们用服务贸易占国际贸易的比重与服务业占
GDP 比重两者之比,来看服务贸易相对强度。可以看出,2019 年,中国服务
贸易强度远低于英国,也低于全球平均水平,与美国和日本也有一定差距。

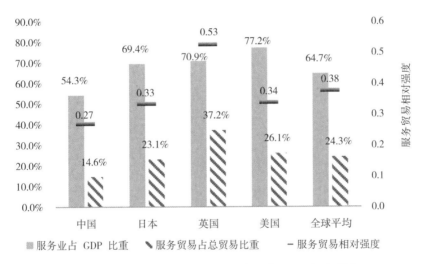

图 14　2019 中美英日及全球平均服务业占 GDP 比重、服务
贸易占国际贸易比重与服务贸易相对强度

资料来源:服务业占GDP比重数据来源于世界银行,服务贸易占比来源于联合国贸易和发展会议
　　　　(UNCTAD)。

---

① 数据来源:全球综合数据资料库(Statista),2019 年全球员工人数为 33.03 亿人,其中
服务业、工业和农业部分就业人数分别为:16.70 亿人、8.83 亿人、7.5 亿人。服务部门就业人
数占全球总就业人数的 50.6%。https://www.statista.com/statistics/1259198/global-employment-
figures-by-sector。

(二)服务业特点对服务贸易低比重的影响

1. 服务业特点的影响

传统服务业具有低效率和不可贸易的特点。[1] 按照传统的定义,"服务"通常是指没有实物形态产出的经济活动,因此"无形性"是基本特征。服务的其他特征还有:同步性(生产过程需要消费者参与,服务供给和消费同时同地发生),不可储存性(服务是一个过程,"随生随灭",生产和消费不能错期)等。教育服务、医疗服务、艺术表演、保安服务、家政服务等都是典型的服务业。"面对面"和"同时同地"还带来一个重要的衍生特点:"不可远距离贸易"。例如商业零售业只能卖给面对面的顾客,艺术和体育表演服务只能向现场观众提供等,远距离交易几乎不可能。[2] 例如,相比于服务业在欧盟国家 GDP 中 70%以上的高占比,服务贸易仅占欧盟总贸易的四分之一。[3] 对中国类似数据的研究也表明,中国同样呈现出与服务贸易占总贸易比重明显低于服务业占 GDP 比重的现象。[4]

2. 服务贸易的特殊定义及不可比性

"服务贸易"是一个存在仅有 40 多年的词汇,[5]其含义与人们对"贸

---

[1] 关于服务业性质和服务业低效率的相关文献,可以参见让·克洛德·德劳内和让·盖雷《服务经济思想史:三个世纪的争论》一书,江小涓译。更简短的概述可以参见江小涓等著:《网络时代的服务经济:中国迈入发展新阶段》,中国社会科学出版社 2018 年版,其中附录一章。

[2] 江小涓:《服务全球化的发展趋势和理论分析》,《经济研究》2008 年第 2 期。

[3] Wilhelm Schöllmann.Economic significance of trade in services:Background to negotiations on a Trade in Services Agreement(TiSA).2015 年 2 月。参见 https://www.europarl.europa.eu/RegData/etudes/IDAN/2015/549000/EPRS_IDA(2015)549000_EN.pdf.

[4] 江小涓、罗立彬:《网络时代的服务全球化——新引擎、加速度和大国竞争力》,《中国社会科学》2019 年第 2 期。

[5] 据目前看到的资料,"服务贸易"一词最早出现在 1972 年 OECD 的一份报告中,这份报告是一些专家对服务进出口和各国相关限制政策的研究结论,目的是为当时即将开始的GATT"东京回合"多边谈判提出建议。虽然此前学者们也有过相关研究,但自这份报告之后,服务贸易才成为贸易理论和服务经济研究中的一个重要问题。

易"一词的通常理解不尽相同。从国际贸易的标准定义看,当一国劳动力向另一国消费者提供产品并获得外汇收益时,就发生了国际贸易。这个定义适用于商品贸易和服务贸易。从具体方式上看,商品贸易主要通过商品跨境交易的方式进行。与商品贸易不同的是,服务本身的特点,使得符合"一国劳动力向另一国消费者提供服务并获得外汇收益"的行为,有相当一部分并不通过"服务跨境交易"这种形式实现,而是通过生产要素、服务提供者或服务消费者中某一项跨境移动来完成。这些形式都符合国际贸易的定义。因此,服务贸易包括与服务提供和消费相关的各种跨境移动行为,最简洁的定义就是以服务提供或消费为目的而产生的"人和物的国际流动"。①

服务贸易概念拓展带来对服务贸易进行分类的需要。广泛使用的一种分类是按跨境移动的主体,将服务贸易划分为消费者移动、服务者移动、两者都不移动和两者都移动这四类,如图所示。②

		生　产　者	
		不移动	移动
消费者	不移动	A. 过境贸易	C. 要素跨境贸易
	移动	B. 当地贸易	D. 第三国贸易

图15　服务贸易的四种类型

① Grubel,H.G.(1987)All Traded Services Are Embodied in Materials or People.World Economy,10,319-330.

② Riddle,D.(1986)Service Led Growth:The Role of the Service Sector in the World Development.Praeger Publishers,New York.

　　世界贸易组织的《服务贸易总协定》将服务贸易划分为以下四类:跨境提供,即从一国/地区境内向他国/地区境内提供服务,这类似于商品贸易,例如影视产品贸易;境外消费,即在一国/地区境内向其他国家/地区的消费者提供服务,这是由服务消费者跨境实现的,例如入境旅游、留学生教育等;商业存在,即一国/地区的生产要素通过在他国/地区设立机构向当地提供服务,这是由生产要素跨境流动并设立实体机构而实现的,例如设立外资服务企业;自然人移动服务,即一国/地区的自然人在他国/地区提供服务,这是由人员流动完成的,例如从国外聘请教师、医生护士等。①

　　上述定义和分类虽然较好地反映出服务贸易全貌,却给服务贸易统计带来困难,有学者认为《服务贸易总协定》对统计学家来讲是“形如噩梦”。② 现实统计并没有按上述口径进行,经常使用的统计体系是国际收支统计体系。服务贸易大都不经过海关,但从贸易本身的定义看,有贸易就必然产生国际收支,这在实践中是一个较易把握的统计角度,也符合贸易应有外汇收益的传统定义。目前国际货币基金组织定期公布 140 多个国家国际收支项下的服务贸易统计数据,是当前国际上广泛使用的服务贸易统计体系。分析表明,与商品贸易相比,服务贸易包含的内容更多更广泛,服务贸易与商品贸易在一定程度上不可比,这是进行比较研究时必须考虑的一个重要因素。③

---

　　① 这个分类与图 1 中的分类基本上可以对应:①和②分别对应 A 和 B;③和④都包括在 C 中;D 是一种特殊类型:甲国在乙国设立的机构或自然人向丙国居民提供服务,例如甲国在乙国设立的医院向到乙国旅游的丙国居民提供服务。

　　② 商务部世界贸易组织司:《“欧盟服务贸易统计分析”考察报告》。

　　③ 在以国际收支数据为基础进行对比研究时,这个问题不突出。但许多行业比较研究、企业比较研究和产品比较研究,并未严格区分这两种统计口径的差别,甚至在同一论著中不断变换数据和案例引用口径。例如中国和印度都在从事软件外包,但印度由于国内需求弱,以“商业存在”方式从事外包业务的外资企业主要为境外企业提供服务,业务反映在国际收支中。但中国国内需求强,许多从事外包业务的外资企业既为境外企业也为境内企业提供服务,后者并不直接反映在国际收支中,结果是采用不同口径进行研究的结论大不相同。更详细的分析可以参见江小涓:《服务全球化的发展趋势和理论分析》,《经济研究》2008 年第 2 期。

3. 全球价值链角度的观察:制造品出口中的服务含量未被计算。

20 世纪 80 年代以来,全球经济结构日益呈现出服务经济主导的发展趋势。在经济服务化过程中,生产性服务业和制造业融合发展的趋势日趋明显。随着国际分工体系进一步深化,全球价值链开始由制造业向生产性服务业延伸。服务要素作为制造业生产经营不可或缺的一部分,对制造业产出和生产率有着重要影响。[1] 制造业的出口产品中嵌入了服务价值,企业在全球价值链中的位置也得以提升。[2][3] 在分析手段方面,与制造业的研究相似,学者们多运用了投入产出模型对出口进行了增加值分解。Biryukova 与 Vorobjeva 的研究表明对生产类的服务贸易进行限制将抑制全球价值链参与度的提高。[4] 考虑到行业的异质性,刘斌等运用投入产出表,证明了制造业投入服务化的增加会显著促进全球价值链地位的提升。[5] 即制造业服务化水平越高企业在价值链中的分工地位就越高。现代国际服务贸易统计体系中没有能够充分体现服务业在全球价值链中的地位,降低了其重要性。

(三)国际贸易环境的变化及对服务贸易的影响

2018 年以来全球贸易保护主义升温与 2020 年新冠肺炎疫情在全球

[1]　Pilat, D. and A. Wölfl(2005), "Measuring the Interaction Between Manufacturing and Services", OECD Science, Technology and Industry Working Papers, No.2005/05, OECD Publishing, Paris.

[2]　孟渤等:《全球价值链、中国经济增长与碳排放》,社会科学文献出版社 2017 年版,第 168 页。

[3]　黄群慧、霍景东:《产业融合与制造业服务化:基于一体化解决方案的多案例研究》,《财贸经济》2015 年第 2 期。

[4]　Biryukova O, Vorobjeva T. The Impact of Service Liberalization on the Participation of BRICS Countries in Global Value Chains[J]. International Organisations Research Journal, 2017, 12 (3):94-113.

[5]　吴永亮、王恕立:《增加值视角下的中国制造业服务化再测算:兼论参与 GVC 的影响》,《世界经济研究》2018 年第 11 期。

快速蔓延产生叠加影响,全球贸易增速连续 3 年快速放缓至负增长,2018—2020 年全球贸易额下降了 11%。2021 年全球经济有所恢复,全球贸易总额达到 28.5 万亿美元,比 2020 年增长 25%,比 2019 年新冠肺炎疫情发生前高出 13%,创历史新高。

由于服务贸易(尤其是旅行)对大流行病的抵抗力较弱,2020 年全球服务出口的损失超过全球货物出口。2020 年大流行病导致 20% 的下降之后,全球服务出口总额在 2021 年提升至 6.07 万亿美元,较 2020 年增长了 17.2%,但略低于疫情前水平,见图 16。

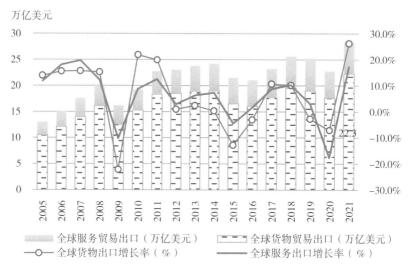

图 16　2005—2021 年全球贸易出口与增长率

数据来源:根据联合国贸易和发展会议(UNCTAD)数据计算整理。

三、数字服务贸易:服务贸易
发展的新机遇新动力

互联网和数字技术的广泛使用通过远程连接传统服务供需双方,极大促进了服务贸易的发展。数字技术赋予服务活动新特征："同时同地"约束改变使"可存储可贸易"的服务出现,交易成本降低增加了服务可达性和交易行为,包括搜索成本、复制成本、运输成本、追踪成本、验证成本[1]以及贸易成本。[2]世界贸易组织对全球服务贸易的研究发现其贸易成本在2000—2017年之间下降了9%,并强调数字技术及其催生的在线平台和搜索引擎服务发挥了重要作用。[3]网络技术极大拓展了可获得服务的时空规模,一个具体的典型产业案例是过去半个世纪音乐产业发展,从现场音乐会到音像制品是一次效率提升,再到音乐下载服务、音乐订阅服务、音乐平台服务和音乐版权服务等,互联网音乐服务效率得到再次提升。[4]总之,越来越多的服务变得可数字化、可贸易,全球数字贸易呈现蓬勃发展势头。

作为典型的数字密集型商品,信息通信技术(ICT)商品的贸易在全球范围增长迅速,从2011年的1.81万亿美元扩大到了2020年的2.35万亿美元,占全球商品贸易的比重由9.89%提升至13.37%,见图17。中国ICT商品贸易在商品贸易中的比重显著高于世界同期水平,大约是全球的两倍,增长速度也要快于全球。如图18所示,2011年至2020年,中

---

① A.Goldfarb and C.Tucker,"Digital economics",Journal of Economic Literature,Vol.57,No.1,2019,pp.3-43.

② A.S.Blinder,"Offshoring:the next industrial revolution?",Foreign Affairs,Vol.85,No.2,2006,pp.113-128.

③ WTO,World Trade Report 2019,The future of services trade,Geneva,2019.

④ 21世纪初,文件共享和对等计算(P2P)软件以及MP3播放器的普及使全球每周大约有超过10亿首歌曲被下载。参见F.Oberholzer - Gee,K.Strumpf,B.Anand.et al.,"The effect of file sharing on record sales:an empirical analysis",Information Economics & Policy,Vol.115,No.1,2007,pp.1-42.2021年全球音乐产业共创造了259亿美元的经济价值,有71.4%来自网络服务,包括47.3%的音乐订阅服务、17.7%的平台广告服务、4.3%的音频下载服务和2.1%的其他数字媒体(影视游戏等)音乐版权收入,而包括CD购买在内的实体音乐服务、线下演出等对总收入的贡献仅有28.6%。参见国际唱片业协会(International Federation of the Phonographic Industry,IFPI):《2022全球音乐报告》2022年3月22日。

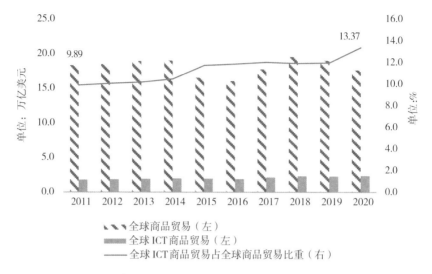

图 17 全球 ICT 商品贸易总额及占全球商品贸易比重情况

数据来源:根据联合国贸易和发展会议(UNCTAD)数据计算整理。①

国 ICT 商品贸易从 0.82 万亿美元增长到了 1.22 万亿美元,占商品贸易
份额从 22.57%提升到了 26.21%。

由数字驱动的服务贸易增长更为迅猛,规模已占到了服务贸易的一
半。2020 年受新冠肺炎疫情影响,全球服务贸易遭到较大冲击,特别是
围绕自然人跨境流动的相关服务贸易出现大幅下滑,全球数字交付贸
易②占服务贸易的比重将进一步上升。如图 19 显示,从 2011 年至 2020 年,
全球数字服务贸易从 2.14 万亿美元增长到了 3.17 万亿美元,数字服务
贸易在服务贸易中的份额从 47.98%上升到了 63.55%。结构上,数字生

---

① 联合国贸易和发展会议(UNCTAD)定义的信息通信技术(ICT)商品贸易包括:电子元
件、计算机和外围设备、通信设备、消费类电子设备及相关商品。数据均以当前国际美元表示。
参见:https://unctadstat.unctad.org/wds/ReportFolders/reportFolders.aspx。
② 联合国贸易和发展会议(UNCTAD)定义的数字服务贸易(即数字可交付服务贸易)包
括:保险服务、金融服务、知识产权使用费、ICT 服务(信息服务、计算机服务和通信服务)、其他
商业服务以及个人文化娱乐中的视听及相关服务。数据均以当前国际美元表示。

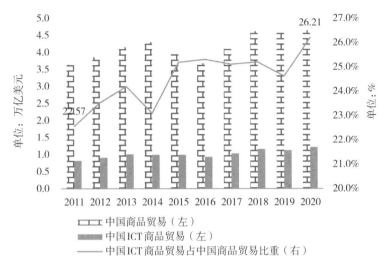

图 18　中国 ICT 商品贸易总额及占中国商品贸易比重情况

数据来源:根据联合国贸易和发展会议(UNCTAD)数据计算整理。①

产性服务业②是数字服务贸易主体,在数字服务贸易中的份额从 2005 年的 43.8%逐年上升至 2020 年的 62.6%,数字生产服务全球化动力持久而强大,见图 20。

　　数字服务贸易同样是中国服务贸易中增长最快的部分。如图 21 显示,2011—2019 年,中国数字服务贸易总额由 1648.38 亿美元增长到了 2718 亿美元,数字服务贸易在服务贸易中的比重从 2011 年的 36.72%降至 2015 年的 27.43%后,又再次提升至 2019 年的 34.63%。2020 年,中国服务贸易因疫情同全球一样有所回缩,同比下降 15.71%,数字服务贸易逆势同比增长 8.44%,在服务贸易中的比重上升至 44.55%,服务贸易数

---

　　①　联合国贸易和发展会议(UNCTAD)定义的信息通信技术(ICT)商品贸易包括:电子元件、计算机和外围设备、通信设备、消费类电子设备及相关商品。数据均以当前国际美元表示。参见:https://unctadstat.unctad.org/wds/ReportFolders/reportFolders.aspx。
　　②　对于消费性服务业和生产性服务业的具体分类,详见国家统计局发布的《生活性服务业统计分类(2019)》和《生产性服务业统计分类(2019)》。

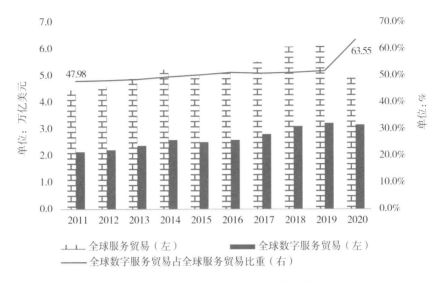

图 19　全球数字服务贸易规模变化

数据来源:根据联合国贸易和发展会议(UNCTAD)数据计算整理。

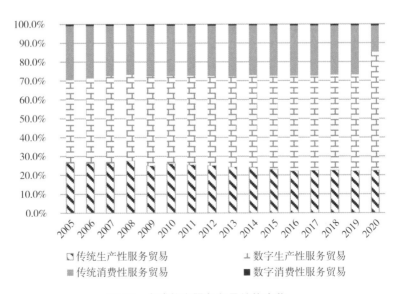

图 20　全球数字服务贸易结构变化

数据来源:根据联合国贸易和发展会议(UNCTAD)数据计算整理。

字化发展势头强劲。图 22 为中国数字服务贸易的结构变化情况,2005
年中国数字生产性服务出口在数字服务贸易出口中的比重仅有 21.9%,
但十五年来发展迅速,2020 年这一份额已高达 54.5%。

图 21 中国数字服务贸易规模变化

数据来源:联合国贸易和发展会议(UNCTAD)、中国商务部服务贸易和商贸服务业司。

　　数字时代的服务全球合作出现了许多新业态,其中全球科技创新
合作的发展意义重大。以技术开发和产品设计为例,现在迅速涌现出
多国共同创新网络,数字化的全球设计服务平台可以有几十个国家几
百位工程技术人员同步以串联方式研发设计一款新产品。以国内一个
跨国设计平台"橙色云"为例,平台上有来自十多个国家的 30 多万名工
程设计技术人员,其工作流程是先将有需求的研发项目分解成模块,然
后从全球寻找最好的设计者来匹配、承担每一个模块。传统的企业内
研发模式难以集合拥有各个领域顶级的研发团队,而这种数字时代的
全球合作模式能够用这样的方式来汇聚人才,用适宜的人才匹配每一
项研发设计任务。

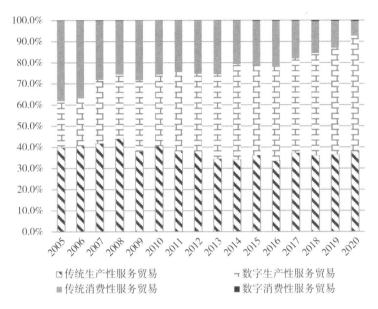

图 22　中国数字服务贸易结构变化

数据来源:联合国贸易和发展会议(UNCTAD)、中国商务部服务贸易和商贸服务业司。

　　数字平台这种新的贸易载体也创造了更高效、更透明的全球服务贸易机会。一是个体消费者可以跨境获得服务消费,这些平台对自动化和算法的使用使得市场扩展的边际成本几乎为零,全球用户都可以看到与服务相关的各种信息,为多元化个性化的跨境贸易提供了技术可能性。二是中小企业可以获得直接参与国际贸易的大量机会,以往中小企业单独开拓国际市场的成本极高,与那些特定消费者的相互发现几乎不可能。现在借助平台的智能分发技术,那些针对小众特定人群的服务产品例如某类文化创意产品,能够抵达潜在的消费人群,创造出贸易价值。

四、未来 13 年中国服务贸易发展战略:几点思路性建议

(一)中国服务贸易发展有巨大潜力

与中国服务业快速发展和竞争力提升的状况相比,中国服务贸易的发展仍然不足,服务贸易未来发展空间广阔潜力巨大。

1982—2021 年,中国服务贸易占对外贸易比重远低于欧美日等发达国家,始终低于世界平均水平 9 个百分点左右。2021 年,中国服务贸易额仅为排名第一的美国的 53%,服务贸易在对外贸易总额中的占比只有 12.1%,远低于全球 20.7% 的水平。尽管从规模上中国已经是全球第二大服务贸易国,但长期以来一直存在着服务贸易逆差。中国服务贸易逆差以年均 31.8% 的增速从 2005 年的 55 亿美元增长到 2019 年的 2611.5 亿美元,虽然疫情发生以来服务贸易逆差有所收窄,但总体上中国服务业国际竞争优势还不够强,见图 23。

这些数据表明,从多个角度观察,中国服务贸易发展明显滞后。促进中国服务贸易加快发展,需要在加强国内服务业国际竞争力、进一步开放服务业市场、降低服务贸易相关制度障碍、促进数字服务贸易增长等方面多管齐下。

(二)高度重视发展数字服务贸易

中国数字经济的应用和发展全球领先,为发展数字服务贸易提供强大产业基础,数字服务贸易的发展具有良好的企业基础、产业基础、市场运作基础。特别要强调发展数字生产者服务,从中国数据看,服务贸易中

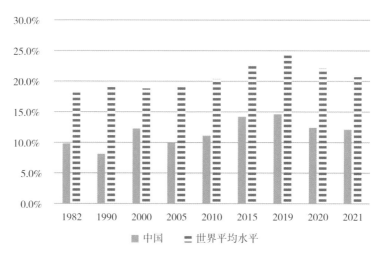

图 23　1982—2021 中国与世界平均水平服务贸易占对外贸易比重
数据来源:根据联合国贸易和发展会议(UNCTAD)数据计算整理。

有 50% 以上已经实现数字化。全球数字服务贸易增长最快的一个部分是数字研发服务,今后全球创新网络将进一步发展,中国要以最大努力参与其中,获取全球创新分工的利益,集全球研发创新资源转化为自主创新实力,保持技术供给可持续的能力。此外,中国的数字教育、数字医疗、数字金融等数字服务贸易快速发展,第三方支付、移动支付、云端交付等数字交付方式逐渐成为主流,都将为中国的数字服务贸易出口提供有力的支撑。

跨境电子商务也将成为发展重点。电商平台促成的交易已是全球经济和数字贸易发展的重要构成部分,根据海关总署发布数据显示,将"企业对企业(B2B)"和"海外仓"贸易形式统计在内,中国 2020 年跨境电商进出口总额为 1.69 万亿元,占贸易进出口总额的比重为 4.6%。跨境平台通过整合生态链上的制造商和服务供应商,利用海量交易数据和算法,降低跨国交易成本,精准对接国际市场,在境外客户需求挖掘、海外影响推广、跨境支付、供应链管理与品牌建设等贸易促进方面发挥了重要作用,能够有效实现国际国内市场联通、供需匹配和企业降本增效。中国在这方面基础丰厚,主要细分市场上均有代表性平台和模式出现。

(三)加快发展高水平生产者服务贸易

提高制造业国际竞争力的一个重要因素,是提高制造全链条中的生产者服务的水平,这需要集成全球的高水平生产者服务。研究表明,制造业全球分工程度高的产业,与其相关的服务业全球分工程度也高,美国的医药和汽车是制造全球化程度最高的行业,也是研发、销售等服务全球化程度最高的行业。[1] 在全球制造深度分工时代,没有服务业全球分工深化和形成全球网络,制造业的分工就不可能深化和高效率运转,服务在全球分工体系中居于核心地位。[2] 特别是数字服务贸易,搭载的是技术密集型的服务产品、服务密集型的商业活动以及柔性化后的创新制造能力,这三部分的增长不仅意味着服务贸易规模的扩大,更意味着制造业和商品出口的转型升级。中国数字贸易中数字化生产者服务贸易比重持续上升,从 2005 年的 21.9% 提升至 2020 年的 54.6%,已超过整个服务贸易的50%,将对中国制造业转型升级产生重要影响。

加快服务贸易发展,能够促进中国对外贸易整体增长方式的高质量演进。现在,欧盟、美国等西方国家加快实施"碳边境调节机制"。2021 年 7月,欧盟委员会推出"碳边境税"征收计划,拟对进口的钢、水泥、化肥以及铝等碳密集型产品征税,以此保护欧盟企业不会因采用更高环保标准而处于竞争劣势。促进服务贸易加快发展,改善中国国际贸易结构,有利于我

---

① Meyer-Krahmer F, Reger G. New perspectives on the innovation strategies of multinational enterprises:Lessons for technology policy in Europe[J].Research Policy,1999,28(7):751-776.

② 江小涓、李辉:《服务业与中国经济:相关性和加快增长的潜力》,《经济研究》2004 年第 1 期。

们更好地应对低碳贸易、绿色贸易等国际贸易环境带来的新挑战。

（四）发展丰富多元消费者服务贸易

服务消费需求的持续增长是服务贸易发展的一个长期推动力,随着收入提高,各国居民服务消费结构趋同。例如金融服务,低收入时仅需要储蓄、信用卡、助学贷款等基本服务;其后增加住房、购车贷款需求,再其后又需要个人理财业务等。"服务消费口味"趋同使跨国公司可以采用标准化的技术给全球客户提供同样服务。与此同时,消费需求又具有偏好多样性特征。在文化、旅游、餐饮、教育、医疗等领域,消费者对差异性服务的要求强于对制造业产品如汽车、电脑等的要求。① 从这个角度看,服务贸易的长期潜在需求很可能超过货物贸易。

现在,中国中等收入群体不断扩大,消费结构加快升级,多样化消费需求日益增长。据商务部提供的数据,2010—2019 年,境外消费这种形态的服务进口每年以两位数的速度增长。2020 年,全年消费品进口额同比增长 8.2%,比整体进口增速高 8.6 个百分点。海南免税店销售额增长 1.27 倍,部分中高端品牌销售额增长 30% 以上。与商品消费相比,中国服务消费比重偏低,合理扩大高品质服务进口,有利于丰富国内消费选择、优化消费结构、推动消费升级,满足人民群众个性化、多元化、差异化消费需求,促进国内服务消费市场的不断拓展。同时也向世界表明,中国快速成长的国内市场特别是服务市场是高度开放、全球共享的市场。

（五）继续发展服务外包并提升水平

服务外包——服务提供者借助信息技术远距离提供服务——是服务

---

① 举一个极端例子:如果两个国家的要素禀赋条件相同,又都按照同一图纸生产一种汽车,就不会产生贸易的需求;但两国都只有一位歌手又按同一个乐谱唱歌,还是会有服务贸易需求:两位歌手的音质和表达不会相同。

贸易的一种重要形态。网络和数字技术为服务外包的发展提供了强有力的技术支撑,劳动力在某处向全球任何地点提供服务的跨境成本几乎可以忽略不计。这使得劳动力资源密集国家的相对优势能够更好发挥,拓展了就业机会和获利空间。近 10 多年,中国服务外包稳中求进,2014—2020 年,中国服务外包执行额由 4996.6 亿元增长至 12113.2 亿元;其中离岸外包执行额由 3435.1 亿元增长至 7302.0 亿元。[①]

"十四五"时期服务外包发展潜力巨大、前景广阔。到 2025 年,中国承接服务外包规模不断扩大,预计离岸执行额年均增速超过服务出口增速,在服务出口中的占比继续提高,生产性服务出口主渠道地位进一步巩固,对经济高质量发展的助推作用更加突出。服务外包重点领域涌现更多龙头企业。对外发包稳步发展,支持中国技术和中国标准"走出去",助力构建稳定的国际产业链供应链。研发、设计、检测、维修等生产性服务外包发展加快,医药和生物技术外包占比提高,会计、法律等重点服务外包业务领域快速发展。[②]

随着新一代信息技术的广泛应用,服务外包产业呈现出数字化、智能化、高端化、融合化的发展新趋势。尤其是自 2020 年初,中国经济遭遇突如其来的新冠肺炎疫情冲击,服务外包产业表现出较好的抗冲击能力,为稳定服务出口发挥了重要作用。面向未来,需充分发挥服务外包产业在创新驱动发展和培育贸易新业态新模式中的重要促进作用,加快服务外包向高技术、高附加值、高品质、高效益转型升级。[③]

---

① 　数据来源:中华人民共和国商务部。

② 　中华人民共和国商务部:《中国服务外包发展报告 2020》,2022 年 3 月。http://images. mofcom.gov.cn/fms/202202/20220218090927865.pdf。

③ 　王晓红:《以数字贸易引领贸易创新发展》,《经济日报》2020 年 8 月 26 日,资料来源: http://sjk14. e - library. com. cn/drcnet. mirror. documents. web/docsummary. aspx? docid = 5947411&leafid = 14103。

（六）推进服务业市场化改革和服务贸易制度创新

中国已经加入和申请加入若干高水平贸易协定，要以此为契机推动国内贸易体制改革和高标准市场体系建设。中国已经加入了《区域全面经济伙伴关系协定》（Regional Comprehensive Economic Partnership, RCEP）并生效实施，正在申请加入《全面与进步跨太平洋伙伴关系协定》（Comprehensive and Progressive Agreement for Trans-Pacific Partnership, CPTPP）和《数字经济伙伴关系协定》（Digital Economy Partnership Agreement, DEPA），这些都是更高标准的贸易协定，其中多数内容涉及服务业，包括服务业市场准入、电子商务、知识产权保护、环境保护、劳工保护、政府采购等。这些既是服务业进一步开放的规则和制度性要求，也是国内加快发展服务业需要的相应改革要求。以市场准入为例，扩大对外开放必然要求扩大对内开放，我们的金融服务、培训服务、医疗服务、文化服务、研发服务等许多领域，都需要加快对内对外的开放速度，推进高水平市场体系建设。

要特别重视数字服务贸易相关的制度创新。要支持数字化新外贸平台创新发展。要优化创新制度环境，鼓励平台企业在技术创新、业态创新、模式创新中发挥引领作用。要提高平台企业的综合服务水平，依托平台数据为生态链企业提供精准的供需对接服务，创造市场需求。要在跨境电商综试区持续推进海关监管创新、金融服务开放和跨境数据安全自由流动等规则标准探索，培育区域产业链和产业集群，适时推进综试区由点及面，逐步覆盖全国。

要重视发挥数字平台在服务贸易发展中的治理者作用。数字平台既是可数字化订购服务贸易的重要参与者，也是最接近市场的治理者，要积极鼓励数字平台在国际渠道拓展、诚信体系构建、贸易争端解决等多个环节发挥的重要作用。应鼓励政府与大型数字平台在交易信息数据及执法结果方面的信息共享、监管互认和执法互助。同时,要探索与平台经济相适应的监管方式创新,严厉惩处平台垄断、消费欺诈、低价倾销等不公平竞争行为。要确保高水平开放是安全与发展有效平衡的开放,以保障公平竞争、保障市场有序、保障市场影响力、保障重要领域稳定可控为重点,制定和完善相关法律,确保开放中的安全稳定。

(七)促进服务贸易发展与治理全球合作

随着服务贸易在全球贸易格局中的重要性不断提升,全球贸易的主要障碍已不是货物贸易领域内的关税和非关税措施,而是服务贸易相关的各种贸易壁垒,服务贸易自由化和便利化在很大程度上决定着全球自由贸易进程,国际经贸治理的重点正加快从货物贸易向服务贸易转变。从 CPTPP、USMCA 等最新经贸协定内容看,服务贸易领域的相关内容大幅提升。未来几年,国际服务贸易竞争将进一步加剧,服务贸易在双边、区域贸易投资谈判中的比重逐渐增大,成为各国谈判和博弈的核心内容。特别是数字服务贸易,正在成为多边、区域和双边贸易谈判的焦点,下面表 1 是若干贸易协定中有关数字贸易相关的内容和各方立场。

表 1　CPTPP、EU-JAPAN EPA、USMCA 和 RCEP 的
电子商务(数字贸易)条款对比

条款内容	CPTPP	EU-JAPAN EPA	USMCA	RCEP
数字产品定义	√	×	√	×
海关关税	√	√	√	√
数字产品的非歧视待遇	√	×	√	×
国内监管框架	√	√	√	√
电子合同	×	√	×	×
电子认证和电子签名	√	√	√	√

条款内容	CPTPP	EU-JAPAN EPA	USMCA	RCEP
在线消费者保护	√	√	√	√
个人信息保护	√	√	√	√
无纸化贸易	√	×	√	√
关于接入和使用互联网	√	×	√	×
跨境数据流动	√	√	√	√
互联网互通费用分摊	√	×	×	×
计算设施的位置	√	×	√	√
非应邀商业电子信息	√	√	√	√
网络安全	√	×	√	√
源代码	√	√	√	×
交互式计算机服务	×	×	√	×
公开政府数据	×	×	√	×
合作	√	√	√	√

服务贸易特别是数字贸易的跨国监管合作,需要各国协调行动,这些新领域的监管需要新的理念和知识,跨国治理合作有重要意义,能够交流沟通相关知识、经验和资源。积极参与国际规则谈判,既能表达我们意见,听取他国诉求,更能在与各国监管同行的交流中共享相关知识和经验。政府之外的组织和机构的治理合作也很重要,例如,全球金融创新网络(GFIN)是一个由 70 多个组织组成的网络,其中大部分是金融监管机构,从而使企业能够在其他国家进行产品和服务测试。[①] 再如 2019 年 6 月,在日内瓦举行的联合国 WP.29 第 178 次全体会议审议通过了中国、欧盟、日本和美国共同提出的《自动驾驶汽车框架文件》,新法规标志着

[①] Financial Conduct Authority,"Global Financial Innovation Network(GFIN)",FCA.org,31 January 2019,last updated 22june 2022,https://www. fca. org. uk/firms/global－financial－innovation-network(link as of 2/11/20).

朝着多国统一的自动化车辆标准迈出重要一步。① 在这些监管合作中,一方面要着眼于国际经贸体系和贸易投资规则的调整,推进建设与其相衔接的制度体系,另一方面要着眼于我们自身优势、特点和需求,合理表达我们的诉求并引导监管合作的规则制定。

---

① United Nations Economic Commission for Europe,"Safety at Core of New Framework to Guide UN Regulatory Work on Autonomous Vehicles",4 September 2019,http://www.unece.org/info/media/presscurrent-press-h/transport/2019/safety-at-core-of-new-framework-to-guide-un-regulatory-work-on-autonomous-vehicles/doc.html(link as of 2/11/20).

第一章　服务贸易和数字贸易的概念、分类和测度

二战后的国际贸易,先是有 20 世纪 50 年代以来货物贸易大发展,接着是 70 年代以来服务贸易兴起与货物贸易并驾齐驱,到了 21 世纪第二个 10 年则是数字贸易登上国际贸易舞台。这三者尽管是相继而兴,继承一脉,但是从业务内涵、规则制度和统计测度方面是不同的。

表 1　货物贸易、服务贸易与数字贸易的区别

	业务内涵	规则制度	统计测度规范
货物贸易	有形产品的交易	1947 年达成关税贸易总协定为基本框架的系统规则制度	《国际货物贸易统计:概念与定义》提供的全球统计规范(第 1 版 1971)
服务贸易	无形产品的交易	1994 年达成服务贸易总协定为基本框架的系统规则制度	《国际服务贸易统计手册》提供的全球统计规范(第 1 版 2002)
数字贸易	数字内容的交易对货贸和服贸的数字化赋能	没有全球性、系统性规章制度,各国力推双边、多边和区域数贸规则	尚不存在全球统计规范,《数字贸易测度手册》只是推介各经济体经验做法(第 1 版 2020)

从业务内涵上说,数字贸易不是与原有交易品类的区隔,它通过数字化赋能推动传统的货贸和服贸的交易效率、品类扩充和贸易额增长,这正

是商贸界开始对其瞩目并着力推进的理由。

从规则制度看,没有全球性、系统性规章制度,各国力推双边、多边和区域数贸规则;就统计测度而言,尚不存在全球统计规范,《数字贸易测度手册》只是推介各经济体经验做法。这两方面的现状正是中国的机遇,中国有机会参与国际数贸规则的制订和国际数贸测度方法的开发。而货物贸易和服务贸易的规则和统计规范都是西方发达经济体已经制订好了,中国只能遵从。

中国海关关于货物贸易达成统计制度和商务部关于服务贸易的统计制度,都是基于上述全球统计规范。因此,本文所写的这方面统计内容和方法,也与此保持一致。而就数字贸易测度而言,不仅尚不存在全球统计规范,中国政府主管部门也没有制定任何统计监测制度,本书所写的统计内容和方法,只反映社会智库和专家的观点和做法。

一、服务贸易的概念、行业构成和统计方法

(一)服务贸易的发展与服务贸易概念的扩延

一般认为,服务贸易作为单独的贸易门类的崛起是在 20 世纪 70 代中期,其标志是当时服务贸易在增长速度上超过了货物贸易。1972 年的经合组织专家报告标志着服务贸易概念的提出,而 1995 年生效的《服务贸易总协定》标志着服务贸易概念的拓展。

各国国民生活水平提高而引发的对服务消费需求的扩张,极大地带动了服务贸易的发展。各国服务业的发展,创造了对服务的多种需求。同时多种服务需求的国际化,必然促进国际服务贸易的发展。服务贸易的发展原因首先是国家内部产业结构的提升,这种提升反映了资本投放、

产值和销售、从业人员三方面的比例优化。20世纪中叶,发达国家的产业结构先后完成了由制造业为主向以服务业为主的转变。20世纪末叶,一些新兴市场经济体也出现了由制造业为主向以服务业为主的转变。与此同时,发达国家服务产业内部科技和智力含量较高的新型服务行业与传统的劳动密集型服务行业相比取得了越来越大的发展优势,第二产业和第一产业的发展也越来越依赖于这些新型服务行业,出现了经济的服务化和知识化的趋势。服务贸易大发展的另一个重要原因是经济全球化。经济全球化促进了包括服务贸易在内的贸易自由化,国际投资、货物贸易和人员的国际流动带动和刺激了服务贸易。服务贸易大发展的第三个原因是服务业中新产品的开发。这其中又有两方面的含义,一是经济知识化促进了分工专门化,一些业务从原有部门中分化独立出来,成为新的服务行业;二是科技进步使得原本由于提供方和接受方分处异地不可贸易的服务项目变得可以贸易。

服务贸易的兴起,促进了服务贸易的理论研究,也推动了国际商务谈判和贸易规则的制订。尽管第三产业与第一产业、第二产业并列早已有之,但是服务贸易作为与货物贸易对称的门类出现,仅始于20世纪70年代。"服务贸易"的概念最早出现在1972年,由经济合作与发展组织(OECD)的专家提出。1974年美国在正式文件中首次使用了"世界服务贸易"的说法。此后"服务贸易"的概念逐渐为各国官方和国际机构、经贸界和学术界接受和使用。

关于服务贸易的概念有狭义论与广义论之说。国际收支服务贸易统计(BOP)仅将居民与非居民所从事的跨国服务视为国际服务贸易,即狭义论。服务贸易总协定(GATS)则将所有涉及不同国民或不同国土的服务交易都列入国际服务贸易范畴,即广义论。李静萍(2002)对服务贸易的两种代表性定义指出了三个区别:(1)两种定义观察国际服务贸易的立足点不同,BOP 立足于交易者的常住性,GATS 立足于生产要素所有权——即属地与属权之别;(2)两种定义下国际服务贸易的范围不同,集中体现在对以商业存在形式提供服务的处理方式不同;(3)两种定义产生的背景不同,所发挥的功能不同。

(二)二元架构的服务贸易统计体系

1993 年的《国际收支手册(第五版)》中服务贸易首次在贸易统计中独立设项,国际收支记录的是常住者与非常住者之间的贸易,是传统意义上的服务贸易;而《服务贸易总协定》拓展了服务贸易的概念,国际服务贸易不仅可以通过常住者与非常住者之间的交易实现,还可以通过在国外建立商业存在实现。

针对贸易谈判和市场开放的需要,《服务贸易总协定》对服务贸易的概念进行了拓展,从贸易提供方式的角度对服务贸易提出了新定义,包括四方面。(1)跨境提供。跨境提供服务,消费者和供应商分别位于不同经济体领土上,与货物贸易类似。(2)境外消费。(3)商业存在。服务供应商在境外建立商业存在,以确保生产、分配、营销、出售和售后服务等环节与消费者保持密切接触。(4)自然人存在。指某个自然人暂时位于本国以外的其他经济体上提供服务。

在此背景下,《国际服务贸易统计手册》编纂者建立了二元架构的服务贸易统计体系,它一方面沿用既有国际收支表(BOP)的服务统计,另一方面建立起国外附属机构统计(FATS)。

1995 年生效的《服务贸易总协定》讲服务按提供方式划分成 4 类。刚诞生的世贸组织曾设想建立按 4 种提供方式分类的服务贸易统计体系。而后,包括世贸、经合、欧盟等国际组织专家经过反复研究论证,确认服务贸易统计体系最可行的办法是:(1)要与国民核算体系(SNA)核算指标体系保持一致,尽可能使用国民核算体系中的统计信息;(2)在国际收支(BOP)的服务统计之外,建立 FATS 统计,将 4 种提供方式分类的服务大致匹配到 BOP 统计和 FATS 统计之内。在此基础上设计和颁布了《国际服务贸易统计手册》(2002)。

两者各自的总和数据不可以加总在一起。因为两套统计范围有重复的地方。至于分类数据,就更不能加总,因为两套统计的分类体系不一致。

要综合反映一国国际服务贸易的实际情况,就必须同时建立起两套国际服务贸易统计标准:BOP 统计和 FATS 统计。它需要的是在体系上相互独立,功能上相互补充的统计数据。服务贸易统计的二元架构,就是指 BOP 统计与 FATS 统计共存的服务贸易统计。

(三)BOP 服务的商品类别和所涉行业

二元架构的服务贸易统计体系中国际收支口径的服务贸易统计,即传统的服务贸易统计来源于国际收支表的服务子项,但包含更多的信息。国际收支的概念是编报经济体与世界其他地方的交易记录,不区分具体的交易国别。而国际收支服务贸易统计编列分国别的统计,含有商品×国别的交叉分组数据。

根据《国际收支手册(第六版)》,服务贸易分为以下 12 个品类,具体商品类别见图表。

表 2 国际收支统计中服务的分类

	品类
1	对他人拥有的实物投入的制造服务
2	别处未涵盖的维护和维修服务
3	运输

续表

	品类
4	旅行
5	建设
6	保险和养老金服务
7	金融服务
8	别处未涵盖的知识产权使用费
9	电信、计算机和信息服务
10	其他商业服务
11	个人、文化和娱乐服务
12	别处未涵盖的政府货物和服务

资料来源:《国际收支手册(第六版)》。

对他人拥有的实物投入的制造服务包括由不拥有相关货物的企业承担的加工、装配、贴标签和包装等服务。该制造服务由不拥有货物的实体进行,且所有者需向该实体支付一定的费用。在这些情况下,货物的所有权未发生变更,所以在加工者与所有者之间不记录一般商品交易。在对他人拥有的实物投入的制造服务的安排下,常见的加工活动包括炼油、天然气液化、服装和电子装配、安装(不包括建筑预制件安装,计入建设)、贴标签和包装(不包括用于运输的包装,计入运输服务)。通常而言,此品类的服务贸易一般涉及制造业、轻工业、重工业等,尽管近年来数字化进程不断加快,但该品类的服务贸易难以完全实现数字化交付,但在营销、合同订立、售后等环节,数字化订购过程不断推进。

别处未涵盖的维护和维修服务包括居民为非居民(反之亦然)所拥有的货物提供的维护和维修工作。维修可以在维修者的地点或其他地方实施。对于船舶、飞机和其他运输设备的维护和维修计入本项。运输设备的清洁计入运输服务。建设工程维护和维修不包括在内,而是计入建设。计算机的维护和维修计入计算机服务。记录的维护和维修价值为已完成工作的价值——而非维修之前和之后的货物全值。维护和维修值包括维修者提供的并计入收费之中的任何零件和材料值。此品类服务贸易主要涉及各类货物的维修业务,而维修工作通常难以实现全程数字化,数字化进程通常覆盖沟通订购环节。

运输是将人和物体从一地点运送至另一地点的过程,包括相关辅助和附属服务,以及邮政和邮递服务。运输可以根据以下因素进行分类:(a)运输方式,即海运、空运或其他方式,"其他方式"可以进一步分为铁路运输、公路运输、内陆水运、管道运输和空间运输以及电力传输;(b)运送什么——旅客或货物,标准组成中,运输同时根据这两个维度分类。对于不能按运输方式提供完整分类的国家(例如,由于机密性的原因),建议采用简化标准组成,即将所有运输服务划分成货运、客运和其他运输。运输服务主要涉及铁路运输、公路运输、海运、空运、管道运输等运输方式,数字化替代率较低。

旅行贷方包括非居民在访问某经济体期间从该经济体处购买自用或馈赠的货物和服务。旅行借方包括居民在访问其他经济体期间从这些经济体购买自用或馈赠的货物和服务。货物和服务可以由相关人或由另一方代他们购买,例如,商务旅行可以由雇主支付或报销,学生的学费和生活费可以由政府支付,或者医疗费用可以由政府或保险公司支付或报销。由生产者免费提供的货物和服务也计入该项,例如大学提供的学费和膳食费用。旅行服务贸易主要涉及旅游业,也可能与商业、教育业等有关,尽管随着数字化进程不断加快,旅游业的数字化订购发展越来越普及,但全面数字化交付仍难以实现。

建设包括以建筑物、工程性土地改良和其他此类工程建设(例如,道路、桥梁和水坝等)为形式的固定资产的建立、翻修、维修或扩建。相关安装和装配工程也包括在内。还包括场地准备、一般建筑以及油漆、测量和爆破等特殊服务。建设项目的管理也计入建筑。建设服务主要涉及建筑业及其相关行业,数字化对其的推动作用相对而言较小。

保险和养老金服务包括提供人寿保险和年金、非人寿保险、再保险、货运险、养老金、标准化担保服务,以及保险、养老金计划和标准化担保计划的辅助服务。保险和养老金服务主要由保险公司提供,少数由其他金融机构提供。目前,数字化保险和养老金服务产品推出推广越来越普及。

金融服务指除保险和养老基金服务之外的金融中介和辅助服务,包括通常由银行和其他金融公司提供的服务,例如,存款吸纳和贷款、信用证、信用卡服务、与金融租赁相关的佣金和费用、保理、承销、支付清算等。还包括金融咨询服务、金融资产或金条托管、金融资产管理、监控服务、流动资金提供服务、非保险类的风险承担服务、合并与收购服务、信用评级服务、证券交易服务和信托服务。金融服务主要由银行及其他金融机构提供,目前市面上的数字化金融产品越来越多,金融服务的数字化交付进程发展迅速。

别处未涵盖的知识产权使用费包括:(a)知识产权使用费(如专利权、商标权、版权、包括商业秘密的工业流程和设计、特许权),研发以及营销会产生这类权利;(b)复制、传播(或两者兼有)原作或原型中的知识产权(如书本和手稿、计算机软件、电影作品和音频录音的版权)和相关权利(如现场直播和电视转播、线缆传播或卫星广播的权利)时,所涉及的许可费。别处未涵盖的知识产权使用费服务涉及行业较多,如各行业的研发业务、传媒创作业务等,数字化进程在别处未涵盖的知识产权使用费服务深度发展。

计算机和电信服务根据服务的性质而不是交付的方式定义。例如,诸如会计服务等商业服务的提供计入其他商业服务项目下的相应栏目,即便这些服务完全通过电话、计算机或互联网交付。只有应付的传输款项才计入电信服务;下载的内容需计入相应项目(计算机、信息、视听等服务)。计算机和电信服务主要涉及传媒行业、计算机行业,由于其品类特性,该品类的服务贸易天然适合数字化交付。

其他商业服务主要包括研究和开发服务,专业和管理咨询服务,技术服务、贸易相关服务和其他商业服务,废物处理和防止污染、农业和采矿服务,经营租赁,贸易相关服务和其他商业服务。从《国际收支手册》定义的其他商业服务涵盖内容来看,其他商业服务涉及行业范围较广,其中研究和开发服务、专业和管理咨询服务等适合数字化交付。

个人、文化和娱乐服务包括:(a)视听和相关服务;和(b)其他个人、文化和娱乐服务。该品类服务主要包括电影、音乐、医疗、彩票等娱乐、卫生保健服务,部分可实现数字化交付。

别处未涵盖的政府货物和服务包括:(a)由飞地,如使馆、军事基地和国际组织,或向飞地提供的货物和服务;(b)外交官、领馆工作人员和在海外的军事人员及其家属从东道国经济体购买的货物和服务;(c)由政府或向政府提供的未计入其他服务类别的服务。一般而言,政府提供服务的国际贸易完全数字化交付难度较大。

在中国商务部服务贸易司的服务贸易统计发布中,将品类6—11称为知识密集型服务,亦称为现代服务。

(四)国际收支统计 BOP 的服务子项的统计调查方法

1. BOP 的统计原则

国际收支平衡表经常账户关于服务贸易的统计是在国际上认可度较高的统计(以下简称 BOP 口径的服务贸易统计)。国际货币基金组织各成员按照统一要求,向它提供本国的国际收支平衡表,再由基金组织编制全球的国际收支平衡表。

国际收支表通过借贷平衡表式总结一个经济体在特定时期与世界其他地区的经济交易情况。国际收支统计有两个基本概念:常住身份和交易。常住身份(residence)是识别常住者(resident)与非常住者(non-resident)的标志。机构单位在一个经济体的经济领土上拥有经济利益核心即为该经济体的常住者,否则是非常住者。交易(transaction)是两个机构单位之间通过协议开展的互动,反映经济价值的产生、转化、交换、转移或消失,并导致机关单位的资产和负债在数量、构成或价值上的变化。交易既包括货物和服务的出售和购买,资产的获得,对员工报酬的支付和分红,也包括无对应经济活动的单方转移(如债务豁免、补助、捐赠和转让等)。

尽管国际收支统计使用了"收支"这一名词,但是它并不是以"收支"为统计对象,而是以"交易"为统计对象。"交易"必须是有经济价值的行为。其中最大量的是交换,即一方向另一方提供一种经济价值,再从对方取得同等的价值。此外,也包括一方把一定的经济价值无偿地提供给另一方的无报酬交易。交易泛指国际收支平衡表应予反映的任何经济价值的变化。

交易双方称为经济体(economy)。经济体是国际经济上使用的名词,它对应于国际政治中通常所说的国家和为国际社会所接受的具有独立的国民经济核算体系及关税管理区域的地区。在国际经济组织中,经济体被称作"成员"。一个经济体由其境内的若干经济实体所组成。这些经济实体包括政府机构、企业、非营利机构和个人,它们的总体经济利益与所在经济体有密切联系。

综上可知,BOP 口径的服务贸易统计核算的是一经济体的居民与其他经济体的居民——即前一经济体的"非居民"——之间的服务交易。

由于居民身份的确定基本是依据属地原则,因而 BOP 口径的服务贸易统计能够正确反映传统意义上的国家间服务的输出和输入。

目前,国际收支平衡表经常账户中关于服务交易的统计,是发展最早、应用最广泛、统计最成熟的服务贸易统计。国际货币基金组织各成员均按要求对 BOP 口径的服务贸易进行统计。

2. BOP 统计的责任机构和数据采集方法

国际收支与外汇收支是有一定联系的不同核算。因此它们的统计机构和统计方法也不尽相同。

外汇收支一定是国家财政金融当局编制,国际收支则不然。各国负责编制 BOP 统计的机构不尽相同,大体分为两类:一类是国民核算统计机构;另一类是财金机构。因为美国商务部负责国民核算,所以 BOP 编制由商务部 BEA 负责。

国际收支的数据采集,可以采用国际交易申报系统(International Transaction Reporting System,ITRS)),例如法国;也可以采用企业调查方法,例如美国、英国;还可以是两者的结合,例如荷兰以企业调查为主、ITRS 为辅。此外还可以运用下列辅助方法:旅行者调查、家计调查,政府机构行政记录,伙伴国镜像数据。

总结:BOP 只是记录常住单位与非常住单位见服务交易的核算表式,它不必然与财金当局相联系,也不必然通过国际交易申报系统采集数据。

与货贸数据基本上依靠海关报关单所载不同,服务贸易数据的采集是多源、多途径的。下列是通常采取的服务贸易数据采集途径:

(1)国际交易申报系统

国际交易申报系统指商业银行对本行经手的常住者与非常住者之间

交易进行记录,并向国际收支管理者(逐笔或汇总)申报的金融管理制度。申报制度产生于外汇管制制度,在后者解除后仍独立存在。即便常住者通过其拥有的国外银行账户在本国银行系统之外进行交易,也应对其与非常住者交易部分做出申报。

对于没有货币易手的交易(如易货贸易或提供贸易信贷),必须收集补充资料。

(2)企业调查

企业调查(Survey of Enterprises)指编报机构直接向企业开展调查,以期获得常住企业与非常住者间的交易数据。调查方法既可以是全面调查,也可以是抽样调查;调查既可以是面对特定行业,如主要从事客运和货运的航空公司,主要接待海外旅客的旅馆和餐厅和只提供少数几种服务的律师事务所;也可以扩大到各类企业。成功的企业调查有赖于新近的i企业名录和切实有效的调查方法(如适当的跟进、核查和估算方法)。

(3)住户调查

住户调查(Household Survey)指以全部常住居民户为总体的抽样调查。鲜有单独为国际收支目的开展的住户调查。旅游行政部门或旅行社开展定期或不定期的住户调查,以期取得关于旅行的数据,其中可以分离出与国际收支旅行项目相关的数据。也可以利用国家统计系统现有的家计调查来推断与国际收支有关的资料。

(4)国际货物贸易统计

可以通过货贸统计口径的货贸统计数据,获知"制造服务"数据。

(5)官方数据

官方数据(Official Data)指货物贸易统计当局之外的其他政府机构包括货币当局的详细核算记录,例如关于向/由非常住者提供的教育和保健服务的记录。这些数据可以作为编制国际收支的补充来源,或用来核实其他来源的数据。

（6）来自伙伴国和国际组织的数据

对于获得本国数据的编报国，伙伴国的数据能起到替代作用，或者用其来验证自己用其他方法采集到或估算出的数据。对于正在编制技术援助服务数据的受援国，出自提供援助的国际组织的数据很有帮助。

必须综合考虑数据采集涉及的各种因素来选择数据采集方法和估算方法，如授权数据采集的法律法规、现有数据、现有资源、用户需求，以及方法对特定国家的适用性。

上面已经提到，如果有一个以上来源可以获得数据或相关资料，对主要来源的数据可以进行核查和验证。

改革开放后中国才建立国际收支统计，此前只有外汇收支统计。1996 年，建立了基于 ITRS 的，与国际规范全面接轨的 BOP 统计。中国服务贸易统计中旅游收入采用的是抽样调查方法，运输和保险支出项下数据采用的经验估算法，其他服务项目的收支数据则采用的是 ITRS 方法，逐笔申报，内含国别、币种、行业和企业属性的分类统计信息。

经过二三十年的发展，中国的服务贸易业务形态与当初较为单纯的状况相比具有复杂化趋势，与之相反，外汇管制则呈松动化趋势。于是造成当前业务成果与基于外汇收支的国际收支统计发生一定程度的背离，就是说依靠国家外汇管理局的申报系统采集数据不能很好地反映中国服务贸易进出口实绩。

为了减除"背离"的影响，商务部服贸司，通过企业调查和大数据方法获得补充信息，以此对国家外汇管理局国际收支数据进行了必要的调整和改算。见表 3。

表3　中国2021年服务贸易额　　　　　　　　　　单位:亿美元

品类	出口	进口	进出口	差额
1. 加工贸易	201.2	7.1	208.3	194.1
2. 维护维修	78.7	38.2	116.9	40.5
3. 运输服务	1271.9	1335.5	2607.4	-63.6
4. 旅行	113.7	1110.4	1224.1	-996.7
5. 建筑服务	304.8	97.9	402.7	206.9
6. 保险和养老金服务	52	160.4	212.4	-108.4
7. 金融服务	49.7	53.5	103.2	-3.8
8. 知识产权使用费	117.8	468.9	586.7	-351.1
9. 通信、计算机和信息服务	794.7	401.1	1195.8	393.6
10. 其他商业服务	923.6	531.9	1455.5	391.7
11. 个人、文化和娱乐服务	19	32.7	51.7	-13.7
12. 政府服务	15.5	32.4	47.9	-16.9
合计	3942.6	4270.0	8212.6	-327.4

资料来源:商务部服贸司。

（五）FATS 数据的统计调查方法

国际收支统计体系统计资源包括国际收支统计在内的整个经济统计（主体是国民核算体系——SNA）体系所能提供的统计数据的综合。把《服务贸易总协定》按其定义的四种服务提供方式提出的数据要求,与国际收支统计体系统计资源一一对照,可以看出,BOP 口径的服务贸易统计基本上能够满足 GATS 提出的关于跨境提供和境外消费两种服务提供方式的数据需求,但不能满足关于"两个存在"服务提供方式的数据需求。

因此,为弥补国际收支统计体系统计资源与 GATS 的服务贸易统计数据要求之间存在的巨大差距,一些专家提出了外国附属机构服务贸易统计(以下简称 FATS 统计)的概念,即对设在东道国境内的、为外国公司所拥有的企业的服务贸易和其他基本经济指标进行统计。

设在东道国的国外附属机构所提供的货物和服务有 3 个流向：（1）在东道国境内销售给常住者；（2）跨境返销给投资母国的常住者；（3）跨境销售给第三国的常住者。

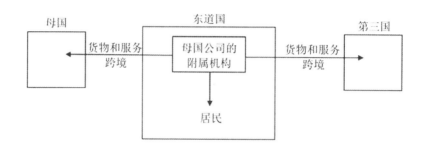

图 1　外国附属机构的贸易流向

其中，两种跨境销售可以在国际收支表中记录，但第（1）种情况，即商业存在提供方式，需要新辟统计调查项目。这个统计项目可以在既有外国直接投资统计调查基础上进行。外国直接投资统计调查的是涉外直接投资的流量和存量，可以作为商业存在调查的基础。以外国直接投资企业名录为基础开展企业经营调查，可以获得商业存在服务提供方式数据和相关自然人服务提供方式数据。这种以外国直接投资企业名录为基础的企业经营调查，即是 FATS 统计。

FATS 统计有关于国外附属机构经营状况的一系列指标，其中在东道国的服务销售与收支口径服务贸易并列，共同测度投资国在世界市场上所提供服务的价值量。

1. FATS 统计主要调查以下三方面的指标：

（1）投资构成的来源指标。这是确认一个企业是否为外国附属机构的依据。区分国外直接投资与证券投资的标准是看企业的股份（或股权)中某个非居民投资者拥有的比率是否达到对企业有控制力的点。各国统计实践对此比率点有不同的规定,最低掌握在10%,然而外国附属机构的确认比率通常要远高于这一点。现在试行FATS统计的国家多以股份(或股权)占50%以上作为外国附属机构身份的确认标准。

在确认外国服务机构的身份时,还存在子、母公司关系如何确定的问题,即一外国附属机构附属于哪一个外国的问题。因为国际投资关系的复杂性,直接投资的受益者往往不是简单确定的。假如中国香港B公司在中国内地C公司占有50%以上的股份,而美国A公司又在中国香港B公司占有50%以上的股份,那么从直接的关系来讲,B公司从它在中国内地的商业存在——C公司的业务中受益,而A公司又是B公司的最大受益者。在确认外国附属机构的身份时,理想的标准是按最终利益拥有者(Ultimate Beneficial Owner——UBO)来判定投资来源国。但是,这一标准实行起来显然没那么简单,由于各国公司之间投资链的错综复杂,找到"最终的"利益拥有者并非易事。所以有人主张采用简单易行的直接利益拥有者(Direct Beneficial Owner——DBO)标准,即以投资链的第一环上的国家为投资来源国。

(2)企业销售指标,这是统计的重点和直接目标。首先要将货物的销售和服务提供区分开。对服务销售额,一方面要求按地域分组(最起码要分出东道国本地销售、返回投资来源国销售和对第三国销售)。另一方面要求按服务项目(类别)分组,取得交叉数据、组合计数据和总额数据。

(3)雇员人数的报酬指标。其中的外籍雇员报酬指数可以构成"自然人存在"服务提供额的一部分。当然FATS统计不能采集到与"商业存在"无关的那一部分"自然人存在"的服务提供额。

作为服务贸易大国和自由贸易原则最得力的倡导者,美国最先把服务贸易的概念由传统范围扩延到"两个存在"服务提供。为了掌握"商业存在"的数量特征,美国最先建立起 FATS 统计。在"欧统"的推动下,欧盟的 15 个成员国都已着手建立本国的 FATS 统计。另外,经合组织也已经着手开展 FATS 统计。

FATS 统计须借助现有外国直接投资统计开展。第一种借助方式是通过查看外国直接投资统计数据,掌握它们的基本情况,特别是辨识其外方控股机构。在此基础上开展企业调查,调查企业业务经营,采集其经济变量数据。第二种借助方式是在调查表格中增加关于经济变量的问题。后一种情况只适用于内向所属机构统计。

中国的内向 FATS 统计,借助于外资司的外商在华投资企业统计采集有关数据。其外向 FATS 统计,借助于国外合作司的中国境外投资企业统计采集有关数据。

2. 商务部发布的 2020 年内向和外向附属机构服务贸易情况显示:

2020 年,中国内向附属机构服务贸易企业 216721 家,实现销售收入 95025 亿元,同比下降 1.3%。从行业看,销售收入排名前五的行业为信息传输、软件和信息技术服务业,租赁和商务服务业,科学研究和技术服务业,批发和零售业,交通运输、仓储和邮政业,分别实现销售收入 22449.2 亿元、20457.2 亿元、16012.5 亿元、10938.1 亿元和 7770.2 亿元。从国别(地区)看,销售收入排名前五的国家(地区)为中国香港、英属维尔京群岛、日本、新加坡和韩国,分别实现销售收入 52732 亿元、10561.1 亿元、4967.9 亿元、4889.5 亿元和 2725.9 亿元。

2020 年,中国外向附属机构服务贸易企业 24636 家,实现销售收入 80226.9 亿元,同比下降 3.8%。从行业看,销售收入排名前五的行业为租赁和商务服务业,批发和零售业,建筑业,信息传输、软件和信息技术服务,交通运输、仓储和邮政业,分别实现销售收入 33852.4 亿元、11087.2

亿元、10755.8 亿元、8310.5 亿元和 3758.5 亿元;从国别(地区)看,销售收入排名前五的所在国家(地区)为中国香港、美国、新加坡、英属维尔京群岛和英国,分别实现销售收入 44850.8 亿元、5334.6 亿元、4247.3 亿元、3478.7 亿元和 2327.8 亿元。

二、数字贸易的概念、测度口径和测度方法

(一)数字贸易的概念和定义

正如本章开头所述,无论国际和国内,对数字贸易的概念和定义尚未取得一致认识。对这个问题可以从两个视角看。第一个视角是数字贸易业务,讨论的是它究竟只涵盖无形数字产品的贸易,还是对无形数字产品和有形数字产品的贸易的全面涵盖。因为从贸易的国际规则看,无形数字产品贸易归于服务贸易规则,有形数字产品贸易归于货物贸易规则,两者谈判的内容和场合有所区别。当然,近些年来一些诸边和双边贸易协定的谈判,是把两者一起纳入的,但是谈判者的侧重点还是有所区别。第二个视角是技术进步,以"(计算)机、(互联)网、云(计算)、物(联网)、大(数据)、(区)块(链)、(人工)智(能)"为代表的数字技术的广泛应用,促进了国际贸易的当代化,具体表现为数字技术产品的跨境流动所形成的新型贸易(所谓"数字贸易化"),和传统贸易被数字技术赋能所带来的交易途径改变和交易内容的提升(所谓"贸易数字化")。此外,国际贸易是经济活动产品的国际流动,因此对数字贸易概念的理解也必须放在数字经济大背景下。

从上面认识出发,笔者提出了"二元三环"的数字贸易架构。见图 2。处于内环的是数字技术贸易化的服务产品,这是数字贸易的核心部分,没

有它就没有二环和三环的数字贸易。处于二环的是数字技术赋能于服务贸易的其他品类。内环和二环共同构成数字服务贸易这一"元"。处于外环的是数字技术赋能于货物贸易所出现的跨境电商,它是另一"元"。"元"体现的是上段所说的第一个视角,而由内而外的环形扩展体现的是上段所说的第二个视角。

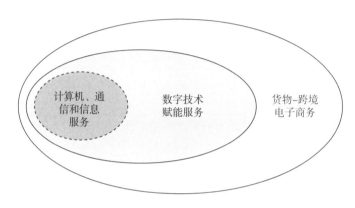

图 2　数字贸易的"二元三环"架构

从"二元三环"架构出发,本章为数字贸易做出如下定义:

数字贸易是数字技术化成和促成的跨境贸易,属于数字经济产品的国际贸易。

(二)国际组织关于数字贸易的测度

1. UNCTAD 的数字可交付口径的数字贸易

联合国贸易和发展会议(UNCTAD)专注于窄概念数字贸易的测度方法开发。这种数字贸易测度架构实质是数字技术赋能于传统服务贸易使之能够在线上交付。美国商务部经济分析局(BEA)也持这一口径。UNCTAD 的数字可交付口径原本称为 ICT 潜在赋能服务,后来改称数字可交付口径。这是唯一能够分国别、成时间系列的数字贸易数据集。图

3 和图 4 分别是 2010 年和 2020 年世界主要国家数字可交付服务贸易占比图,两者对比至少可以看出:第一,2020 年数字贸易市场集中度远大于 2010 年,2010 年十大数字贸易国之外的其余国家占比是 80.8%,到了 2020 年这个比率缩小到 54%。第二,2020 年与 2010 年相比,中国数字贸易的排位,依然是全球第 5,而排在中国前面的依然是美国、英国、爱尔兰和德国。虽然中国在货物跨境电商方面发展迅速,市场占有率高,但是这个排名只依据数字可交付服务。

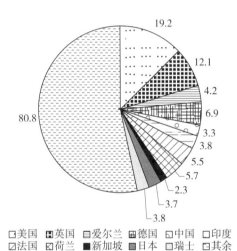

图 3　2010 年主要国家数字贸易额在世界中占比(%)

数据来源:根据 UNCTAD 网站数据计算。

需要指出,数字可交付服务不等于数字实际交付服务。为此,UNCTAD 和美国 BEA 也在探求获取数字实际交付服务的数据。UNCTAD 资助印度、泰国和哥斯达黎加进行企业调查,以获取这三国数字实际交付服务的进出口数据。美国在例行的服务贸易企业调查中也插入了关于数字实际交付贸易比率的问题。

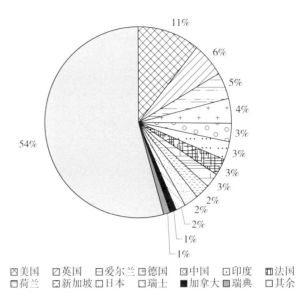

11%
6%
5%
4%
3%
3%
3%
3%
2%
2%
1%
1%
54%

☒美国　□英国　□爱尔兰　□德国　□中国　□印度　▣法国
□荷兰　□新加坡　□日本　□瑞士　■加拿大　▨瑞典　□其余

图 4　2020 年主要国家数字贸易额在世界中占比

数据来源:根据 UNCTAD 网站数据计算。

2. OECD-WTO-IMF《数字贸易测度手册》

(1)《数字贸易测度手册》关于数字贸易的定义和指标规定

从宽口径出发编纂《数字贸易测度手册》(Handbook on Measuring Digital Trade,以下简称《手册》)。OECD 于 2017 年提出“数字贸易测度框架”,该框架具有 3 个维度:一是贸易标的,分为货物、服务和数据(指非营利的数据提供);二是贸易特征,分为数字订购、数字交付和第三方平台服务;三是贸易主体,分为企业、住户和政府。OECD 和 IMF 于 2018 年又对贸易标的进行调整,将信息并进服务,并于 2020 年同 WTO 联合发布《手册》,把框架具体落实在定义和测度方法上。在数字贸易总定义下,分别定义数字订购贸易、数字交付贸易和第三方平台服务贸易(DIP)。不过,编者也强调当前测度数字贸易的许多领域仍然处于初级阶段,《手册》只是列举了各经济体不同的测度方法供参考使用,并将随着新的国家和国际测度经验的出现而不断更新。

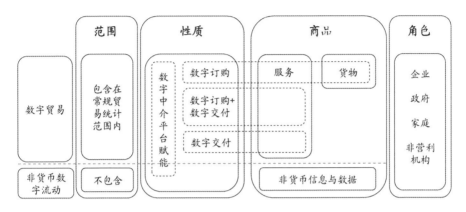

图5　OECT-WTO 数字贸易概念框架

对于数字订购贸易、数字交付贸易和数字中介平台服务三项基本指标,《手册》都给出了明确的定义。其中,将数字订购界定为跨境电子商务交易。其定义如下:"电子商务交易是通过电脑网络,按照接收订单或下单所特别指定的方法进行的商品或服务的买卖过程。商品或服务虽然按照这些方案进行下单,但是其支付和最终的交货并不一定在网上进行。电子商务交易可以是企业、家庭、个人、政府和其他公共机构或私营机构之间进行的交易。此外,电子商务交易也包括通过网页、外联网或电子数据交换方式下的订单,以及通过手机、传真或手动输入电子邮件的方式下的订单。"根据上述定义,数字订购贸易涵盖了所有通过万维网、外部网或通过无纸交易进行的订单,与电子商务概念具有较强的可替代性。但具体而言,数字订购的商品或服务的付款和最终交付无需在线上进行。随着信息和通信技术在全球范围内的应用和普及,中间环节的减少、交易成本的下降和效率的提高拓宽了市场边界,使得数字订购贸易的规模不断增长,并加速推动了全球价值链的横向扩展。

《手册》中的第二项基本指标是数字交付贸易。在 OECD、WTO 概念框架中，数字交付的对象一般为"可通过信息通信技术网络远程交付"的服务。《手册》对以数字方式交付的定义，借鉴了贸发会议关于 ICT 推动的服务相关概念的现有定义，但强调了范围上的重大差异，ICT 推动的服务包括利用电话、传真或手动键入的电子邮件之类的服务，但以数字方式交付的服务不包括在内。信息和通信技术为服务贸易实现更快发展提供了技术保障，其瞬时零成本传输的特征加强了服务的可数字化与可贸易化，促进了无形资源的优化配置，从而推动全球价值链的纵深发展。

《手册》将第三项基本指标数字中介平台定义为"使交易能够在多个买家和多个卖家实现，而所售货品或交付中服务的经济属权不为中介方占优的有偿在线中介服务"，并区分为以中介费产生收入的收费数字中介平台和以广告或数据流产生收入的免费数字中介平台。随着数字技术的创新与发展、移动终端的快速普及和广泛应用，全球性、区域性的数字中介平台快速成长，成为全球贸易的重要支撑力量，不仅为中小企业（B2B）进入全球价值链分工体系提供了更多机遇，而且为个人（B2C）分享全球数字红利创造了条件。OECD-WTO 框架将"数字中介平台"视为"数据和广告驱动的数字平台"的子集，这类平台本身提供有偿在线中介服务和其他"无偿"服务，后者的范围属于非货币交易，无法通过现存统计工具捕捉。以电子商务平台为例，其数据价值链包括三个主体和四个循环的价值创造/变现环节：（1）消费者为平台贡献了消费数据和用户信息；（2）平台以其庞大的数据库和数据分析能力为第三方卖家提供更加准确的需求预测、咨询和管理服务、数据定制服务；（3）第三方卖家为平台贡献了佣金、广告收入、其他数据定制服务收入；（4）平台为消费者提供更加物美价廉的商品和更优质的服务。

（2）《手册》所提供各国实践中使用的各种数据获取方法

针对三项基本指标中的数字订购贸易和数字交付贸易，《手册》提供了各国在实践中可供参考的数据获取方法。

数字订购贸易大致有七种统计方法。①通过对企业发放问卷调查。具体例子包括欧共体、OECD、关于信息通信技术使用情况和电子商务的调查、OECD 对企业信息通信技术使用情况的调查、加拿大关于数字技术和互联网使用的调查。局限性在于此方法只能衡量经济体内部的电子商务交易规模，跨境维度的数据较难掌握。②通过对家庭发放问卷调查。具体例子包括欧洲关于家庭和个人信息通信技术使用情况的调查、加拿大统计局对居民互联网使用情况的调查。局限性在于多数家庭无法区分其线上购买行为是在本土或跨境进行。③调查信用卡数据。具体例子包括以色列对跨境线上购买的商品价值的统计、美国对国际旅行交易额的统计。主要局限性在于受限于国际信用卡商务行业代码表和处理交易的地点。④通过调查第三方支付企业的数据。具体例子是俄罗斯要求 PayPal、QIWI、Yandex 等第三方支付企业提供电子资金转移信息。局限性在于部分线上交易不通过第三方支付平台进行，此方法无法囊括全部的数字订购贸易规模。⑤调查最低限度的贸易数据作为补充，因传统商品贸易统计遗漏了低于关税阈值的交易。具体例子包括 OECD 和 IMF 的清点存货（Stocktaking）调查问卷、俄罗斯通过邮政局的来往包裹数量来估算廉价商品的交易额、美国调查小包裹快递公司来估算廉价商品的交易额。局限性在于过度依赖邮政系统和快递公司的数据。⑥将跨境线上购买商品纳入海关贸易统计中。具体例子包括世界海关组织（WCO）协助开发的"跨境电商标准框架"、中国海关的跨境电子商务信息系统（CBEIS）、日本建立的低价货物清关系统、加拿大发起的邮政现代化计划。⑦利用大数据分析技术整合商品贸易统计数据与电子商务企业调查数据。目前德国、荷兰、卢森堡、斯洛文尼亚正在尝试开发相关的数据整合系统。

数字交付贸易的相关统计方法主要包括五种。①国际服务贸易调查(ITSS)。具体例子包括 UNCTAD 对可数字化服务贸易的测量、美国经济分析局、英国国家统计局对数字服务贸易的测量。局限性在于难以捕捉到家庭和家庭之间通过中介平台进行的交易,且多数会计系统都不按服务贸易的四种模式来跟踪服务。②国际交易报告系统(ITRS)。具体例子包括巴西中央银行通过汇编外部部门统计数据和对外汇市场的评估和监督重组 ITRS,追踪服务流的国际贸易。③利用行政管理税数据来汇编线上交付的交易额。具体例子包括阿根廷通过新的税收法规要求非本地数字服务提供商声明其收入,从而收集有关线上交付服务的数据;欧盟利用 VAT MOSS 税务机制收集线上交付服务的数据。局限性在于部分服务已经在现有的税收类别范围内,该方法存在重复计算的风险。④家庭调查,具体例子是加拿大对居民线上交付的商品开展调查。⑤捕捉非银行实体提供的数字金融服务。具体例子是国际货币基金组织(IMF)通过金融准入调查(FAS)捕捉金融科技公司的资金转账(汇款)、付款、储蓄、信贷、保险、贸易融资等新型金融服务数据。局限性在于不同类型的金融服务可能以单一商品的形式呈现,具体的服务类型难以被捕捉。

《手册》将以上数据获取方法按进出口和参与者类型进行了归纳,如表 3 所示。

表 3　数字贸易数据来源

	出口			进口		
	按机构部门			按机构部门		
	按行业划分的公司	政府	家庭非营利机构	按行业划分的公司	政府	家庭非营利机构
1. 数字订购						
2. 商品	ES	AR	HS/CC	ES/ITSS	AR	HS/CC
3. 服务＊:非数字交付	ES/ITSS	AR	HS/CC	ES/ITSS	AR	HS/CC
4. 数字交付服务＊						
5. 数字订购＊	ES/ITSS/ITRS	AR	HS/CC	ES/ITSS/ITRS/VAT	AR	HS/CC/MOSS
6. 非数字订购＊	ES/ITSS/ITRS	AR	HS/CC	ES/ITSS/ITRS/VAT	AR	HS/CC/MOSS
7. 总数字贸易						
8. 通过 DIP 的交易						
9. 数字订购						
10. 商品	ES+DIP		HS/CC+DIP	ES/ITSS+DIP		HS/CC+DIP
11. 服务＊						
12. 数字交付＊	ES/ITSS/ITRS+DIP		HS/CC+DIP	ES/ITSS/ITRS/VAT+DIP		HS/CC/MOSS+DIP
13. 非数字交付	ES/ITSS/ITRS+DIP		HS/CC+DIP	ES/ITSS/ITRS/VAT+DIP		HS/CC/MOSS+DIP

注:＊表示服务应按 EBOPS(国际收支服务扩展分类)类别显示。ES＝企业调查,HS＝住户调查,MOSS＝迷你一站式商店,CC＝信用卡数据,AR＝行政记录,ITSS＝国际服务贸易统计调查,VAT＝增值税征收管理记录(特别是数字活动),DIP＝直接从数字中介平台收集的数据(特别是调查、网页浏览等)。

资料来源:《数字贸易测度手册》。

（三）数字贸易测度基本理念和方法的提出

1. 数字贸易测度"融合比"法的理念

在国内兴起数字贸易研究不久，2018 年初，贾怀勤首先提出开展数字贸易"融合比"法的理念和数字贸易试测度的建议。贾怀勤思考包括两个层面。首先是树立数字技术与贸易的融合观念，认为这样的融合可以开拓服务贸易新业态，提升服务贸易效能。然后是定义"融合比"并提供融合比的测度实现对数字（服务）贸易的测度。

"融合比"法含有下列要素：

一对概念——"数字技术可融合服务"（英文建议译为 DT-integratable services）与"数字技术已融合服务"（英文建议译为 DT-integrated services）；

一个指标"融合比"——数字技术已融合服务贸易额在数字技术可融合服务贸易额中占比；

一种方法——用融合比乘以取自国际收支表的经常项目服务子项的数据，得到数字贸易估算数。

贾怀勤还设想出三种途径，建议单独采用三者之一或综合采用三者估算融合比值。

2. 数字贸易测度的指标体系构建和"融合比"法的具体化

超越 UNCTAD 数字可交付服务数据，提出对数字实际交付服务开展测度。

数字实际交付服务只是数字可交付服务数据的一部分，尽管这部分占比随着贸易数字化程度的提升而不断增大。"融合比"在这里就具体化为数字实(际)交(付)比。

以 RXD_i,($i=6,7,\cdots,11$)表示出口数字实交比;以 RMD_i,($i=6,7,\cdots,11$;)进口数字实交比。这里 i 表述服务品类,只对第6—11类计算实交比。以样本中某类服务的表示出口数字实交比乘以该类的服务贸易出口额,即得到该类服务的数字实际交付服务出口额。第6—11类数字实际交付服务出口额加总,得到数字实际交付服务出口总额。同理可以计算数字实际交付分类进口额和进口总额。

图6是对《手册》3组指标的内部关系及其与 UNCTAD 数字可交付服务指标的关系的解析。左右两个矩形分别表述货物贸易和服务贸易。服务贸易分上下两部分:上半部表示第6—11类,即数字可交付服务,按上段所说方法可以测算数字实际交付服务,即《手册》的数字交付服务;下半部表示第1—5和12类,通常谓之曰数字不可交付服务,但是可以测算其中使用数字平台手段实现订购的部分。数字订购服务和左边矩形中的跨境电商(即数字订购货物)共同组成《手册》所指的数字订购贸易。位于两矩形之间的"云"形框是数字中介平台服务,它源于服务第7类"计算机、信息和电信"服务——核心数字服务,为数字订购赋能。

在测算数字订购服务时,融合比具体化为数字订购比,测算方法如下:

以 RXO_i,($i=1,2,\cdots,5$)表示出口数字订购比;以 RMO_i,($i=1,2,\cdots,5$;)进口数字订购比。这里 i 表述服务品类,将政府服务数字订购比为零,只对第1—5类计算实交比。以样本中某类服务的出口数字订购比乘以该类的服务贸易出口额,即得到该类服务的数字订购服务出口额。第1—5类数字订购服务出口额加总,得到数字订购服务出口总额。同理可以计算数字订购分类进口额和进口总额。

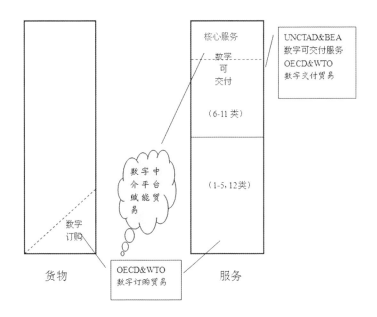

图 6　UNCTAD 指标和《手册》指标的关系

（四）数字贸易试测度的实施

融合比法实施的关键是获得融合比。贾怀勤 2018 年初建议采用三种方式对数字融合比进行测算:第一,在商务部重点企业服务贸易统计监测调查问卷中加入关于各项数字技术可融合服务中已融合的贸易额占比的问题,以重点调查所获占比去测算全部数字技术可融合服务中已融合的贸易额;第二,借用服务业各行业数字经济对全行业增加值占比去测算全部数字技术可融合服务中已融合的贸易额;第三,构建数学模型测算各项数字技术可融合服务中已融合的贸易额。

上述试测度建议得到国家工业信息安全发展研究中心(工信安研中心)的响应。该中心的工业化与信息化融合平台数据库的企业问卷调查,既针对第二产业各行业企业,也涵盖第一产业和第三产业。其中,服务业调查表涵盖了 32 个省份的 1630 家服务类企业数据。问卷中包含了与融合比直接有关的两对 4 个问题,分别是企业销售总额和企业在线销售额,企业购买总额和企业在线购买额。这些数据为计算融合比提供了数据来源。双方决定,以"两化平台数据库"中主营第 6—11 类服务的企业为样本,以企业在线销售/购买额对企业销售/购买总额的占比作为数字实交比的代理变量,以商务部服贸司的服务贸易数据为基数,测算数字实际交付服务进出口额。

2020 年 10 月,工信安研中心发布了全国第一份《中国数字贸易测度报告》。该报告测度披露了 2018—2019 年中国数字贸易(数字实际交付服务)进出口的整体规模和分类规模。

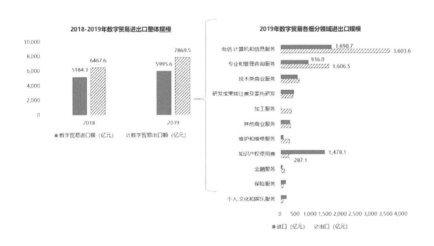

图 7　国家工业信息安全发展研究中心

资料来源:《2020 中国数字贸易测度报告》。

2022 年双方合作迈出第二步,工信安研中心测度出包括数字实际交付服务和数字订购服务的全覆盖数字服务贸易额。其测度结果涵盖 2018、2019 和 2020 三个年度的数据。表 4 展现的是这三个年度数字实交服务和数字订购服务的出口额、进口额和进出口额。表 5 以 2020 年为例,展现分服务品类的数字实交比、数字订购比和数字实交服务出口额和进口额。

表4 2018—2020年中国数字实交服务和数字订购服务贸易额汇总表

单位:亿人民币

年份	数字实交服务			数字订购服务		
	出口	进口	进出口	出口	进口	进出口
2018	8146.3	12681.4	20827.7	1231.7	1916.6	3148.3
2019	9614.4	14060.4	23674.8	1394.6	2038.7	3433.3
2020	10234.1	13177.5	23411.6	1483.5	1910.1	3393.6

资料来源:国家工业信息安全发展研究中心公布的数据。

表5 2020年数字服务出/进口测度结果

A 表

服务品类	出口		进口	
	数字实交比(%)	实际交付(亿美元)	数字交付比(%)	实际交付(亿美元)
6 保险和养老金服务	51.1	27.4	53.0	65.4
7 金融服务	32.2	13.4	37.2	11.8
8 知识产权使用费	38.7	33.6	59.8	224.9
9 通信、计算机和信息服务	100.0	607.6	100.0	329.6
10 其他商业服务	46.7	349.1	53.8	271.7
11 个人、文化和娱乐服务	62.2	8.2	55.3	16.6
小计	1039.4	919.9		

B 表

服务品类	出口		进口	
	数字实交比(%)	实际交付(亿美元)	数字交付比(%)	实际交付(亿美元)
1 加工贸易	31.2	53.1	35.8	1.8
2 维护维修	41.6	31.8	58.5	19.6

续表

服务品类	出口		进口	
	数字实交比（%）	实际交付（亿美元）	数字交付比（%）	实际交付（亿美元）
3 运输服务	38.1	215.6	40.8	386.3
4 旅行	41.5	68.6	42.1	552.4
5 建筑服务	29.8	74.9	36.9	30.1
12 政府服务	—	—	—	—
小计	444.1		990.2	

资料来源:国家工业信息安全发展研究中心提供。

受"融合比"法的启示,国内其他几家智库随后也开展了国家层面或省级层面的数字贸易试测度。在具体做法上,他们采集数据的企业样本不同于"两化融合数据库",表示融合比的具体指标名称与工信安研中心使用的名词不同——如"数字化率""数字化渗透率"等。这些研究成果有力地凸显了数字贸易测度"融合比"法的科学性和实效性。

(五)海关的跨境电商统计

随着"互联网+"时代的到来,国际贸易模式发生深刻转变,传统的线下贸易正逐渐让步于线上贸易。跨境电子商务(以下简称"跨境电商")作为线上贸易的主要载体,在国际贸易中承担日益重要的角色。跨境电商的快速发展对相关统计监测管理提出了更高的要求。相较于跨境电商的"漂亮成绩单",跨境电商的统计监测管理却相对滞后。

2013年,海关开始着手建立跨境电商统计,先后经历了两个阶段。第一阶段是跨境电商管理平台统计,将进出口报关单作为数据采集的唯一来源。随着对有关业务问题认识的深化,增列了几种监管方式。但是从海关行政记录中采集跨境电商统计原始资料,它将凡是在海关跨境电商管理平台上通关的出入境货物都纳入其统计范畴。随着电子商务业态的创新和海关监管对相关问题认识的深化,逐渐增列跨境电商管理平台的监管方式,先后列入的"跨境直购 9610""网购保税 1210""网购保税 1239""B2B 出口 9710""海外仓出口 9810"。据统计,2017 年中国跨境电商管理平台进出口 900 亿元。通过调研显示,漏统了平台监管之外的跨境电商货物,这当中有部分跨境电商货物按照一般贸易等监管方式申报,也有通过邮快件等渠道按个人物品进出境而不报关的,还有未通过跨境电商进口或出口统一版信息化系统清关造成未对其实施货物统计的。

出于以上原因,第二阶段,海关开发了跨境电商全业态统计,以便采集海关行政记录之外的信息。该方案设计如下:以电商平台为主要调查对象,通过行政记录、平台调查和大数据分析相结合的方法,全面统计跨境电商货物或物品的进出口规模,准确测算海关跨境电商通关平台、普通货物(包含进口备货仓和出口海外仓)、邮包、快件等各渠道进出境的规模比例,以期多维度全面反映中国跨境电商业态发展状况。

2021 年起实施"跨境电商业态全口径"的统计方案。2022 年 1 月 14 日,海关总署发言人在 2021 年全年进出口情况新闻发布会上发布:2021 年,中国跨境电商进出口继续保持良好发展势头,全年跨境电商进出口规模达到 1.98 万亿元,增长 15%。

表 6 给出了 2015—2021 年中国跨境电商贸易额,其中 2015—2019 年的数据是通过海关跨境电商管理平台采集到的,2020—2021 年数据是使用"跨境电商业态全口径"的统计方法采集和测算出来的。可以看到统计方法变更后数据的"火箭式"上升。

表6　2015—2021年中国跨境电商贸易额的变化

年份	进出口总额（亿元人民币）
2015	360.2
2016	499.6
2017	902.4
2018	1347
2019	1862
2020	16900
2021	19800

资料来源：根据历年《中国电子商务报告》披露数据和海关总署发言人披露数据整合而成。

参考文献

［1］贾怀勤：《我国入世与服务贸易统计——建立外国附属机构服务贸易统计的迫切性及建议》，《国际贸易问题》2002年第10期

［2］李静萍：《国际服务贸易统计体系的比较研究》，《统计研究》2002年第8期

［3］贾怀勤：《国际贸易统计：理论，规范与实务》，经济科学出版社2018年版，第77页

［4］贾怀勤：《数字贸易测度的概念架构，指标体系和测度方法初探》，《统计研究》2021年第12期

［5］Borga M, Koncz-Bruner J. Trends in digitally-enabled trade in services[J].Bureau of Economic Analysis US Department of Commerce,2012

［6］贾怀勤、刘楠：《数字贸易及其测度研究的回顾与建议——基于国内外文献资料的综述》，《经济统计学（季刊）》2018年第1期。

［7］Grimm A N.Trends in US trade in information and communications technology(ICT) services and in ICT-enabled services[J]. Current Business Survey, 2016, 5:1-19

[8]方元欣:《对我国数字贸易发展情况的探索性分析——基于 OECD-WTO 概念框架与指标体系》,《海关与经贸研究》2020 年第 4 期

[9] OECD, WTO and IMF(2020). Handbook on Measuring Digital Trade, Version1. OECD Publication, p.34

[10]贾怀勤:《建议开展数字贸易尝试性测度》,《第一财经日报》2018 年 2 月 26 日

[11]高晓雨等:《数字贸易测度的融合比法:从构念到实测》,《今日科苑》2021 年第 10 期

[12]贾怀勤等:《数字贸易测度的概念架构、指标体系和测度方法初探》,《统计研究》2021 年第 12 期

[13]贾怀勤:《数字贸易测度研究综述和路径方法分析》,《海关与经贸研究》2021 年第 6 期

第二章　2021年服务贸易和数字贸易发展状况

一、服务贸易发展情况

（一）服务贸易总额快速增长

1. 服务贸易逆差规模达近年来最低值

中国服务贸易持续快速增长，贸易逆差保持收缩态势。从贸易规模来看，2021年全年，中国服务进出口总额达52982.7亿元人民币，同比增长16.1%，在世界服务贸易总额中的占比提升0.5个百分点至7.0%，贸易规模连续八年位居全球第二位。其中服务出口总额25435亿元人民币，同比增长31.4%，在世界服务出口中的占比提升1.1个百分点至6.6%，是世界第三大服务出口大国。服务进口27547.7亿元人民币，同比增长4.8%，在世界服务进口中的占比为7.7%，是世界上仅次于美国的服务进口大国。从贸易差额来看，服务出口增幅大于进口26.6个百分点，带动中国服务贸易逆差下降69.5%至2112.7亿元，同比减少4816.6亿元，逆差规模为2011年以来的最低值。与2019年同期相比，中国服务进出口规模下降 2.2%,两年平均下降 1.1%;其中出口增长 30%,两年平均增长 14%;进口下降 20.4%,两年平均下降 10.8%。12 月当月,中国服务进出口总额 6197.3 亿元,同比增长 28.6%(图 1)。剔除旅行服务,2021 年中国服务进出口增长 27.2%,其中出口增长 35.6%,进口增长 18.3%;与 2019 年同期相比,服务进出口增长 30.9%,其中出口增长 43.8%,进口增长 18.1%。

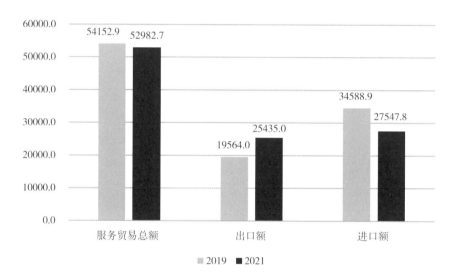

图 1　2019、2021 年中国服务贸易规模(亿元人民币)

数据来源:国家商务部。

2. 运输服务贸易成为规模最大的部门

运输服务大幅增长,已经成为中国服务贸易第一大部门。新冠肺炎疫情及其病毒变异株的出现对全球供应链体系造成较大冲击,产生了国际港口拥堵、集装箱周转不畅等问题,导致供求关系紧张态势持续,推动运输需求保持高位,集装箱运费率达到历史高位。根据货运追踪公司 Freightos 的数据显示,40 英尺集装箱从中国运往美国西海岸的单位运输成本在 2021 年 7 月末已经飙升至 15800 美元,为疫情暴发前价格的十倍。运价攀升促使运输服务贸易规模大幅提高,加之各国为防控疫情蔓延所采取的边境封锁、人员阻隔等限制抑制了中国旅行服务进出口的发展,两方面因素共同作用下,2021 年运输服务超越旅行服务,成为中国服务贸易最大部门。从贸易规模来看,2021 年,中国运输服务规模达16821.6 亿元人民币,在中国服务贸易总额中的占比高达 31.7%(图 2),占比较之新冠肺炎疫情发生前的 2019 年提升了 12.5 个百分点。从增长速度来看,2021 年运输服务同比增长 61.2%,增长速度高居中国服务贸易领域之首。

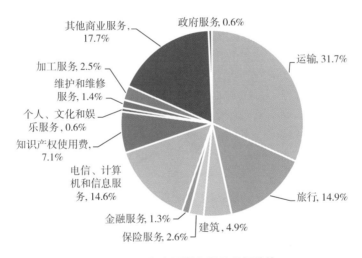

图 2　2021 年中国服务贸易总额结构

数据来源:国家商务部。

(二)知识密集型服务贸易稳定增长

知识密集型服务贸易保持增长态势,在中国服务贸易总额中的占比略有下降。2021 年,中国知识密集型服务进出口 23258.9 亿元,增长14.4%;其中,知识密集型服务出口 12623.9 亿元,增长 18%;知识密集型服务进口 10635 亿元,增长 10.4%。从知识密集型服务贸易的占比来看,2021 年,中国知识密集型服务贸易在中国服务贸易总额中的占比为 43.9%,较之 2020 年下降了 0.6 个百分点;其中,知识密集型服务出口占比为 49.6%,知识密集型服务进口占比为 38.6%。

知识密集型领域在进口和出口方面表现具有差异性。出口方面,增长较快的领域是个人、文化和娱乐服务,知识产权使用费,电信计算机和信息服务,增长率分别为 35%、26.9%、22.3%;增长最慢的领域是保险服务,贸易规模出现下降,降幅达 9.6%。进口方面,增长较快的领域是金融服务和保险服务,增速达 57.5%、21.5%;增长最慢的领域是其他商业服务,贸易规模出现 1.5% 的降幅(图 3)。

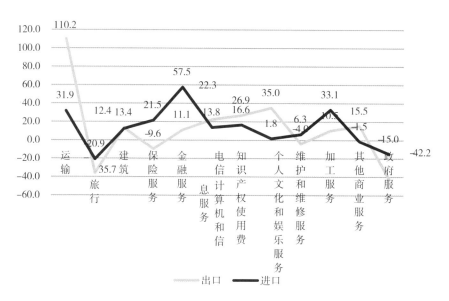

图 3 2021 年中国服务贸易不同领域增长速度

数据来源:国家商务部。

（三）传统服务贸易进出口表现不一

1. 出口占比提升伴随进口占比下降

传统服务出口大幅增长，在中国服务贸易总额中的占比持续提升。2021 年，中国传统服务贸易总额 27317.4 亿元，同比增长 19.2%，在中国服务贸易总额中的占比提升 1.3 个百分点至 51.6%。其中，传统服务出口额 10905.5 亿元，同比增长 60.9%，在中国服务出口额中的占比提升 7.9 个百分点至 42.9%。传统服务进口额 16411.8 亿元，同比增长 1.7%，在中国服务进口额中的占比下降 1.8 个百分点至 59.6%。出口的快速增长促进中国传统服务贸易逆差趋于收缩。2021 年，中国传统服务贸易逆差额为 5506.3 亿元，逆差规模同比下降了 3859.2 亿元。

2. 集装箱运价上涨导致运输服务增长

运输服务逆势增长，贸易规模实现大幅增长。运输服务伴随货物贸易的高速增长而大幅增长。2021 年，运输服务进出口 16821.5 亿元，增长 61.2%，其中运输服务出口 8205.5 亿元，增长 110.2%；运输服务进口 8616 亿元，增长 31.9%，成为服务贸易十二大领域中增长最快的领域。运输服务贸易规模的增长主要归因于出口集装箱运价指数的持续上涨。根据上海航运交易所发布的中国出口集装箱运价指数，2021 年综合指数平均值为 2615.54，其中 12 月当月综合指数平均值为 3265.41，环比增长 0.8%；反映即期市场的上海出口集装箱综合指数平均值为 4887.07 点，较上月平均上涨 7.1%。其中，船舶租赁行情保持高位。据克拉克森统计，12 月份，1700TEU、2750TEU、6800TEU、9000TEU 型船舶租金较上月分别下跌 7.8%、下跌 4.3%、上涨 0.9%、上涨 0.8%。从航线来看，欧地运价高位波动,2021 年 12 月,中国出口至欧洲、地中海航线运价指数平均值分别为 5113.16 点、5946.96 点,较上月平均分别下跌 3.2%、2.6%。北美市场走势良好,2021 年 12 月,中国出口至美西、美东航线运价指数平均值分别为 2409.08 点、2572.95 点,分别较上月平均上涨 6.4%、5.3%。澳新运价高位徘徊,2021 年 12 月,中国出口至澳新航线运价指数平均值为 2762.35 点,较上月平均下跌 2.6%。日本航线运价上涨,12 月,中国出口至日本航线运价指数平均值为 1092.56 点,较上月平均上涨 1.4%(图 4)。

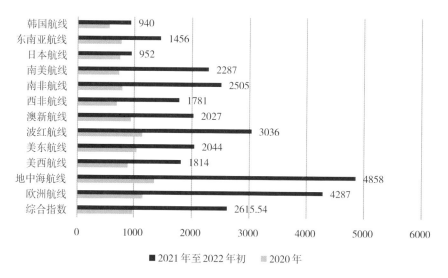

图 4 中国出口集装箱运价指数

数据来源:上海航运交易所公布的数据。

3. 新冠肺炎疫情抑制了旅行服务的恢复

新冠肺炎疫情对旅行服务进出口的影响仍在持续,旅行服务进出口继续下降。新冠肺炎疫情及德尔塔、奥密克戎等病毒变异株的出现使得 2021 年全球旅游业基本处于停滞状况,欧盟、日本、以色列等国家和地区重新实施入境限制,并升级防控措施,抑制着国际旅游业的发展,阻碍着中国旅行服务贸易恢复。旅行服务成为2021年除政府服务外中国服务贸易领域中降幅最大的领域。据统计,全球有近50家航空公司倒闭,知名的签证服务商佰程旅行和定制旅游商世界邦也破产清算。相较于2019年同期,2021年1—12月,全球国际游客下降了94%。虽然自2021年11月以来,美国等国家逐步放开旅行限制,允许部分完全接种疫苗的航空旅客入境,但随着更具抗药性、传染性更强的新冠病毒变异株"奥密克戎"(O)等的出现,加拿大、欧盟、以色列、日本等国家和地区重新实施入境限制,并升级防控措施,国际旅游业颓势可能将持续至年底,旅行服务仍深陷衰退泥潭。

2021年,中国旅行服务进出口7897.6亿元,下降22.5%;其中旅行出口规模733.6亿元,下降35.7%,旅行进口7164亿元,下降20.9%(图2)。

(四)附属机构服务贸易持续增长

服务贸易统计包括进出口和附属机构服务贸易(FATS),FATS统计和服务进出口统计相结合才能全面反映一国的服务贸易发展状况。数据显示,新冠肺炎疫情给全球服务贸易带来重大冲击,也给中国附属机构服务贸易发展带来较大影响。2020年,中国内向、外向附属机构服务销售收入合计达17.5万亿元,是当年4.6万亿元跨境服务进出口总额的3.8倍,比2019年下降2.2%,商业存在继续保持中国服务贸易最主要模式的地位。

1. 内向附属机构服务贸易

2020年,中国内向附属机构服务贸易企业216721家,实现销售收入

95025 亿元,同比下降 1.3%。从行业看,销售收入排名前五的行业为信息传输、软件和信息技术服务业,租赁和商务服务业,科学研究和技术服务业,批发和零售业,交通运输、仓储和邮政业,分别实现销售收入 22449.2 亿元、20457.2 亿元、16012.5 亿元、10938.1 亿元和 7770.2 亿元。从国别(地区)看,销售收入排名前五的国家(地区)为中国香港、英属维尔京群岛、日本、新加坡和韩国,分别实现销售收入 52732 亿元、10561.1 亿元、4967.9 亿元、4889.5 亿元和 2725.9 亿元。

表 1 2020 年内向附属机构销售收入排名前十大行业

行业名称	企业数量(家)	销售收入(亿元)	
		金额	同比
信息传输、软件和信息技术服务业	17724	22449.2	8.3
租赁和商务服务业	44836	20457.2	-10.9
科学研究和技术服务业	33509	16012.5	28.1
批发和零售业	83493	10938.1	-0.4
交通运输、仓储和邮政业	6035	7770.2	-0.2
房地产业	9727	7441.2	-22.3
金融业	2868	2596.6	-24.5
建筑业	4275	1467.0	-6.9
住宿和餐饮业	4161	1280.4	-13.3
居民服务、修理和其他服务业	2740	945.3	-4.7
前十大行业合计	209368	91357.7	-0.7

数据来源:国家商务部。

2. 外向附属机构服务贸易

2020 年,中国外向附属机构服务贸易企业 24636 家,实现销售收入 80226.9 亿元,同比下降 3.8%。从行业看,销售收入排名前五的行业为租赁和商务服务业,批发和零售业,建筑业,信息传输、软件和信息技术服务,交通运输、仓储和邮政业,分别实现销售收入 33852.4 亿元、11087.2 亿元、10755.8 亿元、8310.5 亿元和 3758.5 亿元;从国别(地区)看,销售收入排名前五的所在国家(地区)为中国香港、美国、新加坡、英属维尔京群岛和英国,分别实现销售收入 44850.8 亿元、5334.6 亿元、4247.3 亿元、3478.7 亿元和 2327.8 亿元。

表 2　2020 年外向附属机构销售收入排名前十大行业

行业名称	企业数量(家)	销售收入(亿元)	
		金额	同比
租赁和商务服务业	4805	33852.4	−5.7
批发和零售业	10775	11087.2	−8.9
建筑业	—	10755.8	−9.8
信息传输、软件和信息技术服务业	2386	8310.5	86.6
交通运输、仓储和邮政业	1006	3758.5	−11.0
房地产业	581	3133.9	−10.3
居民服务、修理和其他服务业	754	1363.6	25.8
科学研究和技术服务业	1856	775.9	−25.1
农、林、牧、渔专业及辅助性活动	415	390.5	6.6
开采专业及辅助性活动	55	335.7	74.3
前十大行业合计	22633	73764.1	−2.0

注:建筑服务业未统计企业数量和中方从业人员数量。

(五)服务业利用外资金额提高

近年来,中国多措并举扩大服务业领域对外开放。一是压减外资准入负面清单。全国版负面清单由 2015 年的 93 项减至 2021 年的 31 项,压减了 62 项,其中服务业条目压减了 30 项,例如,压减了交通运输、增值电信、金融服务等领域的条目。二是扩大鼓励外商投资产业目录。全国版鼓励条目由 2015 年的 349 项增至 2020 年的 480 项,其中服务业条目增加了 48 项,例如,新增了研发设计、信息服务、技术服务等领域的条目。三是推动服务业扩大开放综合试点。其中,北京市开展了 3 轮服务业扩大开放综合试点,打造国家服务业扩大开放综合示范区。自实施试点以来,北京市服务业累计吸收外资 5686 亿元人民币,占北京市吸收外资总量的 96.9%,占全国服务业吸收外资的 14.8%(不含银行、证券、保险领域数据)。上海市服务业开放领域不断拓宽。上海市在外商独资公募基金、职业技能培训等现代服务业领域实现了一批全国首创项目落地。着力发展离岸贸易、转口贸易、生物医药跨境研发、服务外包等高附加值的国际贸易新业态,积极拓展"沪港通"、自由贸易账户、国际中转等金融和航运功能,大力发展大宗商品保税交易等强化功能资源配置的服务业。

中国服务业领域利用外资规模持续增长。在一系列开放举措的带动下,"十三五"时期中国服务业吸收外资年均增长 4.4%,占比从 2015 年的 69.8%提高至 2020 年的 78.5%,助力中国成为 2020 年全球最大外资流入国。2021 年,全国实际使用外资金额 11493.6 亿元人民币,同比增长 14.9%。从行业看,服务业实际使用外资金额 9064.9 亿元人民币,同比增长 16.7%。高技术产业实际使用外资同比增长 17.1%,其中高技术制造业增长 10.7%,高技术服务业增长 19.2%。

(六)中国服务贸易限制性指数仍较高

根据 OECD 发布的服务贸易限制性指数 STRI,在多数领域中国服务贸易限制性指数仍高于平均水平。具体来看,在整体限制和自然人移动模式下,中国审计部门限制水平均为最高,限制性指数分别为 0.721、0.203;在竞争壁垒模式下,中国电信部门限制水平最高,限制性指数为 0.425;管制透明性模式下,中国旅游部门限制水平最高,限制性指数为 0.153;其他歧视性措施下,中国录音部门限制水平最高,限制性指数为

0.063;外资进入模式下,中国广播部门限制水平最高,限制性指数为
0.552(图4)。与平均水平相比,中国在审计、电影、广播、录音、电信、商
业银行等多个领域限制性水平都较高,尤其是在录音和审计部门。其中,
在审计领域,中国在总体限制性、自然人移动、竞争壁垒、管制透明度、其
他歧视性措施及外资进入下的限制水平分别是平均水平的 2.2、1.6、
3.8、2.7、2.7、2.8、2.3 倍;在录音领域,中国在总体限制性、自然人移动、
竞争壁垒、管制透明性及其他歧视性措施下的限制水平分别是平均水平
的 2.1、1.2、2.0、1.8、1.4、5.2、2.2 倍。中国服务贸易限制性水平仍处于
较高水平。

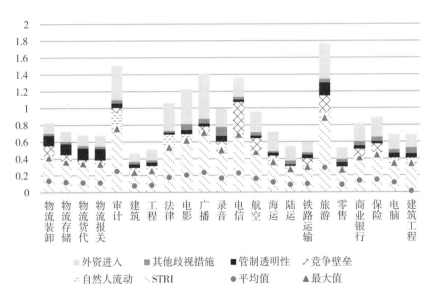

图5　2021年中国服务贸易限制性指数

数据来源:OECD-STRI 数据库。

(七)离岸服务外包增长迅速

全球服务外包市场格局稳中趋变。在全球价值链分工体系下,全球
服务外包市场呈现以美欧日等发达地区为主要发包方,以印度、中国、菲

律宾为代表的亚洲国家和爱尔兰、中东欧等国家为主要承接方的基本格局。当前,数字技术加速与制造、零售、娱乐、出版、休闲、金融、卫生、教育等越来越多的行业深度融合,数字化变革正大幅拓宽服务外包业务领域,推动离岸服务外包规模持续扩张。新兴市场国家和发展中国家群体性崛起,使得离岸服务外包业务来源更加多元。地缘政治、贸易冲突、保护主义等影响加大,产业链呈现纵向分工趋于缩短、横向分工趋于区域集聚的态势,可能加速离岸业务回流至本土或近岸国家。同时,越来越多的发展中国家将服务外包作为战略重点,印度发挥 IT 领域的规模、技术和人才等显著优势继续巩固最大服务外包承接国地位,菲律宾、越南、南非、墨西哥等国凭借成本优势不断吸引离岸服务外包,全球服务市场竞争日益激烈。

中国服务外包大国地位稳固。在示范城市不断扩围和引领带动下,中国服务外包产业发展凝聚了广泛共识,产业规模持续扩张,产业结构不断优化,稳居全球第二大服务外包承接国。2019 年服务外包产业总规模突破 1 万亿元人民币,2020 年离岸服务外包业务规模突破 1 千亿美元,2021 年全年,中国承接离岸服务外包合同额首次突破一万亿元人民币,业务覆盖全球 200 多个国家和地区,实现"十四五"良好开局。随着数字技术日益与垂直领域深度融合,在岸发包业务潜力加快释放,离岸在岸业务发展更加协调,新业态新模式不断涌现,数字化转型加快,高端化发展势头良好。

从产业规模看,2021 年,中国企业承接服务外包 21341 亿元,同比增长 25.4%;执行额 14972 亿元,同比增长 23.6%。其中,承接离岸服务外包合同额首次突破一万亿,达到 11295 亿元,执行额 8600 亿元,同比分别增长 16.0% 和 17.8%。离岸服务外包业务结构、区域布局与国际市场均呈现优化态势。

从业务结构看,中国企业承接离岸信息技术外包(ITO)、业务流程外包(BPO)和知识流程外包(KPO)执行额分别为3631亿元、1308亿元和3661亿元,同比分别增长13.3%、11.1%和25.3%。其中,管理咨询服务、工程机械维修维护服务、新能源技术研发服务、电子商务平台服务、信息技术解决方案服务、工业设计服务、医药和生物技术研发服务等离岸服务外包业务增速较快,同比分别增长141.8%、93.9%、90.4%、43.3%、41.2%、37.7%和24.7%。

从区域布局看,全国37个服务外包示范城市总计承接离岸服务外包合同额9591亿元,执行额7336亿元,分别占全国总额的84.9%和85.3%。长三角地区承接离岸服务外包合同额5100亿元,执行额4022亿元,分别占全国总额的46.0%和46.8%。

从国际市场看,中国承接美国、中国香港、欧盟离岸服务外包执行额分别为1994亿元、1456亿元和1154亿元,合计占中国离岸服务外包执行额的53.5%,同比分别增长28.6%、21.5%和18.6%。中国承接"一带一路"国家离岸服务外包合同额2261亿元,执行额1616亿元,同比分别增长25.7%和18.7%。

从企业性质看,民营企业承接离岸服务外包执行额2320亿元,占全国27.0%,同比增长27.1%,比全国平均增速高出9.3个百分点。外商投资企业承接离岸服务外包执行额3700亿元,占全国43.0%,同比增长16.1%。

从吸纳就业看,截至2021年12月底,中国服务外包产业累计吸纳从业人员1395万人,同比增长8%,其中大学及以上学历898万人,占64.3%。1—12月,服务外包产业新增从业人员104万人,其中大学及以上学历78万人,占74.9%。

二、数字贸易发展情况

（一）可数字化交付服务贸易迅速发展

1. 规模居于世界前列

数字科技创新和应用推广深入演进,全球可数字化交付服务贸易规模不断扩大。2005—2020 年间,全球可数字化交付服务贸易规模从 12014.2 亿美元增长至 31675.9 亿美元,规模增长了 1.6 倍;在全球服务贸易总额中的占比从 44.7% 提升至 63.6%(图 6)。其中,高收入经济体主导着可数字化交付服务的发展。2005—2020 年间,高收入经济体可数字化交付服务贸易在全球的占比稳定地保持在84%以上。

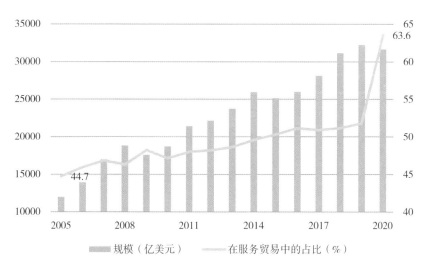

图 6　2005—2020 年间全球可数字化交付服务贸易发展状况
数据来源:联合国贸易和发展会议数据。

中国数字服务贸易规模位居世界前列,已经成为世界排名第五的可数字化交付服务出口大国。中国一直高度重视服务贸易开放与服务贸易发展,数字贸易已成为中国服务贸易发展的新趋势,并呈现出高质量发展的态势。据联合国贸易和发展会议(UNCTAD)数据,中国可数字化交付服务贸易总额呈不断上升趋势,在服务贸易中的占比逐渐提升。从规模来看,中国可数字化交付服务贸易总额从 2015 年的 2000 亿美元增至 2021 年的 3605.2 亿美元,年均增长 10.3%。其中,可数字化交付服务出口额从 1137.3 亿美元增至 1956.7 亿美元,年均增长 9.5%;可数字化交付服务进口额从 862.7 亿美元增至 1648.4 亿美元,年均增长 11.4%。从在中国服务贸易总额中的占比来看,2015—2021 年间,中国可数字化交付服务在中国服务贸易总额中的占比从 30.6% 增长至 43.9%(表 3)。

2021 年,中国可数字化交付服务出口总额 1956.7 亿美元,在中国服务出口中的占比为 49.6%;可数字化交付服务进口总额 1648.4 亿美元,在中国服务进口中的占比为 38.6%。从世界地位来看,2020 年,中国可数字化交付服务出口的世界占比为 4.9%,成为世界排名第六的可数字化交付服务出口大国;可数字化交付服务进口的世界占比为 36.6%,成为世界排名第五的可交付服务进口大国。从贸易差额来看,2018 年以来,中国可数字化交付服务由逆差转顺差,顺差规模逐年增大,2021 年实现可数字化交付服务贸易顺差 308.3 亿美元。

表 3 可数字化交付服务贸易发展情况　　　单位:亿美元;%

指标/年份	2015	2016	2017	2018	2019	2020	2021
服务贸易总额	6542	6616	6957	7919	7850	6617	8213
可数字化交付服务贸易	2000.0	2092.0	2079.5	2561.8	2722.1	2947.6	3605.2
其中:出口	1137.3	1121.5	1025.7	1321.4	1437.5	1551.5	1956.7

续表

指标/年份	2015	2016	2017	2018	2019	2020	2021
进口	862.7	970.5	1053.8	1240.4	1284.6	1396.1	1648.4
可数字化增速	—	4.6	-0.6	23.2	6.3	8.3	22.3
可数字化占比	30.6	31.6	29.9	31.24	34.7	44.5	43.9

资料来源:联合国贸易和发展会议数据。

2. 贸易结构持续优化

数字技术发展进一步推动了服务的可贸易变革。2021 年中国可数字化交付服务贸易保持增长,数据显示,2021 年,中国可数字化交付服务贸易规模达 3605.2 亿美元,同比增长 22.3%,在服务贸易总额中的占比为 43.9%。其中,出口额达 1956.7 亿美元,同比增长 26.1%;进口额达 1648.4 亿美元,同比增长 18.1%。从具体领域来看,2021 年,中国电信计算机和信息服务、知识产权使用费、个人文化和娱乐服务出口额增长率在 30% 以上,增长速度分别为:30.8%、35.6%、44.4%;中国保险服务、金融服务进口额增长率分别为:29.9%、68.4%(表 4)。这表明中国可数字化交付服务贸易在保持快速增长的同时,贸易结构也在不断优化。

在可数字化交付服务贸易总额构成中,以电信、计算机和信息服务为核心的数字服务贸易比重不断提升。据商务部统计,2015—2021 年,中国电信、计算机和信息服务在数字服务贸易中所占的比重从 27.8% 升至 33.2%,其中,出口占比从 35.7% 增至 40.6%,进口占比从 18.4% 增至 24.3%。旅游、运输等传统领域加快数字化发展,金融、保险、文化娱乐、商务服务等新兴领域数字化水平不断提升,数字服务贸易结构不断优化。

表 4　**2021 年中国可数字化交付服务进出口情况**　单位:亿美元;%

服务类别	进出口		出口		进口	
	总额	同比	总额	同比	总额	同比
可数字化服务	3605.2	22.3	1956.7	26.1	1648.4	18.1
保险服务	212.3	19.8	52.0	-3.4	160.4	29.9
金融服务	103.2	40.2	49.7	18.8	53.5	68.4
电信计算机和信息服务	1195.8	27.6	794.7	30.8	401.1	21.7
知识产权使用费	586.7	26.7	117.8	35.6	468.9	24.6
个人、文化和娱乐服务	51.7	19.6	19.0	44.4	32.7	8.8
其他商业服务	1455.5	16.2	923.6	23.4	531.9	5.3

数据来源:国家商务部。

(二)ICT 服务贸易规模持续扩大

ICT 服务出口规模持续扩大,高收入经济体始终占据主导地位。2017 年以来,信息通信技术(ICT)服务增速加快,2020 年规模达 6762.2 亿美元,较之 2005 年规模提高了 3 倍左右。其中,高收入经济体 ICT 服务出口规模一直较高。2020 年,高收入经济体 ICT 服务出口规模达 5006 亿美元,在全球 ICT 服务出口中的占比高达 74%,但较之 2005 年下降了 7.7 个百分点。而且随着电信基础设施等的发展,中高收入经济体 ICT 服务出口规模不断增长,在全球 ICT 服务出口中的占比稳定提高,全球 ICT 服务呈现多元化发展趋势。2005—2020 年间,中高收入经济体 ICT 服务出口规模从 102.1 亿美元增长至 865.5 亿美元,规模提高了 7.5 倍;在全球 ICT 服务出口中的占比由 6%稳定提升至 12.7%(图 7)。

中国 ICT 服务出口增速加快,成为世界第三大 ICT 服务出口国。从出口规模来看,2005—2020 年间,中国 ICT 服务出口规模从 23.3 亿美元增长至 590.3 亿美元,15 年间出口规模增长了 24.4 倍。从 ICT 服务出口

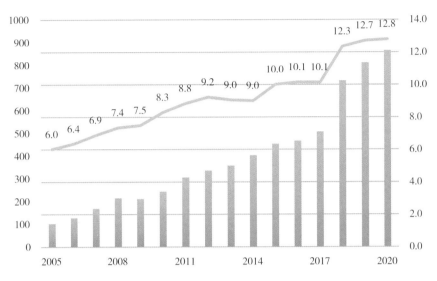

图 7　2005—2020 年间中高收入经济体 ICT 服务出口状况

数据来源:联合国贸易和发展会议数据。

的全球占比来看,2005—2020 年间,中国 ICT 服务出口在全球 ICT 服务出口中的占比从 1.4% 跃升至 8.7%,已经成为世界上仅次于爱尔兰、印度的 ICT 服务出口大国,世界影响力逐步提升。从 ICT 服务在中国服务出口中的占比来看,2005—2020 年间,中国 ICT 服务出口在服务出口总额中的占比从 3.0% 增长至 21.0%(表 5)。

表 5　中国 ICT 服务出口发展情况(2005—2020)　单位:亿美元;%

年份	出口额	占全球 ICT 服务 出口比重	占中国服务 出口比重
2005	23.3	1.4	3.0
2006	37.0	1.8	3.9
2007	55.2	2.3	4.1
2008	78.2	2.7	4.8
2009	77.1	2.7	5.4
2010	104.8	3.6	5.9

年份	出口额	占全球ICT服务出口比重	占中国服务出口比重
2011	139.1	4.0	6.9
2012	162.5	4.5	8.1
2013	171.0	4.3	8.3
2014	201.7	4.5	9.2
2015	257.8	5.7	11.8
2016	265.3	5.8	12.7
2017	277.7	5.5	12.2
2018	470.6	7.9	17.3
2019	537.8	8.4	19.0
2020	590.3	8.7	21.0

数据来源:联合国贸易和发展会议数据。

中国ICT服务进口规模持续扩张。从规模来看,2005—2019年间,中国ICT服务进口规模从22.2亿美元增长至268.6亿美元,规模增长了11.1倍。从ICT服务在中国服务进口总额中的占比来看,中国ICT服务进口中国服务进口总额中的比重呈现整体上升态势。2005—2019年间,ICT服务进口在中国服务进口总额中的占比从2.65%提升至5.36%(表6)。

表6　中国ICT服务进口发展情况(2005—2019)　单位:亿美元;%

年份	进口额	占中国服务进口比重
2005	22.23	2.65
2006	25.02	2.48
2007	32.89	2.55
2008	46.75	2.99
2009	44.42	3.04
2010	41.02	2.12

续表

年份	进口额	占中国服务进口比重
2011	50.34	2.03
2012	54.90	1.95
2013	76.23	2.31
2014	107.48	2.48
2015	112.30	2.58
2016	125.78	2.78
2017	191.76	4.10
2018	237.75	4.53
2019	268.60	5.36

数据来源:联合国贸易和发展会议数据。

(三)数字贸易重点领域发展状况

1. 跨境电子商务

全球电子商务规模持续提升,发达经济体占据明显优势。信息通信技术、基础设施完善程度、居民购买力水平等是电子商务发展的关键支撑,总体上看经济发达地区在跨境电商发展中占据明显优势。根据UNCTAD 发布的《2019 年全球电子商务评估及新冠肺炎疫情对 2020 年在线零售影响的初步评估》报告,新冠肺炎疫情导致的封锁限制措施推动全球电子商务急剧增长。最新数据显示,2019 年全球电子商务销售额跃升至 26.7 万亿美元,同比增长 4%。其中,全球跨境(B2B)电子商务销售额为 21.8 万亿美元,占全球电子商务的 82%。从国别结构来看,全球前十大跨境(B2B)电子商务销售国家(地区)中,美国、日本、韩国、英国、法国、德国、意大利、澳大利亚、西班牙等 9 个国家(地区)均为发达经济地区。这 9 个国家(地区)跨境(B2B)电子商务销售额合计 15.4 万亿美元,在全球跨境(B2B)电子商务销售额中的占比高达70.9%。全球跨境(B2C)电子商务销售额估计为4.9万亿美元,同增长11%。从国别结构来看,全球前十大跨境(B2C)电子商务销售国家(地区)中,中国和美国是B2C发展的引领者。其中,中国跨境(B2C)电子商务销售额为1.5万亿美元,美国跨境(B2C)电子商务销售额为1.2万亿美元,两国跨境(B2C)电子商务销售额在全球联合占比高达57.5%(图8)。

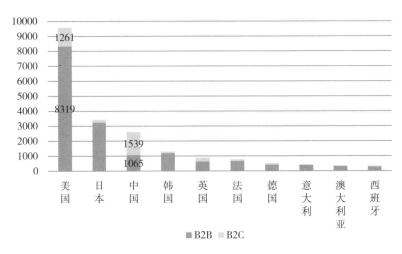

图8　2019年电子商务全球前十大经济体

数据来源:WITS数据库。

中国电子商务稳步增长,在国内和国际两个市场发挥重要引领作用。人工智能、大数据、小程序等技术广泛应用,直播电商、社交电商、跨境电商海外仓等模式深化创新,顺应了时下多元化、个性化、重视体验的消费需求。从国内市场来看,2020年,全国网上零售额达11.76万亿元,同比增长10.9%,实物商品网上零售额达9.76万亿元,同比增长14.8%,占社会消费品零售总额的比重接近四分之一。从国际市场看,跨境电商成为企业开展国际贸易的首选和外贸创新发展排头兵,超万家传统外贸企业触网上线,1800多个海外仓成为海外营销重要节点和外贸新型基础设施。

中国跨境电子商务发展强劲,创新取得新突破。第一、跨境网络零售增长迅速,成为稳外贸的重要力量。2020 年"双 11"期间,跨境电商交易量、每秒处理清单峰值等指标均创新高。海关总署数据显示,全国通过海关跨境电商进、出口统一版系统共处理进出口清单 5227 万票,同比增长 25.5%;处理清单峰值达 3407 票/秒,增长了 113.2%[1]。第二、跨境电商监管方式不断创新。海关总署增设"9710""9810"贸易方式,将跨境电商监管创新成果从 B2C 推广到 B2B 领域,实施"一次登记、一点对接、优先查验、允许转关、便利退货"等通关便利化措施。疫情期间,海关总署及时出台支持中欧班列发展 10 条措施,支持利用中欧班列运力开展跨境电商、邮件等运输业务。支持邮政部门开通进出境临时邮路,累计开通临时出境口岸 15 个、临时进境口岸 13 个,积极疏运进出境邮件和跨境电商商品。第三、丝路电商合作取得积极进展。目前,中国已与 22 个国家签署"丝路电商"合作备忘录并建立双边合作机制。第四、跨境电商贸易伙伴日益多元化。2020 年,中国跨境电商零售进口前十大来源地分别为:中国香港、日本、韩国、美国、澳大利亚、荷兰、新西兰、德国、西班牙、英国;中国跨境电商零售出口前十大目标市场分别为:马来西亚、美国、新加坡、英国、菲律宾、荷兰、法国、韩国、中国香港、沙特阿拉伯。

跨境电商企业竞争力较强。2020 年,电子商务企业全球市值前 5 名中中国占据 4 席[2]。福布斯"2019 全球数字经济 100 强榜"中,中国上榜企业数量 14 家,仅次于美国,位居世界第二。联合国贸发会议

---

① 中华人民共和国国务院新闻办公室:《疫情期间跨境电商进出口贸易额不降反升 成稳外贸重要力量》,资料来源:http://www.scio.gov.cn/xwfbh/xwbfbh/wqfbh/44687/44744/zy44748/Document/1696988/1696988.htm。

② 商务部等:《"十四五"电子商务发展规划》。

(UNCTAD)的《2019年全球电子商务评估及新冠肺炎疫情对2020年在线零售影响的初步评估》报告中,对全球B2C电商公司2020年成交额(GMV)排名,前13家电商公司中有4家来自中国。其中,阿里巴巴位居第一、京东位居第三、拼多多位居第四、美团位居第七,上榜企业数量仅次于美国。中国信通院发布的《平台经济与竞争政策观察(2020)》数据显示,2019年,中国市场价值超100亿美元的数字平台企业达到30家,居世界第二。

2. 云计算

全球云计算市场保持快速增长态势。云计算使用户可以按需灵活调整资源配置,经营更高效、弹性和可持续性,受到广泛青睐。新冠肺炎疫情加快推动企业数字化转型,云服务需求将加速释放。根据canalys,2021年全年,云基础设施服务总支出规模达1917亿美元,同比增长35%,高于预期增长。另据高德纳(Gartner)公司估计,以IaaS、PaaS和SaaS为代表的全球云计算市场预计未来几年平均增长率18%左右,到2023年市场规模将超过3500亿美元。中美两国在云服务市场占据主导地位,云计算马太效应凸显。

全球前三大云计算产商由美国主导。以亚马逊云(AWS)、微软云(Microsoft Azure)、谷歌云(Google Cloud)为代表的三大云服务提供商在全球构建了庞大的数据中心网络,在PaaS和SaaS方面积极布局,推动IoT、AI等新技术迅速落地。头部厂商在云计算服务总支出中的联合占比为64%,并且市场份额仍呈现出持续提高势头。其中,亚马逊云在2021年第四季度在云基础服务市场总支出占比33%,引领云基础设施服务市场;微软云在云基础服务市场总支出占比22%,是全球第二大供应商;谷歌云是第三大提供商,增长了63%,在云基础服务总支出占比为9%(图9)。

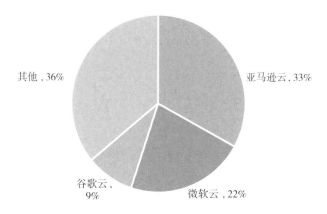

图9　2021 年第四季度全球云基础设施发展状况

数据来源：canalys。

　　中国云基础设施规模持续增长,头部云厂商占据了主要的市场份额。阿里云、百度云、华为云、腾讯云等中国的云计算服务商发展迅猛。其中,阿里云占据亚太及中国市场最大份额、位居全球第四,百度云、华为云等实现弯道超车,跻身第一阵营。从规模来看,2021 年中国云基础设施服务规模达到 274 亿美元,比 2020 年增加 85 亿美元,同比增长 45%;预计到 2026 年,中国云基础设施市场将达到 850 亿美元,五年复合年均增长率将达到 25%(图 10)。从市场结构来看,2021 年头部的四大云厂商占据了 80% 的市场份额。

　　其中,阿里云占云基础设施服务市场总支出的 37%,依然稳居云市场第一巨头。阿里云已经连续两年获评 Gatrner 云数据库管理系统魔力象限的领导者。阿里云公布的数据显示,阿里云目前已面向美国、英国、德国、日本、印度、新加坡等多个海外国家和地区,开服运营 25 个公共云地域、80 个可用区,此外还拥有 4 个金融云、政务云专属地域。相比较而言,2021 年阿里云的市场份额略有下降,主要原因在于政策调控减缓了互联网客户增长[1]。华为云占云基础设施服务市场总支出的 18%,年增

————————————

①　《阿里巴巴 2021 年十二月底止季度业绩公告》。

长达到 67%,稳居市场第二。第三大厂商腾讯云占云基础设施服务市场总支出的 16%,年增长达到 55%。腾讯云多项服务和新加坡数据中心站点正式通过了新加坡多层云安全最高安全评级认证,目前已在全球 27 个区域内运营 70 个可用区。此外,腾讯云还在境外部署了超过 800 个 CDN 加速节点。第四大厂商百度智能云占云基础设施服务市场总支出的 9%,年增长达到 55%。

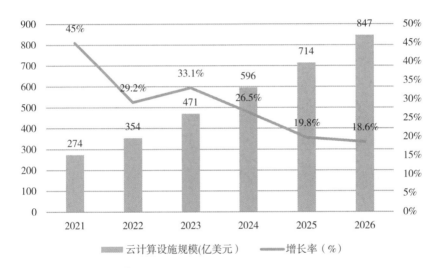

图 10 2021—2026 年中国云计算设施发展状况

数据来源:canalys。

3. 移动支付

移动支付成为主流方式。消费者支付偏好因历史、技术、文化、经济和监管等因素而迥异,尽管全球不同区域移动支付发展水平差异明显,但总体上移动支付已成为首选方式。根据 Worldpay 发布的《2022 全球支付报告》,电子商务支付偏好继续从现金和信用卡向数字钱包和先买后付转移。2021 年,数字钱包占全球电子商务交易额的 48.6%,略高于 2.6 万亿美元。预计到 2025 年,数字钱包占交易额的比例将上升到 52.5%。

由于支付宝和微信支付极为普及,亚太地区在数字钱包应用方面继续领跑,亚太电子商务网站的数字钱包份额预计将从 2021 年的 68.5%上升到 2025 年的 72.4%,超过 3.1 万亿美元。

中国在移动支付中建立了领先优势,移动支付已经成为中国非现金支付的主要方式。全球主要经济体中,中国国内数字钱包消费占比最高,其中的电子商务消费中数字钱包消费占比接近 83%。根据中国互联网络信息中心(CNNIC)统计,截至 2021 年 12 月,中国网络支付用户规模达 9.04 亿,较 2020 年 12 月增长 4929 万,占网民整体的 87.6%,增长 1.2 个百分点。根据央行发布的 2021 年第一、二、三季度支付体系运行总体状况①,前三季度中国移动支付业务量保持增长态势。其中,第一季度银行共处理移动支付业务 610.2 亿笔,同比增长 33.1%,在中国银行办理的非现金支付业务中占比 70%;银行处理移动支付业务金额 710.1 万亿元,同比增长 17.8%,在我国银行办理的非现金支付业务金额中占比 66.6%。第二季度银行共处理移动支付业务 673.9 亿笔,同比增长 16.7%,在我国银行办理的非现金支付业务中占比 64.9%;银行处理移动支付业务金额 745.7 万亿元,同比增长 10.6%,在我国银行办理的非现金支付业务金额中占比 69%。第三季度银行共处理移动支付业务 710.1 亿笔,同比增长 9.3%,在我国银行办理的非现金支付业务中占比 59.3%;银行处理移动支付业务金额 737.2 万亿元,同比增长 5.8%,在我国银行办理的非现金支付金额中占比 66.5%(表 7)。综上可以看出,2021 年前三季度我国银行办理的移动支付业务和金额都处于持续增长状态,移动支付已成为中国非现金支付的主要方式。

---

① http://www.pbc.gov.cn/zhifujiesuansi/128525/128545/128643/index.html.

表7 2021年前三季度中国移动支付状况　　单位:亿笔;万亿元

移动支付	一季度		二季度		三季度	
	业务	金额	业务	金额	业务	金额
2020	458.38	602.66	577.7	674.01	649.77	696.44
2021	610.18	710.08	673.92	745.74	710.14	737.15
同比	33.10%	17.80%	16.70%	10.60%	9.30%	5.80%
非现金支付业务	873.46	1065.59	1038.94	1080.82	1197.28	1109.19
在非现金支付业务中的占比	69.9%	66.6%	64.9%	69.0%	59.3%	66.5%

数据来源:中国人民银行公布的数据。

数字人民币推广提速,北京冬奥场景试点稳妥推进。2019年底以来,数字人民币试点测试规模有序扩大,应用领域逐步拓展,促进了中国数字经济规模扩张与质量提升。根据国新办发布的数据,截至2021年12月31日,数字人民币试点场景已超过808.51万个,累计开立个人钱包2.61亿个,交易金额875.65亿元。作为数字人民币研发试点和2022年北京冬奥会筹办工作的重要组成部分,数字人民币冬奥场景试点正稳妥有序推进,覆盖含交通出行、餐饮住宿、购物消费、旅游观光等在内的七大类场景,实现支付服务需求全覆盖。此外,冬奥会还在试点部署无人售货车、自助售货机等创新应用场景,推出支付手套、支付徽章、冬奥支付服装等可穿戴支付设备。

4. 卫星导航与位置服务

全球卫星导航系统应用广泛,增长潜力巨大。全球卫星导航系统是能在地球表面或近地空间的任何地点为用户提供全天候的三维坐标和速度以及时间信息的空基无线电导航定位系统。全球卫星导航系统国际委员会公布的全球4大卫星导航系统供应商,包括美国的全球定位系统(GPS)、俄罗斯的格洛纳斯卫星导航系统(GLONASS)、欧盟的伽利略卫星导航系统(GALILEO)和中国的北斗卫星导航系统(BDS)。其中美国的 GPS 是全球范围内精度最高、覆盖范围最广的导航定位系统。卫星导航系统导航、定位、授时、通信等功能应用广泛,特别是随着 5G、物联网、人工智能、区块链等新技术融合应用,将带动更多新产品和新应用发展,手机和可穿戴设备、公路交通运输、通用航空、无人机、航海等领域增长潜力较大。

全球卫星及应用产业保持稳步发展。根据美国卫星产业协会(SIA)发布的第 24 版《卫星产业状况报告》,2020 年全球航天产业收入为 3710 亿美元,其中全球卫星产业收入占全球航天产业收入的 73%。2020 年全球在轨运行卫星数量达 3371 颗,较之 2010 年卫星数量增长了 3.5 倍。从卫星产业各领域收入状况来看,2020 年,地面设备制造业仍然占全球卫星产业收入的最大份额,总收入为 1353 亿美元,同比增长 4%,在卫星产业收入总额中的占比为 50%;其次为卫星服务,2020 年收入为 1178 亿美元,较上年减少 4.2%,在卫星产业收入总额中占比为 44%;卫星制造业和发射服务业收入在卫星产业收入中的占比一直较低,2020 年这两类产业的联合占比仅为 6.5%(图 11)。

中国卫星通信及位置服务产业实现突破性发展,卫星导航与位置服务产业增速重回快车道。根据中国卫星导航定位协会发布的《2021 中国卫星导航与位置服务发展白皮书》,2020 年中国卫星导航与位置服务产业总体产值达 4033 亿元,较 2019 年增长约 16.9%。其中,包括与卫星导航技术研发和应用直接相关的芯片、器件、算法、软件、导航数据、终端设备、基础设施等在内的产业核心产值同比增长约 11%,达到 1295 亿元,在总体产值中占比为 32.11%。由卫星导航应用和服务所衍生带动形成的关联产值同比增长约 19.9%,达到 2738 亿元,在总体产值中占比达到 67.89%。中国北斗系统作为全球卫星导航系统四大供应商之一,坚持开

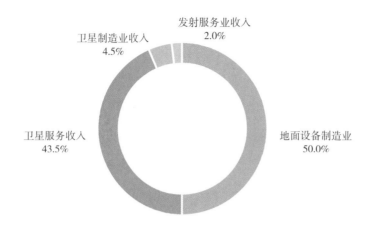

图11 2020年全球卫星产业各领域收入概况

资料来源:第24版《卫星产业状况报告》。

放合作、资源共享的发展思路,务实开展国际交流与合作。2020年7月31日,北斗三号全球卫星导航系统建成暨开通仪式在北京举行,标志着中国自主建设、独立运行的全球卫星导航系统已全面建成。目前,北斗相关产品已出口120余个国家和地区,与全球137个国家签订北斗合作协议,向"一带一路"沿线国家和地区上亿以上的用户提供了服务。

中国卫星导航与位置服务产业结构趋于成熟,已构建起集芯片、板卡、终端和运营服务为一体的完整北斗产业链,全面服务于交通运输、公共安全、救灾减灾、农林牧渔、城市治理等各行各业,融入电力、金融、通信等关键基础设施元。随着"北斗+"和"+北斗"应用深入推进,由卫星导航衍生带动形成的关联产值继续保持较高速度增长。同时,通过多边、双边等国际合作,"北斗"朋友圈持续扩大,北斗应用不断落地海外,国际标准快速推进。2035年前,中国将建成更加泛在、更加融合、更加智能的国家综合定位导航授时体系,构建覆盖天空地海、基准统一、高精度、高智能、高安全、高效益的时空信息服务基础设施。

5. 数字游戏

中国数字游戏在全球占据重要地位。《2021 年中国游戏产业报告》显示,2021 年,中国数字游戏市场实际销售收入依然保持增长态势,高质量产品引领产业多领域创新发展,用户规模的容量趋于饱和。

第一,中国数字游戏市场规模持续扩大。2021 年,中国数字游戏市场规模达 2965.13 亿元,比 2020 年增加了 178.26 亿元,同比增长 6.4%。第二,中国游戏用户规模保持稳定增长。2021 年,中国游戏用户规模达 6.66 亿人,同比增长 0.22%。用户规模变化不大,游戏人口的红利趋于饱和。第三,游戏制作更加注重"原创"和"精品",自主研发游戏国内市场和海外市场齐头并进。2021 年,中国自主研发游戏国内市场实际销售收入 2558.19 亿元,比 2020 年增加了 156.27 亿元,同比增长 6.51%。同时,中国自主研发游戏海外市场销售保持较高增长态势。2021 年,中国自主研发游戏海外市场实际销售收入达 180.13 亿美元,比 2020 年增加了 25.63 亿美元,同比增长 16.59%,游戏产业作为文化产业出口重要支柱的地位进一步凸显。第四,中国自主研发游戏的海外市场收入结构持续优化,出海产品类型更加多元化。从目标市场来看,中国自由研发游戏海外市场不再局限于东南亚地区,欧美、日韩、俄罗斯、中东等地区都取得不同程度的突破,实现了自主研发游戏海外地区的"多点开花"。其中,美国的收入占比为 32.58%,日本的收入占比为 18.54%,韩国的收入占比为 7.19%(图 12)。这三个重点地区合计贡献了中国自主研发移动游戏出海收入的 58.31%,较之 2020 年联合占比下降 2.17 个百分点。近三年来,中国自主研发游戏三大主要海外市场的联合占比逐年下降,显示出中国游戏产业海外市场的广度和深度正不断拓展。从出海产品类型来看,2021 年中国自主研发移动游戏海外地区收入占比中,策略、角色扮演、射击三类游戏依然是中国自主研发移动游戏出海的主力类型,持续受到海外市场认可,三类合计收入占比稳定在60%以上。

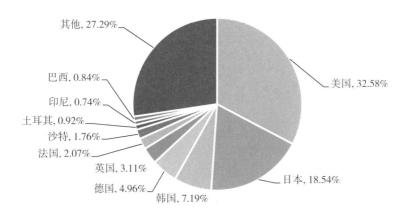

图12 2021年中国自主研发移动游戏海外重点地区收入占比

数据来源:《2021中国游戏产业报告》。

根据移动应用数据分析公司Sensor Tower平台发布的《2021年中国手游出海年度盘点》报告,2021年中国共有42款手游在海外市场的收入超过1亿美元,在2020年的基础上进一步增加了5款。出海收入TOP30手游产品在APP Store和Google Play的总收入达115亿美元,同比增长24%,规模是疫情发生前的2019年的1.8倍。美国市场为TOP30手游贡献了36亿美元的收入,相较2020年增长53%,取代日本,成为中国手游最大的出海市场。2021年12月,中国共有34个厂商入围全球手游发行商收入榜TOP100,合计吸金近21亿美元,占全球TOP100手游发行商收入的35.6%。

6. 社交媒体

全球社交媒体用户呈持续增长趋势。新冠肺炎疫情的发生及其在全球的肆虐使得全球许多国家重新进入封锁状态,促进了社交媒体等数字趋势的加速发展。根据著名社交媒体管理工具 HootSuite 发布的《2022年全球网络概览报告》，截至 2021 年底，全球共有 46.2 亿社交媒体用户，同比增长 10%，新增 4.24 亿用户。社交媒体用户的数量相当于世界总人口的 58% 以上。全球使用最多的社交平台为 Facebook、YouTube 和 WhatsApp。从媒体广告来看，2021 年，全球社交媒体广告收入为 1530 亿美元，预计到 2026 年这一数字将超过 2520 亿美元。由于 Instagram Stories、Reels 和 TikTok 的持续兴起，2021 年社交媒体视频广告支出达 202.7 亿美元。根据知名市场研究机构 eMarketer 发布的报告，Facebook 是全球范围内最受欢迎的社交直播电商 App。在选择直播活动进行网购的消费者中，有 57.8% 使用了 Facebook。此外，还有 45.8% 的用户选择在 Instagram 的直播活动中购物，另有 15.8% 的用户在 TikTok 的直播活动中下单。中国的直播购物发展超过美国等国家。eMarketer 预计，2022 年中国直播电商市场交易总额将达到 4700 亿美元。

中国社交媒体发展迅速。2021 年，中国社交媒体用户规模超 10 亿人，社交媒体在全国人口中的渗透率持续提高。TikTok 是中国社交媒体国际化发展的代表。根据 SensorTower 发布的报告，抖音及其国际版 TikTok 在全球 App Store 和 Google Play 总下载量已经突破 30 亿次，成为首款非 Facebook 系达成此成就的应用。截至 2022 年 1 月，抖音及海外版 TikTok 在全球 App Store 和 Google Play 的内购收入达到 2.66 亿美元，是 2021 年同期的 2.1 倍，蝉联全球移动应用（非游戏）收入榜冠军。其中，大约 36.5% 的收入来自中国 iOS 版本抖音；美国市场排名第二，贡献了 21.4% 的收入；德国市场排名第三，市场份额占 3.6%。

7. 搜索引擎

搜索引擎是一类基础的互联网应用，在网民的日常信息获取活动中占据着十分重要的地位。搜索引擎是基础的互联网应用,涵盖信息搜集、信息分类、用户查询等业务,是解决信息过载的有效方式。据国际知名网站通讯流量监测机构 Statcounter,Google 在国际搜索引擎市场上占据绝对优势,在全球搜索市场份额排名第一,而且谷歌搜索在全球搜索市场占据的份额处于持续提升状况。2021 年谷歌搜索在全球搜索市场份额为92.01%,远高于其他搜索引擎所占市场份额之和,在全球搜索市场遥遥领先,稳居首位。此外,中国的百度搜索引擎在全球搜索市场中位居第四位,市场份额为 1.17%(图 13),位居谷歌搜索、必应搜索、雅虎搜索之后。

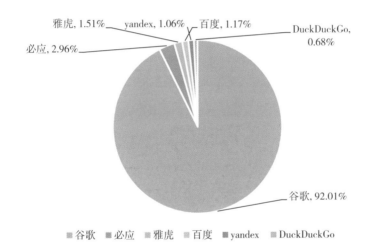

图 13　2021 年主要搜索引擎在全球搜索市场的占比

数据来源:statcounter。

　　根据中国互联网络信息中心(CNNIC)发布的第 49 次《中国互联网络发展状况统计报告》①,截至 2021 年 12 月,中国网民规模达 10.32 亿,较 2020 年 12 月增长 4296 万,互联网普及率达 73.0%。其中,搜索引擎用户规模达 8.29 亿,较 2020 年 12 月增长 5908 万,占网民整体的80.3%。根据 Statcounter,在国内搜索引擎全平台市场上,百度搜索占据

---

　　①　http://www.cnnic.net.cn/hlwfzyj/hlwxzbg/hlwtjbg/202202/t20220225_71727.htm.

了主要的市场份额,在中国搜索市场上的份额稳定保持在高位。2021年,百度搜索在中国搜索市场份额为84.3%,远高于其他搜索引擎所占市场份额之和,稳居中国搜索市场之首,形成了搜索引擎行业的寡头垄断格局。排名第二位的搜索引擎为必应搜索,在中国搜索市场所占份额仅为6.73%。而在全球搜索市场处于绝对主导地位的谷歌搜索在中国搜索市场居于第四位,市场份额仅为2.5%,远低于百度搜索(图14)。

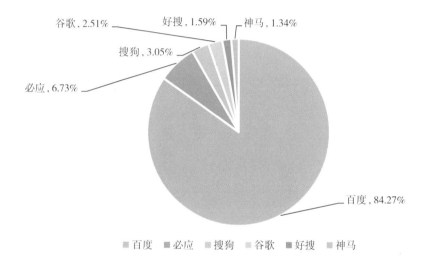

图14 2021年主要搜索引擎在中国搜索市场的占比

数据来源:statcounter。

第三章　服务贸易市场主体发育状况

培育壮大服务贸易市场主体是提升服务贸易国际竞争力的关键举措,是实现服务贸易高质量发展的必然选择。中国高度重视服务贸易市场主体发展,公布实施了一系列政策举措,取得了重要成效。一般来讲,服务贸易包括4种贸易模式。目前,全球各国普遍开展了跨境服务贸易统计,部分国家先行探索开展了商业存在模式的服务贸易统计。总体来看,商业存在形式的服务贸易是服务贸易的最主要模式。国家商务部公布的数据显示,2020年,中国内向、外向附属机构服务销售收入合计达17.5万亿元,是当年4.6万亿元跨境服务进出口总额的3.8倍,商业存在继续保持中国服务贸易最主要模式的地位。因此,本章谈及的服务贸易市场主体,既包括开展跨境服务进出口业务的服务贸易企业,也包括商业存在形式的服务贸易企业。

一、布局推进服务贸易市场主体培育

中国服务贸易规模不断扩大,2013年以来服务进口位居世界第二位,2014年以来已成为世界第二大服务贸易国,但国际竞争力相对不足,仍是对外贸易"短板"。培育壮大服务贸易市场主体,对进一步推动服务贸易发展,提升服务贸易国际竞争力具有关键支撑作用。

(一)顶层设计加快培育服务贸易市场主体

2015 年,《国务院关于加快发展服务贸易的若干意见》(国发〔2015〕8 号)提出,以深化改革、扩大开放、鼓励创新为动力,推动扩大服务贸易规模,优化服务贸易结构,增强服务出口能力,培育"中国服务"国际竞争力。培育服务贸易市场主体是《意见》中的九大任务之一。

在服务贸易市场主体群体建设方面,统筹推动大、中、小服务贸易市场主体发展,打造一批主业突出、竞争力强的大型跨国服务业企业,培育若干具有较强国际影响力的服务品牌;支持有特色、善创新的中小企业发展,引导中小企业融入全球供应链。

在服务贸易市场主体业务拓展方面,鼓励规模以上服务业企业走国际化发展道路,积极开拓海外市场,力争规模以上服务业企业都有进出口实绩。

在服务贸易市场主体发展质量方面,支持服务贸易企业加强自主创新能力建设,鼓励服务领域技术引进和消化吸收再创新。同时,《意见》提出了服务业利用外资和对外投资的任务举措,进一步激发了商业存在形式的服务贸易市场主体发展活力。扩大服务业开放,推进金融、教育、文化、医疗等服务业领域有序开放,放开育幼养老、建筑设计、会计审计、商贸物流、电子商务等服务业领域外资准入限制,通过开放有助于引进更多优质的服务贸易市场主体。支持各类服务业企业通过新设、并购、合作等方式,在境外开展投资合作,加快建设境外营销网络,增加在境外的商业存在。支持服务业企业参与投资、建设和管理境外经贸合作区,支持知识产权境外登记注册,鼓励企业建设境外保税仓,积极构建跨境产业链,带动国内劳务输出和货物、服务、技术出口。服务业企业"走出去",既拓展了商业存在形式的服务贸易,也有助于提升国内服务出口能力,加快推动服务贸易市场主体在国际市场竞争中成长壮大。

2016 年以来,中国开展了三轮服务贸易创新发展试点建设,在中央统筹布局下,充分发挥地方在发展服务贸易中的积极性和创造性,推进服务贸易领域供给侧结构性改革,探索适应服务贸易创新发展的体制机制和政策措施,打造服务贸易制度创新高地,探索培育服务贸易市场主体是八大任务之一。2016 年,《国务院关于同意开展服务贸易创新发展试点的批复》(国函〔2016〕40 号)公布,首轮试点在 15 个省市(区域)展开,在试点方案中就培育服务贸易市场主体提出,一方面,要加强部门协作,整合公共资源,加大对服务出口重点领域企业的支持力度;另一方面,依托服务贸易重点领域的大企业,探索建立一批项目对接平台、国际市场推广平台、共性技术支撑平台等公共服务平台,支持中小服务贸易企业国际化发展。在管理制度方面,健全政府、协会、企业协同配合的服务贸易促进和服务体系,建立服务贸易重点企业联系制度。在双向开放、政策支持、监管模式等多方面探索推动服务贸易市场主体开展跨国经营,深度开拓国际市场。

2018 年,《国务院关于同意深化服务贸易创新发展试点的批复》(国函〔2018〕79 号)公布,深化试点扩围至 17 个省市(区域),提出要最大限度激发市场活力,打造服务贸易创新发展高地,带动全国服务贸易高质量发展,不断培育"中国服务"核心竞争优势。进一步培育市场主体,科学建设运营全国性、区域性公共服务平台,提高服务效率。鼓励金融机构在风险可控、商业可持续的前提下创新适应服务贸易特点的金融服务,鼓励政策性金融机构在现有业务范围内加大对服务贸易企业开拓国际市场、开展国际并购等业务的支持力度,支持服务贸易重点项目建设,创新服务贸易企业信用等级评定方法,为"轻资产"服务贸易企业提供融资支持。

探索建设一批服务贸易境外促进中心,发挥中国(北京)国际服务贸易交易会的平台作用,更好发挥贸易促进机构、行业协会的贸易促进作用,推动试点地区与重点服务贸易伙伴加强合作,支持企业开拓国际市场。创新监管模式,建立服务贸易重点联系企业运行监测机制,全面建立服务贸易市场主体信用记录。

2020 年,《国务院关于同意全面深化服务贸易创新发展试点的批复》(国函〔2020〕111 号)公布,全面深化试点扩围至 28 个省、市(区域),突出改革先行、开放先行、创新先行和高质量发展,激发市场活力,打造服务贸易发展高地,提升"中国服务"在全球价值链地位。实施方案强调增强市场主体创新能力,探索基于服务贸易重点企业联系制度的贸易促进机制,推动建立政府市场高效协同、国内国外有机联动的服务贸易促进体系,支持和引导广大企业面向全球配置资源、拓展市场,推动中国技术、中国标准、中国服务"走出去",打造"中国服务"国家品牌。在优化行业管理、扩大对外开放、要素跨境流动便利、财政和金融政策支持、监管模式和统计监测等方面深入探索,着力激发市场活力,加快推动服务贸易市场主体发展壮大。

扩大服务业开放,是新时代中国构建更高水平开放型经济新体制、发展更高层次的开放型经济的战略重点,也是新阶段推进规则、标准等制度型开放的战略路径。自由贸易试验区、自由贸易港以及服务业扩大开放综合试点(示范区)等建设深入推进,准入前国民待遇加负面清单管理制度、跨境服务贸易负面清单等一系列制度和政策创新,为服务领域"引进来""走出去"创造了更加自由便利的营商环境,加快释放了服务领域创新创业发展的潜力,进一步拓宽了服务贸易市场主体竞相发展的空间。

(二)各地积极培育服务贸易市场主体

按照服务贸易创新发展试点方案,各试点地区结合当地实际制订了试点实施方案,积极探索服务贸易发展新机制、新模式、新路径,取得了一系列制度和政策创新,形成了许多最佳实践案例,有力推动了服务贸易创新发展。在试点建设带动下,全国掀起了大力发展服务贸易的热潮,叠加服务业扩大开放的持续深入推进,加快了服务贸易市场主体发展步伐。

开展服务贸易市场主体培育的专项工作。服务贸易创新发展试点实施以来,各地积极制定实施专项工作,加快培育壮大服务贸易市场主体。一是制定实施大中小企业培育计划。例如,实施服务贸易龙头企业培育计划,打造一批主业突出、竞争力强、具有较强国际影响力的服务贸易市场主体;实施服务贸易中小企业成长计划,健全中小企业社会化服务体系,培育一批中小微服务贸易企业创新创业集群。二是围绕重点领域培育服务贸易企业品牌。例如,根据自身发展基础和优势,有的地区在信息、文化、旅游、跨境电子商务、教育、金融、保险等重点领域认定一批服务贸易示范企业和服务出口名牌;有的地区在运输、商业服务、旅游、建筑、知识产权、体育、文化、中医药、金融和保险等领域认定一批服务贸易示范企业和重点培育企业。三是依托重点园区引进服务贸易市场主体。例如,引进大型跨国企业的地区总部/区域总部、营运中心、物流中心、分拨中心、销售中心、采购中心、结算中心等;引进具有国际营销渠道、品牌影响力和国际竞争力的各类服务贸易与服务外包企业以及国际知名展会活动。

创新服务贸易市场主体培育的政策举措。一是积极培育商业存在形式的服务贸易市场主体。落实区域全面经济伙伴关系协定(RCEP)、自由贸易试验区和自由贸易港、服务业扩大开放综合试点(示范区)等协议开放和自主开放政策措施,扩大服务业对外开放,进一步激发了服务贸易市场主体发展活力。二是持续推动技术先进型服务企业发展。积极开展技术先进型服务企业申报认定工作,强化政策支持。三是建设服务贸易公共服务平台。创建全球服务贸易联盟,创办中国国际服务贸易交易会,推动建立服务贸易商协会,依托服务贸易大企业和品牌资源建设服务贸易海外推广、项目对接、共性技术支撑平台,不断丰富服务贸易发展公共服务体系,为服务贸易大中小企业竞相发展提供有力支撑。四是建设服务贸易特色园区。规划建设特色鲜明、优势突出的示范性园区,积极创建国家级特色服务出口基地,引导服务贸易企业集聚发展。五是支持企业"走出去"开拓海外市场。确定境外重点服务贸易展会,鼓励企业境外参展办展,鼓励创新国际化经营方式,加强全球市场布局。六是支持服务贸易企业品牌化发展。鼓励企业开展境外商标注册、国际通行的质量管理体系、环境管理体系和行业认证,支持企业加大技术研发投入开发拥有自主知识产权的服务贸易新产品和开展境外知识产权保护等。

二、服务贸易企业发展情况

(一)总体发展情况

近年来,中国开放型经济深入发展,积极建设更高水平的开放型经济新体制,高质量"引进来"与高水平"走出去"并重,中国企业更广更深地参与到国际市场竞争中,产生出越来越多的世界级企业,涌现出越来越多的领军型服务贸易企业。从福布斯全球企业 2000 强①排名看,2015 年中

---

① 福布斯全球企业 2000 强根据企业营收、利润、资产和市值这四大指标综合评估,评选出年度全球规模最大、最有实力的上市公司,对于评价一国(地区)企业在相关行业领域的竞争地位具有重要参考意义,进入榜单的企业是相关行业发展的领军者。

国有 170 家企业上榜,2022 年上榜企业则增加到 296 家,位居世界第 2 位①。其中,2022 年上榜企业中服务领域企业 241 家②。从世界品牌实验室发布的世界品牌 500 强③来看,2015 年中国上榜企业等品牌共有 31 个,位居世界第 5 位;2021 年中国上榜企业等品牌共 44 个,位居世界第 4 位④。

总体来看,中国服务业开放与服务贸易创新发展协同推进,服务贸易市场主体群体加快壮大,数万家国内外服务贸易企业竞相发展,积极参与全球服务市场合作竞争。部分领域逐渐成长起一批具备较强国际竞争力的领军型服务贸易企业,大量"专精特新"发展的中小型服务贸易企业国际化经营水平不断提高。随着服务业扩大开放深入推进,服务领域也汇集了越来越多的外商投资企业。根据国家统计局数据,截至 2020 年底,服务领域外商投资企业注册登记接近 50 万户。在数字变革背景下,服务贸易企业纷纷加快推进数字化转型,力争在深度参与全球产业链、供应链和价值链重构中把握主动,赢得先机,尽快培育形成竞争新优势。

(二)分领域发展情况

1. 运输

中国运输领域逐渐培育形成一批业务规模大、覆盖范围广、竞争实力强的服务贸易企业,以中远海运、中国国航、国铁集团、顺丰等为代表的物

---

① 这里中国上榜的企业仅包括中国大陆的企业。
② 资料来源:https://www.forbeschina.com。
③ 世界品牌实验室按照品牌影响力的三项关键指标,即市场占有率(Market Share)、品牌忠诚度(Brand Loyalty)和全球领导力(Global Leadership),对全球知名品牌进行综合评分,评选出年度世界最具影响力的 500 个品牌。
④ 资料来源:https://www.worldbrandlab.com。

流运输领域领军型服务贸易企业,成为中国运输服务贸易发展的重要支柱,也是推动中国外贸高质量发展的重要支撑力量。从 2022 年福布斯全球企业 2000 强看,中国运输领域共有 14 家企业进入榜单。从 2021 年《财富》中国 500 强看,运输领域有 20 家企业进入榜单。从 2021 年度 50强货运企业榜单看,中国有 3 家企业进入榜单。中国国航则是 2021 年世界品牌实验室发布的世界品牌 500 强唯一入选的民航企业。

在航运方面,中国国航、南方航空、东方航空等领军型企业不断发展壮大,成为世界知名的航空运输品牌。以中国国际航空公司为例[1],主营业务包括国际、国内定期和不定期航空客运运输,同时经营国内和国际货、邮和行李运输业务;国内、国际公务飞行业务;飞机执管业务;航空器维修;航空公司间业务代理;与主营业务有关的地面服务和航空快递(信件和信件性质的物品除外);机上免税品;机上商品零售业务;航空意外保险销售代理;进出口业务等,已跻身世界航空运输企业第一阵营并树立良好的品牌价值。中国国航以北京首都国际机场为主基地,坚持"国内国际均衡发展,以国内支撑国际"的市场布局原则,形成遍布全球的航线网络。截至 2019 年底,中国国航共运营 137 条国际航线,通航 65 个国际城市;36 家合作伙伴为中国国航提供每周 14393 班次代码共享航班;与星空联盟成员合作,业务进一步拓展到 195 个国家(地区)的 1317 个目的地。中国国航践行全球化对标、全流程治理、全链条发力的"三全方略",从完善服务体系标准、提升服务硬件品质、升级软性服务产品、打造职业化服务队伍等方面细化举措,提升产品和服务质量。发布了《全流程接触点产品服务标准体系总则》和 106 个全流程产品服务标准,颁布《全流程接触点产品服务标准手册》。推进数字化转型,提升硬件设施和软性

---

[1]　资料来源:http://www.airchina.com.cn。

服务,开通北京—澳洲首条"无纸化"出行国际航线;丰富国航 APP 产品功能,上线国航钱包信用付、非自愿自助签转、空铁空巴联运、国深互售、不正常航班服务等多项功能,贯通 APP 服务链条,延伸服务场景。

在海运方面,中远海运、中远海发、中国外运等领军型企业已成长为世界知名品牌。以中国远洋海运集团有限公司为例[①],致力于构建世界一流的全球综合物流供应链服务生态,主要经营航运、港口、物流、航运金融、装备制造、增值服务、数字化等业务,已成为世界一流的航运企业。中远海运坚持以全球化眼光和国际化思维,主动顺应全球产业链、价值链的调整,持续优化全球布局。其中,在集运业务方面,截至 2021 年底设有覆盖全球的集装箱航运销售、服务网点近 700 个,共经营 294 条国际航线,合计挂靠全球约 139 个国家和地区的 548 个港口;在港口业务方面,截至 2021 年底在全球 37 个港口投资 46 个码头,共营运 367 个泊位,码头网络遍及中国沿海五大港口群、欧洲、南美洲、中东、东南亚及地中海等。以产业链经营优势拓展"端到端"服务价值链,强化港航联动、海铁联通,为中欧陆海快线、中欧班列、西部陆海新通道等提供优质服务,为全球客户提供优质的端到端全程物流解决方案;立足航运、港口、物流三大核心主业,向产业链上下游拓展,发展出航运金融、装备制造、增值服务、数字化创新等业务,形成"3+4"产业集群新格局。加快业务数字化转型,大力推动智慧航运、智慧港口、智慧物流、智能制造,牵头发起全球航运商业网络核心产品(Global Shipping Business Network),陆续在国内外 11 个港口投入生产应用,推进"无纸化放货",简化数据交换方式;上线可视化航运电商平台 SynconHub,推出全程可视化物流产品,已推广至欧洲、北美、东南亚、澳洲等区域,为客户提供全流程在线综合物流解决方案。

---

① 资料来源:http://www.coscoshipping.com。

在快递物流方面,顺丰、中通等一批企业已成长为物流运输领域的领军者。以顺丰控股股份有限公司为例①,顺丰成为居全球前列的快递物流综合服务商,既提供配送端高质量物流服务,还向产业链上下游延伸,提供贯穿采购、生产、流通、销售、售后等环节的供应链解决方案。打造高效可靠的全球物流基础设施网络,在航运、陆运、铁运、海运等领域掌握丰富的运输方式资源,和湖北省共同建设了鄂州机场,着力打造以货运功能为主的国际航空货运物流枢纽,构建覆盖全国、辐射全球的航路航线。截至 2021 年,顺丰海外自营和合作网点超 2 万个,建有 1500 座海外仓库,建成运营 33 个物流产业园和物流中心。建立完善的国际业务产品矩阵,形成端到端一站式的综合物流解决方案,针对不同的细分市场推出不同类型及时效标准的进出口服务,实现从单一快递向综合物流服务商转型,提供根据客户需求量身定制的,包括市场准入、运输、清关、派送在内的一体化的进出口供应链解决方案。布局全球智慧供应链,利用领先的供应链数字化、可视化、智能化技术,围绕客户的原料供应、生产、仓储、运输、销售、运营等环节提供全链路技术服务,打造以消费者为中心、更加柔性敏捷、高效响应的数字化供应链体系。

2. 旅行

中国旅游资源丰富,随着旅游产业的发展壮大,旅游领域培育形成了一批领军型服务贸易企业。"2021 中国旅游集团发展论坛"公布了年度中国旅游集团 20 强及提名名单,这些大型企业集团在发展战略、动能转换、业态创新、产品研发等方面积极引领带动变革创新,是中国旅游业繁荣发展的关键力量。其中,中国旅游集团、华侨城集团、首旅集团、锦江国

---

① 资料来源:https://www.sf-express.com/we/ow/chn/sc/index。

际(集团)、携程集团、开元旅业集团、春秋集团、岭南商旅集团、黄山旅游集团等9家企业连续12年进入榜单。

以中国旅游集团有限公司为例,构建了以旅游文化为主业,以旅游地产、旅游金融为支撑的产业格局,主要经营旅行社业务、酒店业务、景区业务、旅游零售业务、证件业务、旅游新业态业务、旅游地产业务和旅游金融业务,拥有遍布国内、港澳和海外近30个国家和地区的全球业务网络。一方面,积极进行全产业链布局,全面整合中国旅游行业全产业链,加快打造"资本、资产、经营"三轮驱动能力,推进产业链一体化发展。旅行社业务方面,形成覆盖2500多家门市网点的全球化旅行服务商网络布局。海外签证业务方面,在25个国家和地区运营中国境外签证中心,市场份额第一;在中国香港地区独家办理"港澳居民来往内地通行证"。酒店业务方面,拥有"维景""睿景""旅居"三个系列特色品牌酒店,在内地、港澳和英国持有和管理酒店近200家,在英国自有的42家酒店覆盖伦敦、里兹、伯明翰、林肯、朴次茅斯、布莱顿等地。孵化旅邮轮和房车等旅游新业态,与中远海运共同投资运营的"鼓浪屿"号邮轮是国内首艘自主运营的豪华洲际邮轮,房车业务已开辟云南—东南亚出境线等旅游线路。另一方面,大力推动数字化转型。2020年,全面启动数字化转型工作,打造以客户为中心的前中后台相统一的数字化平台、具备强大管控和服务能力的一体化企业资源管理平台、基于互联网协同平台的企业协同管理平台、全集团公共的基础实施平台、一支业务和信息化能力兼备的复合型人才队伍为核心的五大平台。通过加强数字化技术与业务模式、管理模式的深度融合,推动新旧动能转换,致力成为数字经济浪潮中的领跑者。

疫情背景下,旅游业面临严峻挑战和压力,数字化成为旅游业转型发展的普遍共识,旅游业成为创业创新最活跃的领域之一。与此同时,各地结合当地实际,也积极培育壮大旅游业市场主体,旅游业呈现出大型企业集团化发展、中小企业专业化网络化发展态势,进一步提升了旅游企业群体实力。

3. 建筑

建筑是中国具有较强竞争优势的服务贸易领域,已涌现出一批世界一流企业。2022 年福布斯全球企业 2000 强显示,中国建筑、万科企业、中国中铁、上海建工、中南建设等 47 家工程建设企业进入榜单,成为中国建筑业国际化发展的领军者。

以中国建筑集团有限公司为例①,中国建筑是中国专业化发展最久、市场化经营最早、一体化程度最高、全球规模最大的投资建设集团之一,在房屋建筑工程、基础设施建设与投资、房地产开发与投资、勘察设计等领域居行业领先地位。在《财富》世界 500 强跃升至第 9 位,在美国《工程新闻记录》(ENR)2020 年度"全球最大 250 家工程承包商"榜单继续位居首位。2013 年以来,实施"大海外"战略,建设"大海外平台",巩固、加强和拓展境外业务,不断提升国际核心竞争力,业务遍布全球 130 多个国家和地区。中国建筑持续开拓海外市场,2019 年实质经营市场达到 77 个,2020—2021 年又新进入秘鲁、智利、萨尔瓦多、马达加斯加、匈牙利、墨西哥、土耳其、几内亚等八国市场。不断拓展海外业务领域,通过与国际知名企业合作等方式,持续开拓海外新业务,近年来在工业、地铁建设、大直径隧道等领域取得了新突破。积极发展绿色建造和智慧建造,装配式建筑组装合成技术(MiC)②已达到行业领先水平;研发智慧工地、智慧

---

① 资料来源:https://www.cscec.com.cn。
② 装配式建筑组装合成技术是一种新型建造方式,即在工图设计阶段将建筑根据功能分区不同划分为若干模块,然后在智能化、专业化的工厂进行高标准、高效率的工业化预制,使每个模块在运送到施工现场之前已经达到精装修入住前的程度,最后将模块运送至施工现场装嵌成为完整建筑。

建造管控软件系统,创新数字化服务模式,为项目履约提供支撑。深度参与共建"一带一路",坚持融入当地、服务当地,参与推动重大基础设施、民生工程建设以及工业厂房及配套设施项目,实施文莱淡布隆跨海大桥、新加坡地铁、泰国素万那普国际机场扩建、中泰高铁4—3标段等一批重点基础设施工程,承建马来西亚吉隆坡标志塔、印度尼西亚雅加达印尼一号双塔等标志性项目。

4. 保险

中国保险业发展快速,依托本土市场优势,逐渐培育形成若干世界级保险企业,并积极拓展全球业务。2022年福布斯全球企业2000强显示,中国平安、中国人寿、中国太保、新华保险、复星国际、中国人民保险集团、中再集团等7家企业进入榜单。其中,中国平安和中国人寿也进入了2021年世界品牌500强榜单。

例如,中国平安①致力于成为国际领先的科技型个人金融生活服务集团,持续深化"金融+科技"、探索"金融+生态",聚焦"大金融资产"和"大医疗健康"两大产业,为客户创造"专业,让生活更简单"的品牌体验,成为国内金融牌照最齐全、业务范围最广泛的个人金融生活服务集团之一,集团总资产突破10万亿元,是全球资产规模最大的保险集团,居于2022年福布斯全球企业2000强第17位。针对海外市场,中国平安划分了保险、银行、投资三个业务板块,其中的平安海外控股及其下属公司是集团最大的海外投资及资产管理业务平台,在医药健康领域与全球最大汉方制药企业日本津村株式会社达成战略合作。中国人寿有序开展综合化经营、科技化创新、国际化布局,业务范围涵盖寿险、财险、企业和职业

---

① 资料来源:https://www.pingan.cn。

年金、银行、基金、资产管理、财富管理、另类投资、健康投资、海外业务等多个领域,已在中国香港、中国澳门、新加坡和印尼市场开展业务。

5. 金融

当前,中国已形成金融机构众多、金融工具丰富、金融功能齐全、金融生态优良的局面,成为比较发达的金融大国。随着金融业开放,外资金融企业积极来华投资经营,促进了中国金融服务贸易的发展。截至 2020 年底,共有 17925 家外资金融企业在国内登记注册。2022 年福布斯全球企业 2000 强显示,中国 66 家企业进入榜单。其中,银行业 49 家,多元化金融领域 17 家。中国工商银行、中国银行、中国建设银行、中信集团、中国光大集团、中国农业银行、招商银行等也进入了世界品牌实验室公布的 2021 年世界品牌 500 强榜单。

在银行领域,中国工商银行等已成为行业翘楚,在全球市场展开广泛布局。2005 年股改上市后,中国工商银行①经历了"黄金十年"的国际化发展,基本完成了境外机构布局,境内国际业务迅猛发展,逐步成为全球性领先大银行。2012 年起制定并实施了"全机构金融"战略,2013 年推进实施"大公司金融"战略,工商银行不断完善总分行分层、联动营销体系,创新专项融资产品线业务与商投互动发展新模式,逐步形成专业化、国际化、市场化的公司金融业务发展道路。把握数字经济发展机遇,不断完善信息系统运行和基础设施建设,构建完备的信息技术防护体系,建立数据仓库系统,投产全球信息资讯平台,建设和推广办公信息化系统平台,完善产品创新管理模式,促进经营转型。

在多元化金融领域,中信集团等成为全球知名金融企业。中信集

---

① 资料来源:http://www.icbc-ltd.com。

团①成立以来,充分发挥经济改革试点和对外开放窗口的重要作用,成功开辟出一条通过吸收和运用外资、引进先进技术、设备和管理经验为中国改革开放和现代化建设服务的创新发展之路。目前,深耕综合金融、先进智造、先进材料、新消费和新型城镇化五大业务板块,致力于成为践行国家战略的一面旗帜,国内领先、国际一流的科技型卓越企业集团。综合金融业务覆盖银行、证券、信托、人寿、财务、消费金融等领域。其中,银行业方面,在中国香港、中国澳门、纽约、洛杉矶、新加坡和中国内地设有32家营业网点和2家商务中心;证券方面,是中国第一家A+H股上市的证券公司,业务范围涵盖证券、基金、期货、直接投资、产业基金和大宗商品等,分支机构遍布全球13个国家,为境内外超7.5万家企业客户与1000余万个人客户提供各类金融服务解决方案。

6. 电信、计算机和信息服务

中国电信、计算机和信息服务贸易位居全球前列,并具有较强国际竞争力。这一领域取得的显著成绩,得益于中国信息通信产业的持续快速发展,也是中国信息通信企业群体实力持续提升的结果。电信、互联网等领域开放不断深化推进,外资企业也纷纷进入中国市场,世界知名软件和信息技术服务企业成为中国信息通信领域开展国际合作和竞争的重要市场主体,成为中国电信、计算机和信息服务贸易发展的重要支撑。2022年福布斯全球企业2000强显示,中国移动、中国联通、中国电信、中国铁塔、中国通信服务、神州数码等电信企业进入了榜单,腾讯控股、百度、网易、美团、陆金所、东方财富、快手、滴滴等IT软件与服务企业也进入榜单,分众传媒则是唯一进入榜单的媒体企业。中央电视台、海尔、华为、阿

---

① 资料来源:https://www.group.citic。

里巴巴、小米等也已经成为世界知名品牌,进入世界品牌实验室发布的
2021 年世界品牌 500 强榜单。中兴通讯、杭州海康威视、网易、海信集
团、浪潮集团、中软国际等中国电子信息行业联合会发布的"2021 年度软
件和信息技术服务竞争力百强企业"中前 20 家企业软件业务收入规模超
过 100 亿元。

电信方面,中国移动等一批电信企业在服务国内市场的同时,积极开
拓国际市场,取得了显著成效。例如,中国移动通信集团有限公司[1]主要
经营移动语音、数据、宽带、IP 电话和多媒体业务,并具有计算机互联网
国际联网单位经营权和国际出入口经营权,致力于成为世界一流信息服
务科技创新公司,制定实施创世界一流"力量大厦"新战略,系统打造以
5G、算力网络、智慧中台为重点的新型信息基础设施,创新构建"连接+算
力+能力"新型信息服务体系,已发展成为全球网络规模最大、客户数量
最多、盈利能力和品牌价值领先、市值排名位居前列的电信运营商。

软件和信息技术服务方面,华为等一批企业创新发展能力不断增强,
成为行业发展引领者。例如,华为[2]提出"构建万物互联的智能世界"的
愿景和使命,成为全球领先的 ICT(信息与通信)基础设施和智能终端提
供商,也是 ICT 综合服务提供商,业务遍及 170 多个国家和地区。中软国
际与华为等战略伙伴一起,构建互联网信息技术服务平台,领先技术变
革,提升产业效率,致力于使能软件企业引领发展,服务制造企业转型升
级,业务领域覆盖电信、政府、制造、金融、公共服务、能源等,在中国北京、
西安、南京、深圳、上海、香港等 28 个城市及美国、日本、印度、马来西亚、
新加坡等国的 18 个城市拥有分支机构,位居 Gartner 全球 IT 服务市场份
额 TOP100 之列,成为行业领先的全球化软件与信息技术服务企业之一。

---

[1] 资料来源:http://www.10086.cn/index/bj/index_100_100.html。
[2] 资料来源:https://www.huawei.com/cn。

在信息服务领域,中央电视台、分众传媒等单位已成为行业发展的知名品牌。例如,中央电视台①是中国的新闻舆论机构,具有传播新闻、社会教育、文化娱乐、信息服务等多种功能,主办的央视网是拥有全牌照业务资质的大型互联网文化企业,以新闻为龙头,以视频为重点,以用户为中心,建设"网(中央重点新闻网站)+端(移动客户端)+新媒体集成播控平台+市场端口连接"融媒体传播体系,助力总台构建"多屏覆盖、无处不在"的用户入口。分众传媒②在全球范围首创电梯媒体,主营业务为生活圈媒体的开发和运营,主要产品为楼宇媒体、影院银幕广告媒体和终端卖场媒体等,覆盖城市主流消费人群的工作场景、生活场景、娱乐场景和消费场景,构建了国内最大的城市生活圈媒体网络。截至 2022 年 3 月末,公司已形成了覆盖约 300 多个城市的生活圈媒体网络。其中,自营楼宇媒体在售点位共约 233 万台,覆盖全国约 200 个城市和地区以及韩国、泰国、印度尼西亚等国的 50 多个主要城市。

中小企业仍是中国信息通信领域的主体,也是中国开展电信、计算机和信息服务贸易的重要支撑。《2022 中国软件和信息服务业发展报告》公布了 173 家软件服务商交付能力评估企业、87 家软件诚信企业、965 家 AAA 级信用评价企业,大量的中小型软件企业成为中国软件出口的重要支撑。据统计,2021 年度软件和信息技术服务竞争力百强企业营业收入合计达 18516 亿元,研发投入合计 3967 亿元;在专利发明方面,共计有 5.4 万件软件著作权登记,获授权专利数量 28 万件,其中发明专利占比超过 70%。软件企业持续强化研发投入,不断增强创新发展能力,为软件业竞争力提升和国际化发展奠定了坚实基础。

---

① 资料来源:https://www.cctv.com。
② 资料来源:https://www.focusmedia.cn。

7. 知识产权使用费

随着中国产业结构升级,中国对知识产权的需求呈现持续快速增长势头,同时中国自主创新能力不断增强,知识产权出口能力也不断提高。因而,中国涉及知识产权使用及许可相关的进出口业务及企业日渐增多,知识产权领域服务贸易市场主体仍然主要由中小企业构成。

一是国际间知识产权使用相关的制造业企业。比如,四川长虹、三菱电机汽车部件、东莞市先达玩具、无锡中彩新材料、丰田汽车等生产制造领域企业,因发展需要开展了知识产权相关的进出口业务,产生了知识产权使用费。这类生产制造领域的企业是中国知识产权服务贸易市场主体的最大构成部分。二是出版、商贸、文化等服务领域涉及知识产权使用相关进出口业务的企业。比如,中国国际贸易中心、NBA 体育文化发展等服务领域企业开展了知识产权相关的进出口业务。随着中国服务经济的深入发展,服务业进一步扩大开放,服务领域知识产权使用及许可相关的进出口业务将加快发展,服务领域将会涌现出更多的知识产权贸易市场主体。三是知识产权代理企业。比如,北京捷鼎、北京泰吉等知识产权专业代理企业,随着中国知识产权竞争力的提升和知识产权领域扩大对外开放,这类企业的发展空间依然广阔。

8. 个人、文化和娱乐服务

中国对外文化贸易保持较快发展,据商务部发布信息,2021 年,对外文化贸易额首次突破 2000 亿美元,同比增长 38.7%。近年来,中外文化交流互鉴持续深入发展,中国的影视剧、网络文学、网络视听、创意产品等领域出口迅速发展,进口的优质图书、影视剧等文化产品和服务更好满足了人民群众多样化的文化需求。文化贸易领域逐渐培育成长一批较具竞争力的品牌企业。根据 2021 年 8 月,商务部等联合认定并公布 369 家企业为年度国家文化出口重点企业。

图书出版方面,以中国国际图书贸易集团有限公司、中国教育图书进出口有限公司、中国对外翻译有限公司等为代表的一批图书贸易公司不断发展壮大。以中国国际图书贸易集团有限公司为例①,国图集团公司是中国最大的专业性书刊进出口公司之一,截至目前已将 40 多种语言的 15 亿多册中国书刊发行到全球 180 多个国家和地区,在 100 多个国家和地区举办、参加了上千次国际书展,与海外千余家发行机构、书店、出版商及数百万读者保持业务往来,已经发展成为以书刊进出口为核心,业务范围遍及纸张经营、仓储物流、物业经营管理、电子商务、资本运营、文化传播、展览及版权交易等多领域的国有大型综合文化企业集团,书刊出口在全国一直居于主导地位。

网络视听方面,以中国国际电视总公司、环球国际视频通讯社有限公司、优酷信息技术(北京)有限公司等为代表的一批企业国际知名度和影响力不断扩大。以北京四达时代传媒有限公司为例②,四达时代是中国广播电视行业有较强影响力的系统集成商、技术提供商、网络运营商和内容提供商,致力于建设全球有影响力的传媒集团。四达时代打造了一支国际化、专业化、本土化的员工队伍,主营业务包括大型广播电视系统集成,网络投资与运营,节目集成、译制、制作与发行,数字电视核心技术研发。自 2002 年起,四达时代开启了与非洲各国的合作,共同推动社会数字化、信息化,目前已在卢旺达、尼日利亚、肯尼亚、坦桑尼亚、乌干达、莫桑比克、几内亚、刚果(金)、南非等 30 多个国家注册成立公司并开展数字电视和互联网视频运营,发展数字电视及互联网视频用户超过 4000

---

① 资料来源:http://www.cibtc.com.cn。
② 资料来源:https://www.startimes.com.cn。

万,成为非洲重要的视频流量拥有者和家庭视频流量入口。

创意产品方面,以央视动漫集团有限公司、咪咕文化科技有限公司、江苏原力数字科技股份有限公司等文化创意企业竞争力不断提升。数字科技创新和应用推广蓬勃发展发展,加快了文化创意产业发展步伐,这一领域迅速涌现出一批文化创意企业,并在国际市场具备了一定竞争力。以三七互娱为例[①],2011 年从网络游戏做起,逐渐拓展了业务领域,目前业务涵盖游戏和素质教育,同时积极布局元宇宙、影视、动漫、音乐、社交、泛文娱媒体、文化健康、新消费等领域,已拥有知名的游戏研发品牌三七游戏,专业的游戏运营品牌 37 网游、37 手游、37GAMES,以及优质素质教育品牌妙小程,在中国北京、上海、安徽、湖北、海南、江苏、香港以及欧美、日韩、东南亚等多个地区设有子公司或办事处等分支机构。

9. 专业服务等其他商业服务

其他商业服务涵盖法律、会计、管理咨询等专业和管理咨询服务,以及研发、展会服务、技术服务、与贸易相关服务等诸多细分领域,既汇集了行业领域国际领军型企业,众多的本土商业服务提供者也不断成长壮大,具备了较强的市场竞争力,积极参与全球商业领域的合作与竞争。

例如,在专业和管理咨询方面,埃森哲、毕马威、德勤、安永、普华永道等国际领军型企业纷纷布局中国市场,北京大成(上海)律师事务所、联想商业服务(大连)有限公司、北京外企人力资源服务安徽有限公司、广州人瑞人力资源服务有限公司等大量本土企业加快成长,推动中国专业服务贸易持续快速健康发展。在研发方面,中国科教研发资源丰富,研发投入位居世界前列,研发创新综合实力不断增强,吸引并培养了大批研发

---

① 资料来源:http://www.37wan.net。

创新型企业,在国际市场竞争中取得了显著成绩。以三星半导体(中国)研究开发有限公司、现代汽车研发中心(中国)有限公司、无锡药明康德生物技术股份有限公司、上海睿智化学研究有限公司等为代表的众多领域海内外大型企业持续强化研发工作,成为行业领域的知名品牌。与此同时,大批研发创新型的中小企业及新型研发机构快速成长。

10. 维护和维修服务

维护和维修服务是中国较具竞争优势的领域,在船舶、航空器以及其他交通工具维修保养等领域已经培育形成一批较具知名度的维护和维修服务贸易企业。在汽车、电子产品、机械设备等多领域也产生了众多具有行业影响力的维护和维修企业。

在船舶维护和维修方面,友联船厂(蛇口)有限公司、舟山市鑫亚船舶修造有限公司、大连中远船务工程有限公司等一批企业逐渐成长壮大,在船舶维修和维护业务中拥有较大影响力。以中远海运重工有限公司[1]为例,中远海运重工是集船舶和海洋工程装备建造、修理改装及配套服务为一体的大型重工企业,建立了全球客户营销服务网络,在上海设立经营中心,在中国香港、新加坡、美国、希腊等地设有专门工作机构,客户遍布全球100多个国家和地区,致力于建设中国领先、世界一流的船舶与海洋工程装备制造及服务企业。中远海运重工是"中国修船航母""FPSO第一改装工厂",年修理和改装船舶可达1500余艘,多年来稳居世界第一。致力于"船舶全生命周期管理",积累了FPSO改装的丰富经验和成果,累计完成FPSO改装项目16个,占中国船厂在该领域完工项目的80%。在航空器维护和维修方面,珠海保税区摩天宇航空发动机维修有限公司、厦

---

[1] 资料来源:http://chi.coscoshipping.com。

门太古发动机服务有限公司和深圳航空有限责任公司等企业已经在行业内建立了广泛的知名度。以厦门太古发动机服务有限公司[①]为例,厦门太古是一家领先的飞机工程及维修服务供应商,业务涵盖机身服务、航线服务、零部件制造、技术培训及私人飞机设计整装方案,以提供高安全标准、高品质、具竞争力的周转时间及准时交付飞机而见称。以厦门高崎国际机场为基地,雇用约 4,500 名员工,作为一站式的飞机维修、修理及大修服务供应商,运营获认证的航空部件生产及测试设施,设有一个技术培训及执照考试中心,以适应亚太区飞机维修、修理及大修行业对技术及非技术培训的需求。

11. 加工服务

加工贸易是中国外贸发展的重要领域,加工服务也是中国服务贸易发展的优势领域。在电子信息、纺织服装、食品加工、机械设备等众多领域涌现出许多专精特新发展的加工服务贸易企业。

例如,在电子信息领域,SK 海力士半导体(重庆)有限公司,主要生产适用于移动终端的闪存产品 Nand Flash,产品主要应用于智能手机、平板电脑、USB 等移动终端设备,是世界一流的半导体后工序公司。在纺织服装领域,丹东华洋纺织服装有限公司[②],是一家集服装设计、服装制作、服装面料、绣花、印染、羊毛衫生产为一体的综合性企业,致力于把"华洋之恋"品牌打造成国内外服装及面料知名品牌,产品主要出口美国、德国、加拿大、韩国、日本和俄罗斯等国家。在食品加工领域,龙大食品集团有限公司,是经农业部、财政部等国家八部委联合认定的首批"农业产业化国家重点龙头企业""出口食品农产品免验企业",先后跻身"中国食品

---

① 资料来源:https://www.haeco.com/home。
② 资料来源:http://dandong012405.11467.com。

工业百强""中国轻工业百强",立足农业产业化,始终坚持以食品安全为保障,布局完成对日出口(调理食品、冷冻蔬菜、FD 产品、豆制品、水产品)、粮油产品、肉类制品等共 500 多个品种的规模化产业集群,精深加工农副产品行销日本,年出口量 7 万余吨。

三、数字贸易企业发展状况

数字技术创新和应用推广加快推进,数字服务新业态新模式不断涌现,国家贸易的生产、订购、支付、物流、消费等各个环节正在经历全面的数字化转型,服务可贸易性持续提升,传统贸易数字化转型深入发展,数字贸易企业创新活跃,成为引领国际贸易发展的强劲新动能。

(一)数字贸易企业总体发展概况

中国数字贸易领域产生了一批世界级企业,同时数字领域创新创业活跃,涌现出大量中小型数字贸易企业,成为中国外贸创新发展的重要力量。联合国贸发会议(UNCTAD)2021 年 5 月发布的《2019 年全球电子商务评估及新冠肺炎疫情对 2020 年在线零售影响的初步评估》报告显示,按照 2020 年全球电商公司 B2C 成交额(GMV)排名,前 13 家电商公司中有 4 家来自中国。其中,阿里巴巴位居第一、京东位居第三、拼多多位居第四、美团位居第七,上榜企业数量仅次于美国。中国信通院发布的《平台经济与竞争政策观察(2020)》数据显示,截至 2019 年底,中国价值超 10 亿美元的数字平台企业达 193 家,比 2015 年新增了 126 家。其中,价值超 100 亿美元的数字平台企业达到 30 家,比 2015 年增加 18 家,居世界第二。福布斯"2019 全球数字经济 100 强榜"中,中国上榜企业数量 14 家,仅次于美国,位居世界第二。

（二）分领域发展情况

1. 跨境电商

近年来,中国深入实施数字经济发展战略,大数据、移动互联网、社交网络、云计算、人工智能等数字技术广泛应用,跨境电商等外贸新业态新模式深化创新,顺应了时下需求多样化、偏好个性化、过程体验化、信息偏平化、决策瞬时化的消费价值观念,在电子商务领域迅速成长起一批世界知名的头部企业,跨境电商零售出口额居全球第一位,成为全球电子商务的引领者。

以阿里巴巴、京东、拼多多、美团等为代表的一批电子商务头部企业,已经成为世界知名品牌。例如,阿里巴巴集团[①]以让天下没有难做的生意为使命,为商家、品牌、零售商及其他企业提供技术设施以及营销平台,促进其数字化转型并支持其业务增长,实现更高效地经营。搭建了消费者、商家、品牌、零售商、第三方服务提供者、战略合作伙伴及其他企业的数字生态体系。2022 财年,阿里巴巴生态体系的商品交易额(GMV)为人民币 8.317 万亿元,年度活跃消费者约为 13.1 亿,其中超过 10 亿消费者来自中国,3.05 亿消费者来自海外。美团是中国领先的生活服务电子商务平台[②],聚焦"零售+科技"战略,和广大商户与各类合作伙伴一起,为消费者提供品质生活,推动商品零售和服务零售在需求侧和供给侧的数字化转型,拥有美团、大众点评、美团外卖等消费者熟知 App,服务涵盖餐饮、外卖、生鲜零售、打车、共享单车、酒店旅游、电影、休闲娱乐等众多品类。2018 年以来,美团开启了全球化探索,积极布局海外食品运送、酒店

---

① 资料来源:https://www.alibabagroup.com/cn/global/home。
② 资料来源:https://bj.meituan.com。

住宿、出行等领域。截至 2022 年第一季度的一年间,交易用户数目近 7 亿户,活跃商家数目 900 万户,同比分别增长 21.7%、26.6%。

随着市场竞争的加剧,电商行业日益细分。聚焦特定行业的电商企业不断成长壮大,逐渐成为细分行业领域的知名品牌。例如,出行领域的滴滴、旅游行业的携程发展迅速,分别居于 2022 福布斯全球 2000 强的 1322 位和 1618 位。聚焦特定品类和/或特定市场的电子商务企业不断涌现并快速成长。例如,俄速通、卖到非洲网、细刻等电商企业独具特色、迅速崛起。与此同时,中国出口网、敦煌网、中盈跨境、跨税云等跨境电商服务商不断涌现①,为推动跨境电商发展提供了重要支撑。跨境电商日益成为企业开展国际贸易的首选和外贸创新发展的排头兵,超万家传统外贸企业触网上线。商务部数据显示,2021 年,中国跨境电商进出口规模达到了 1.98 万亿元人民币,增长 15%。

2. 服务外包

服务外包是数字时代产业分工重组和组织变革重构催生的典型业态,数字技术加速向垂直行业渗透,服务外包业务领域大幅拓宽。2021 年,中国承接离岸服务外包合同执行金额达到 2265 亿美元。服务外包领域创新创业氛围浓厚,逐渐形成了由 6 万多家内外资企业组成的产业生态,企业管理运营规范化国际化水平大幅提高,稳居全球第二大服务外包承接国。近年来,中国国际投资促进会开展的年度中国数字服务暨服务外包领军企业评选及推介活动,集中推介了大数字服务领军企业、十大服务外包领军企业、十大外商投资数字服务企业、重点行业领军企业、百强企业等具有代表性的服务外包企业。这些企业既是多年来中国服务外包

---

① 资料来源:网经社 https://www.100ec.cn。

产业发展取得的重要成果,也是中国服务外包产业转型升级、加快数字化高端化发展的重要支柱,对中国服务贸易数字化发展具有重要意义。

以软通动力信息技术(集团)股份有限公司为例[①],软通动力致力于成为具有全球影响力的数字技术服务领导企业、企业数字化转型可信赖合作伙伴。2005 年,成立于北京,坚持扎根中国,服务全球市场。已建设30 个能力中心,拥有 1 个国家级工程实验室,5 个省市政府认定的工程、技术实验室及研发中心,1 个博士后科研工作站,50+技术合作伙伴的生态合作体系,持续探索前沿技术的巨大商业应用潜力。在全球 40 余个城市设有近百个分支机构和超过 20 个全球交付中心,员工 90000 余人。在10 余个重要行业服务超过 1000 家国内外客户,其中超过 200 家客户为世界 500 强或中国 500 强企业。

3. 云服务

云计算在信息资源整合、共享与快速获取具有无可比拟的优势,可以为用户提供灵活的业务运营管理和便捷服务。新冠肺炎疫情客观上加速推动了经济数字化转型,云计算日益全面覆盖各行业领域,成为新型基础设施。中国云服务市场空间广阔,发展速度快,在全球云服务市场具备一定竞争优势。中国科学院《互联网周刊》等共同发布的年度云计算企业百强显示,中国逐渐崛起一大批云计算服务商,为中国参与全球云服务市场合作与竞争提供了关键支撑。

阿里云、华为云、百度云、腾讯云等中国的云计算服务商发展迅猛。其中,阿里云占据亚太及中国市场最大份额、位居全球第 3 名,华为云、百度云等发展迅猛,跻身第一阵营。国际权威机构高德纳(Gartner)的统计

---

① 资料来源:https://www.isoftstone.com。

结果显示,2021 年全球基础设施即服务(IaaS)市场从 2020 年的 643 亿美元增长到 909 亿美元,同比增长 41.4%。位居 IaaS 市场前 5 名的分别是亚马逊、微软、阿里巴巴、谷歌和华为。其中,阿里巴巴占据全球 IaaS 市场的 9.5%,华为占据 4.6%。另据国际数据公司(IDC)报告显示,2021 全球 IaaS 市场前 10 名中,中国企业占据 5 席。其中,阿里云居第 3 位,华为云、腾讯云、中国电信、百度云则分居 6 至 9 名;在全球公有云服务市场,阿里云、腾讯云、华为云分别位居第 4 名、第 6 名、第 7 名。

以中国电信为例①,天翼云科技有限公司是中国电信旗下一家科技型、平台型、服务型公司,以"云网融合、安全可信、专享定制"三大优势向客户提供公有云、私有云、专属云、混合云、边缘云、全栈云服务,2019 年位居中国混合云市场第 1 名,2020 年位居中国公有云市场第 1 名。作为全球领先的云服务商,在国内已建成超过 700 个数据中心、250 个 CDN 节点,2021 年发布了"天翼云国际云网平台""天翼云工业互联网专属云平台",赋能千行百业数字化转型,为不同行业客户按需提供便捷云服务,业务覆盖 40 多个国家和地区。

4. 移动支付

移动支付曾经被认为是针对消费者和零售用户的应用,但现在被越来越多商业和企业接受,已经成为全球电商支付和销售点支付主要方式。移动支付也是中国消费者最重要的支付方式。根据《2022 全球支付报告》,数字钱包在 2021 年中国电子商务总交易额中的占比近 83%,预计 2025 年将提高到 86%;数字钱包在 2021 年中国销售点交易额中的占比为 54%,预计 2025 年将提高到近 2/3。以移动支付为代表的网络支付业

---

① 资料来源:http://www.chinatelecom.com.cn 和 https://www.ctyun.cn。

务是支付产业发展的亮点,已经成为中国支付产业在全球的亮眼名片。中国支付清算协会发布的《中国支付产业年报 2022》显示,2021 年国内银行处理的移动支付业务笔数和金额则分别是 2012 年的 282.67 倍和 228.13 倍。10 年间,移动支付从一个新兴支付方式已发展成为被公众广为接受且使用最为频繁的零售支付方式之一。

支付宝和微信支付成为移动支付领域的两大领军型企业,建立了领先优势。根据 Statista 发布的《FinTech Report 2021-Digital Payments》显示,2020 年全球最大的数字支付市场是中国,数字支付规模达 24965 亿美元,占比 45.6%。从移动支付平台活跃用户数量上看,中国也占有较大优势。截至 2020 年底,微信支付(WeChat Pay)拥有 11.51 亿年度活跃用户,居全球之首;截至 2020 年 6 月,支付宝拥有超过 7.29 亿的年度活跃用户,规模居全球移动支付机构第二;在苹果手机用户中,ApplePay 用户数量的迅速增长,以 4.41 亿用户位列第三;Paypal 以 3.05 亿用户规模位列全球第四;排名第 5 的 SamsungPay 拥有 5100 万名用户,Amazon Pay 和 Google Pay 分别拥有 5000 万和 3900 万的用户数量。

5. 卫星导航与位置服务

北斗作为全球四大卫星定位系统之一,是中国自主建设、独立运行的全球卫星导航系统,已广泛进入各行各业,以及大众消费、共享经济和民生领域,推动中国卫星导航与位置服务产业稳定高速增长,加快推动了产业数字化,为中国数字经济发展赋予强大生命力。

中国卫星导航定位协会发布的《2022 中国卫星导航与位置服务产业发展白皮书》显示,2021 年中国卫星导航与位置服务产业总体产值达 4690 亿元人民币,较 2020 年增长 16.29%。中国卫星导航与位置服务领域企事业单位总数量保持在 14000 家左右,从业人员数量超过 50 万;自主创新能力持续提升,2021年,中国卫星导航专利申请累计总量突破9.8万件,继续保持全球领先。随着智能交通、智慧能源、智能制造、智慧农业及水利、智慧教育、智慧医疗、智慧文旅、智慧社区、智慧家居和智慧政务等十大数字应用场景的发展,北斗与5G、云计算、区块链等技术的融合创新将带来更加广泛的数字化革命,催生出更广阔的卫星导航与位置服务大市场同时,通过多边、双边等国际合作,"北斗"朋友圈持续扩大,北斗应用不断落地海外,国际标准快速推进。

6. 数字游戏

近年来,中国数字游戏头部企业在技术研发能力、渠道运营能力、产品推广能力、用户规模和市场份额等逐步形成了综合竞争优势,游戏产业出海规模、海外市场渗透范围和产品销售规模保持增长。中国音数协游戏工委与中国游戏产业研究院发布的《2021中国游戏产业报告》显示,2021年,中国游戏用户规模达6.66亿人,游戏市场实际销售收入2965.13亿元,同比增长6.4%。游戏出海规模进一步扩大,自主研发游戏海外市场实际销售收入超过180亿美元。从近五年的平均增长幅度看,游戏出海份额呈现稳定上升的态势,出海游戏在用户下载量、使用时长和用户付费三个方面均保持较好增长。

随着渠道不断拓宽,游戏公司纷纷以不同方式拓展海外市场,实力较强的组建海外团队,拥有资本优势的借助收并购快速建立自身的海外市场地位,自主研发能力突出的借助优秀游戏产品打入海外市场,多数中、小游戏企业则与成熟的海外发行企业合作,还有部分企业为区域海外市场定制开发游戏。2021年,中国音数协游戏工委和伽马数据联合主办的"中国数字内容产业资本峰会"上发布了《2021年中国上市/非上市游戏企业竞争力报告》,评选出2021上市游戏企业竞争力15强和非上市企业竞争力 10 强。报告显示,中国头部游戏企业不断加大研发投入,丰富 IP 矩阵,布局提升多赛道竞争优势,积极拓展全球市场空间,努力实现持续较快发展。根据国外调研公司 Newzoo 发布的报告,2021 年,腾讯在总游戏收入上保持第一名,年增长 9.9%,2021 年游戏收入超过了 320 亿美元,《英雄联盟》《王者荣耀》等是腾讯推出的精品游戏。此外,中国的网易以 96 亿美元位居第 6 名。

7. 社交媒体

全球社交媒体发展迅速,2021 年在全球人口的渗透率提高到 58.4%,中国社交媒体在全国人口的渗透率则超过了 60%。微信、QQ、抖音、新浪微博、快手等是国内用户最多的社交媒体平台。随着 5G、人工智能等技术应用,社交产品场景将更加丰富和新颖,社交媒体用户渗透率呈现进一步增长态势。

根据《2022 全球数字报告》,在全球 17 大最常用社交媒体中,微信、抖音国际(TikTok)、抖音、QQ、新浪微博、快手分别位居第 5 名、第 6 名、第 8 名、第 9 名、第 10 名、第 11 名。TikTok 作为中国社交媒体国际化发展的代表,在面向全球市场的产品设计、投融资策略、本土化运营等方面积累了宝贵实践经验。据 Sensor Tower 数据显示,2022 年 6 月抖音及其海外版 TikTok 以超过 6000 万下载量,蝉联全球移动应用(非游戏)下载榜冠军;2022 年 7 月抖音及海外版 TikTok 在全球 App Store 和 Google Play 营收超过 2.9 亿美元,是去年同期的 1.7 倍,蝉联全球移动应用(非游戏)收入榜冠军。

8. 搜索引擎

搜索引擎是基础的互联网应用,是数字时代人们获取信息的最重要渠道之一。据国际知名网站通讯流量监测机构 Statcounter,2020 年全球搜索市场份额超过 1% 的五个搜索引擎分别是 Google(谷歌)、Bing(必应)、Yahoo(雅虎)、Baidu(百度)、YANDEX,其中谷歌搜索市场份额遥遥领先。Baidu 是中国唯一上榜搜索引擎,占据全球搜索市场 1.36% 市场份额。

2022 年 2 月,中国互联网络信息中心(CNNIC)发布的第 49 次《中国互联网络发展状况统计报告》显示,截至 2021 年 12 月,中国搜索引擎用户规模扩大到 8.29 亿,占网民整体的 80.3%。根据《国内搜索引擎产品市场发展报告 2020》,从平台用户份额看,百度搜索排行第一,达 70.3%,在国内市场占据绝对主导地位。搜狗搜索和神马搜索位列二、三位,分别占 10.3% 和 8.1%。中国搜索的用户份额 4.4%,排行第四位,360 搜索的用户份额 4.2%,居第五位。2021 年 3 月,百度完成港交所二次上市,持续开展科技投资,进一步推进百度移动生态、智能驾驶等发展。微信搜索布局进一步巩固,搜狗成为腾讯全资子公司为其提供了搜索技术与内容支持,电脑端"搜一搜"新增公众号、小程序、新闻、视频等内容,丰富了微信搜索生态,提高了内容分发能力,增强了市场竞争力。字节跳动加大搜索投入力度,抖音视频月活用户超过 5.5 亿。

四、服务贸易行业协会发展状况

(一)中国服务贸易协会发展情况

中国服务贸易协会是经国务院批准、民政部登记注册、商务部筹建设立的具有独立法人地位的全国性、非营利社会团体,是唯一国家级服务贸易行业组织。宗旨是遵照中国服务业和服务贸易发展战略,整合资源,构建服务贸易国际协调、促进平台;协助政府制定和完善服务贸易法规体系;在全球范围内推广中国服务品牌,提升中国服务国际影响力。中国服务贸易协会主要成员包括,中远集团、中国国际金融股份、中国邮政集团公司、中国出口信用保险公司、中国对外贸易中心、IBM、马士基等 500 余家服务贸易领域的中、外资企业。

中国服务贸易协会业务范围及近年来开展的主要工作包括:

一是加强服务贸易领域研究,掌握国际服务贸易发展动态,为政府和企业制定发展战略提供依据。自成立以来,中国服务贸易协会通过举办研讨会等形式,就服务贸易领域最新动态展开研究和讨论。2020 年,与联合国南南合作办公室丝路城市南南合作项目联合举办十四期可持续发展跨境电商南南及三方城市合作论坛。论坛以"构建可持续跨境电商金融生态系统""中国跨境电商综合试验区'两平台六体系'建设""电商扶贫""解读跨境电商新政策及新法规""跨境电商与国际贸易人才培养模式改革"等为主题展开专题讨论和问答活动。2022 年 5 月,与国家工信安全发展研究中心主办数字技术驱动内外贸一体化发展线上研讨会,围绕全球贸易数字信用(NFGTDC,Non-Fungible Global Trade Digital Credit)的技术框架和应用前景以及促进内外贸一体化的展望进行了充分讨论。同年 6 月,联合英特尔(中国)有限公司举办 2022 数字孪生创新应用研讨会——智慧未来之水利万物线上研讨会。该研讨会旨在推动数字孪生领域的数字化建设,聚焦数字孪生,拓展创新生态,带动新业务高速增长,引领产业发展,探索数字孪生在水利/水务的产业图谱,扩大生态合作伙伴数量,建立行业影响力。

二是建立服务贸易各领域民间自律、协调机制,实现行业间资源共享、相互融合的发展环境。在跨境电商领域,中国服务贸易协会积极推动《社交电商企业经营管理规范》出台,加强跨境电商行业自治。2020 年 7

月,中国服务贸易协会主办的社交电商行业专家研讨会在杭州召开。此次研讨会以进一步发挥社交电商在创、就业,促消费中的积极作用,优化创业营商环境,推动社交电商经营规范团体标准尽快出台为主题。全体与会专家针对中国服务贸易协会社交电商分会组织起草的《社交电商企业经营管理规范》草案内容进行了细致深刻的讨论。如:对社交电商经营规范中界定的术语和定义范围、服务体系、社交电商经营者服务要求、基础保障服务要求、管理机制、交易过程服务要求、客户关系服务要求等目前经营实践和存在的问题进行了交流。参会代表一致认为:社交电商作为新兴业态,在当前国家经济发展中起着重要作用。在服务经济、消费模式升级、助力脱贫攻坚等领域做出了重要的贡献,有着巨大的发展前景。但目前的发展亟待出台专业规范予以保护,促其健康有序发展。会上行业专家及企业负责人踊跃发言,通过大家的共同努力,对电商经营规范提出了许多建设性意见。此外,中国服务贸易协会副会长兼秘书长仲泽宇代表协会起草的《中国社交电商行业自律公约》,得到与会代表一致认同,表示要共同抵制拼低价、捆绑式营销、恶意刷单、快速变现、恶意造假、不注重持续发展等行为,并分别签约通过。

三是举办国际性专业会议、论坛、峰会等,组织"中国服务"品牌评选,推广中国服务贸易品牌形象。近年来,中国服务贸易协会主办或参与主办中国服务贸易年会、中国文化贸易发展论坛、中国跨境电商50人论坛等服务贸易相关重要活动。其中中国服务贸易年会是服务业、服务贸易领域最具影响力的行业交流平台和年度盛会,已经成为中国服务贸易发展的风向标,自2011年至今已成功举办十届。第十一届中国服务贸易年会暨宝鸡新一代工业互联网与新型智慧城市建设洽谈会于2020年7月在陕西省宝鸡市召开。此次会议主题为"融合新动能,智汇新城市",旨在为贯彻落实国家新基建部署,推动老工业基地城市信息化建设,面向数字化产业转型,培育发展产业新业态,提高地区经济活跃度与竞争力。

中国(深圳)国际文化产业博览会是中国唯一一个国家级、国际化、综合性的文化产业博览会,中国服务贸易协会与中国贸促会联合举办的中国文化贸易发展论坛一直以来被列为历届深圳文博会重点活动。2021 中国文化贸易发展论坛于 2021 年 9 月在深圳国际会展中心举办。该届论坛以"'双循环'格局下文化贸易发展新路径"为主题,探讨新冠肺炎疫情下文化贸易应对策略,国家文化出口基地建设,文化贸易企业数字化转型,培育新业态、新模式,助推中国文化产业高质量发展和中国文化"走出去"。

中国跨境电商 50 人论坛由国务院参事林毅夫、汤敏和左小蕾联合发起,中国服务贸易协会负责筹建。该论坛旨在推动政产学研互动,促进跨境电商重点企业抱团发展,截至目前已成功举办六届。2021 年 5 月,第六届中国跨境电商 50 人论坛暨中欧跨境电商合作论坛在郑州成功举行。邀请到世界贸易组织、世界海关组织、世界知识产权组织、联合国工发组织等国际组织负责人,G20 及沿线国家驻华使领馆代表,商务部、海关总署等相关部委、跨境电子商务综合试验区代表和知名企业代表约 400 名业界精英。专家和企业人士围绕跨境电商领域"大变局、新机遇、共发展"主题,畅所欲言,深入交流,为全球跨境电商发展谋划新思路、增添新动力。

四是组织国内和国际范围的培训项目,力求提升中国服务贸易专业化水平。2018 年,为落实联合国倡议,推动"一带一路"国家跨境电商能力建设,中国服务贸易协会提出援建"一带一路"跨境电商大学,培养相关人才。截至目前,中国服务贸易协会与联合国贸发会议在威海、苏州、北京、长春、斐济共同举办多期"一带一路"数字贸易(跨境电商)师资高级研修班,累计共有来自 40 多个"一带一路"沿线国家的 1000 多位政府官员、企业家和留学生参与研修。2022 年,中国服务贸易协会专家委员会与北京第二外国语学院经济学院共建的"数字商务服务人才创新创业基地"系列讲座在线上举行。第一讲和第二讲的主要内容分别为"电子商务基础理论与中国电子商务发展概况"和"电商平台架构及消费者操作实务"。系列讲座对于强化产学研一体化,推动电子商务服务人才培养创新具有积极作用。

五是利用中国驻外使馆等海外资源,组织开展国际服务贸易领域调研,帮助企业了解海外市场动态及商业信息。2018年12月,中国服务贸易协会组织云南、安徽、辽宁等地的50家建材企业参观考察胡志明市安东市场、金边市场、新城市场,了解当地建材市场的需求和价格,为企业开拓越南市场奠定基础。2019年3月,组织中国印刷科学技术研究院、中国会展经济研究院、科印传媒等15家国内知名印刷企业参观考察卡塔尔数字帝国广告公司,了解卡塔尔广告和印刷业务开展情况。2019年5月,组织内蒙古自治区商务厅和5家物联网、区块链及人工智能相关企业赴美国硅谷参观谷歌和英特尔公司,学习谷歌和英特尔的前沿技术,感受园区的良好办公环境。同年9月,组织来自福建、湖南、广西、江苏、浙江、河北的近百家企业考察波兰华沙中国商城、当地农贸市场和建材市场等,了解当地的产品需求和市场价格,对未来企业开拓波兰市场具有重要意义。同年10月,组织云南省商务厅及15家农产品和食品相关企业考察丹麦瓦埃勒市场。该市场是世界上35大美食集市之一,占地面积7000平米,售卖蔬果、奶酪、海鲜、家用工具等品种丰富的产品,每周吸引六万多人来此购物。

六是充分利用政府资源,组织中国省、市、自治区政府领导拜访外国政府和非政府组织领导,研究探讨扩大双边经贸往来。2019年5月,组织山西省副省长拜访葡萄牙投资促进局和葡萄牙国家联合会,就开展可再生能源、纺织和汽车零部件等领域的双边贸易和投资合作进行讨论,目的是加强葡萄牙和山西省的商业联系。同年6月,组织安排内蒙古自治区商务厅代表团拜访匈牙利外交部,双方就推动内蒙古企业开拓"一带一路"沿线国家市场,深化与匈牙利等中东欧国家经贸、产业、旅游、人文、教育、航空等领域的交流合作交换意见,探讨扩大合作的可能性。拜访期间,内蒙古商务厅厅长邀请匈牙利外交部出口发展协调司参加东盟博览会,对方表示将积极参与。同年9月,组织广西壮族自治区商务厅同波兰友好城市喀尔巴阡山省政府代表在中国品牌商品与服务(波兰)展上进行了洽谈,双方互换礼物并参观县城参展企业,有助于进一步加强两省的合作和经贸往来。

(二)各地方服务贸易协会发展情况

1. 总体建设情况

适应服务贸易发展的新形势新任务,组建协会成为推动服务贸易高质量发展的重要举措。在政府大力支持下,各地服务贸易骨干企业积极行动起来,加强沟通交流,搭建政企桥梁,开展行业自律,提升企业能力,开拓国际市场,为推动服务贸易发展做出了积极贡献。截至目前,北京、天津、河北、吉林、上海、江苏、浙江、安徽、山东、广东、海南、重庆、贵州、云南等省、直辖市和自治区建立了省级服务贸易协会。石家庄、沈阳、长春、哈尔滨、南京、杭州、合肥、济南、武汉、广州、成都、贵阳、昆明、西安、大连、厦门、青岛、深圳、苏州和威海等许多城市设立了市级服务贸易协会。

2. 代表性服务贸易协会

(1)北京服务贸易协会

北京服务贸易协会成立于2007年9月,是在北京市领导直接倡导和市政府有关部门的支持下,经北京市社会团体行政主管机关核准注册登记,由驻京30余家从事服务贸易的行业协会、研究机构及企事业单位等共同发起组建的非营利性社会团体法人。北京服务贸易协会以服务国家发展大局、首都发展定位、企业发展需求,推动服务贸易市场发展与繁荣为宗旨。会员涉及国有、集体、民营和外资企业,覆盖了金融、软件、多媒体、法律、旅游、会展、物流、通信、教育、娱乐文化等多个服务贸易领域。

北京服务贸易协会开展的工作主要包括:

一是拓展国际渠道,增进内外合作。北京服务贸易协会充分利用首都对外交往的资源优势,密切联系各国在华商协会组织,共同举办研讨会、展览会、洽谈会、产品与项目推介会等活动,促进企业开展对外交流与合作;携手境外相关组织和机构,促进服务贸易发展,帮助企业拓展国际市场,提高国际竞争力。例如,2018年11月,北京服务贸易协会和贸促会联合举办北京—俄罗斯阿尔泰边疆区企业对接洽谈会。来自北京和阿尔泰食品和贸易行业的40余位企业家代表参加活动,并就双方感兴趣的项目进行了推介洽谈。该洽谈会有助于推进中俄企业加强经贸交流和合作,实现互利共赢。

二是提供专业服务,代言企业诉求。北京服务贸易协会按会员行业和类别成立工作委员会,开展企业需求调研,建立企业信息数据库,针对企业需求策划开展专项服务活动;为企业提供国际联络、供求信息发布、市场调研、商事纠纷调解、法律、咨询等专业服务;协助企业了解并利用国家及北京市服务贸易发展的各项优惠政策;维护企业利益,代言企业诉求,积极沟通政府,为相关政策提供建议和意见;引导行业自律,推动有利于服务贸易发展的政策和法制环境建设。

三是注重基础工作,务实服务企业。北京服务贸易协会充分利用自身优势,开展国际服务贸易市场研究,收集、分析市场信息和统计资料,掌握国内外行业发展动态,编写服务贸易发展报告,为政府和企业提供各类信息和决策参考;为会员企业提供与服务贸易相关的各类人才、技术、管理、法规等培训,提高企业人员素质与管理水平。

四是强化横向联合,实现协作共赢。北京服务贸易协会与天津、上海、重庆直辖市政府指定的服务贸易促进机构联合组成了"京津沪渝服务贸易联盟",并拓展形成"京津沪渝"+河北、深圳、厦门交流平台,积极倡导成立和参与全国服务贸易协会合作联盟,旨在共享各方资源信息、地域优势和国内外合作渠道;联合组织企业参加境内外的展览会议;推进各方会员企业开展全方位、多领域的交流合作。形成合力,优势互补,实现协同发展、合作共赢。

(2)上海市国际服务贸易行业协会

上海市国际服务贸易行业协会成立于 1996 年 10 月,是在当时的外经贸部(现商务部)的倡导下,在全国率先成立起来的国际服务贸易行业社团法人组织。协会下设文化贸易专业委员会、涉外咨询专业委员会、会展专业委员会、检测认证专业委员会、安全防灾专业委员会、车管专业委员会等分支机构。协会的宗旨是:引导和帮助本市服务贸易企业面向国际市场、开展国际交流、促进中外企业合作,为上海对外经济贸易的加速发展和促进上海向服务经济的转型服务,为长三角和内地发展服务贸易服务。目前协会共拥有团体会员 500 多家,分别由从事国际贸易、会展、金融、保险、运输、广告、信息、咨询、设计、会计、律师等企事业单位组成。

上海市国际服务贸易行业协会开展的工作主要包括:

一是组织或合作组织大型论坛、会议、洽谈会、推介会等活动。2015年 8 月,上海国际服务贸易行业协会组织百视通、上海克顿文化传媒有限公司、上海特易信息科技有限公司等 9 家会员单位 13 名代表参加港泰"中泰商会、企业交流合作洽谈会"。洽谈会取得良好成果;在参观泰国皇家乳胶陈列馆时,洋码头有限公司的仲燕认为泰国的乳胶床上用品在国内市场会有机会,和有关人员进行洽谈,初步意向在洋码头电子商务网引进该企业的产品;上海传艺国际贸易有限公司金克弹看到泰国的锣鼓表演与中国的锣鼓表演风貌各异,找到对方有关人员进行交流,双方均表示希望能够进一步联系,开展合作交流。

二是为上海服务贸易企业提供完善的公共服务。2022年2月,上海市国际服务贸易行业协会联合市国际货运代理行业协会、市进出口商会、长宁区商务委在大虹桥营商服务中心共同举办"国际货代企业服务进出口对接会"。会上举办了国际货代企业服务进出口"服务直通车"上线仪式,"服务直通车"主要功能在于设立国际货代业务相关咨询和法律援助电话,就进出口企业在物流服务环节中遇到的各类问题,及时提供专业的支持方案。货代企业代表在会上共同签署诚信服务公约,承诺加强企业自律,维护客户合法权益,重合同守信用,提倡公平良性竞争,以实际行动营造诚信经营的良好氛围,努力满足广大进出口贸易客户的国际物流需求,为上海稳外贸促发展提供优质服务。

三是深入研究服务贸易发展情况。近几年,协会编辑出版了服务贸易图书多部,分别是《新编服务贸易百问》《探寻服务业走出去之路——上海服务贸易案例选编》《推进服务贸易发展的探索者——上海服务贸易风云人物选录》《建设中国(上海)自由贸易试验区——上海服务贸易论文选编》《加强合作,促进区域服务贸易快速发展——长三角服务贸易巡礼》《京津沪渝服务贸易巡礼》《上海文化贸易巡礼》等,对服务贸易知识的普及作出了贡献,其中后三本书的出版还得到兄弟省市政府及协会的大力支持。

(3)深圳市服务贸易协会

深圳市服务贸易协会成立于2008年,是一家致力于推动行业和会员发展、维护行业和会员权益、促进深圳服务贸易创新发展的 5A 级综合性行业协会。经过多年发展,深圳市服务贸易协会积累了丰富的政府和学界资源,包括与全球 51 个国家和地区的 118 家政府部门、商协会、企业等机构建立密切往来关系;与国内 27 个省市的政府、商协会等机构建立战略合作关系;与深圳市各级政府相关部门构建良好的联络沟通机制;与国内多家科研院校建立合作关系。深圳市服务贸易协会现有会员企业 800多家,涵盖创新金融、现代物流、创意设计、品牌会展、高端旅游、跨境电商、服务外包、文化贸易、信息服务、商业服务、建筑工程、工业制造等行业。

深圳市服务贸易协会开展的工作主要包括:

一是组织企业参加服务贸易领域展览会、交流会、研讨会及境外商务考察等,为企业开拓国际市场、加强国际交流创造条件。自成立以来,深圳市服务贸易协会积极组织企业参加国内外服务贸易领域的展览会:中国国际进口博览会、中国国际服务贸易交易会、中国(上海)国际技术进出口交易会、中国(香港)国际服务贸易洽谈会、中国澳门国际贸易投资展览会、德国科隆国际游戏展、印度全球服务贸易展等,有效促进深圳企业与境外企业深化交流合作。此外,深圳市服务贸易协会参与举办多场中外经贸交流会。2019 年 5 月,深圳市服务贸易协会与南太集团共同主办深圳企业与日本经贸代表团合作交流峰会。该交流会旨在贯彻中日两国领导人达成的共识,为日本企业参与"一带一路"提供战略机遇,为中国企业"走出去""引进来"匹配更先进的管理与技术理念,为南太云创谷这一以新一代信息技术为主导的产业智慧园区,用更高质量的亲商服务推动园区企业高质量发展,增强产业拉升后劲,为其稳增长、促腾飞、强创新注入新活力。近百位中日企业代表参会,覆盖新一代信息技术、智能制造、人工智能、机器人、高端服务业和服务贸易等领域。交流会期间,中日企业之间进行了一对一的接触与洽商,促成了中日企业之间的互利合作。深圳市服务贸易协会已成功承办多届深圳—澳门贸易投资合作交流会。2021 深圳—澳门贸易与投资合作交流会在澳门地区举办,深澳两地 100 余位企业家、商协会代表参加会议。参会代表就"以金融科技促进粤港澳大湾区融合发展""深澳文化交流项目"等主题展开交流分享。经贸交流活动期间,经贸团还走访调研了澳门青年联会、中国银行澳门分行、澳门商业协会,共同探讨两地经济合作的契合点。

二是组织旨在提升深圳市服务贸易水平的管理、技术、人才、法规等方面的培训项目。2021 年 4 月,深圳市服务贸易协会面向深圳市中小企业的负责人和高管举办《中小企业创新管理》培训班。培训围绕学习型组织建立,企业家管理素质及能力锻炼,企业管理技巧及团队培养能力锻炼,目标管理、绩效管理及业绩突破,企业文化落地及企业家社会责任,企业文化落地及企业家社会责任等内容开展,旨在提高中小企业综合管理能力。同年 12 月,深圳市服务贸易协会承办 337 调查应诉实务主题线上培训。来自深圳公平贸易工作站、部分商协会和企业代表两千余人次参加了此次培训。培训内容包括"337 条款"的实体性规定和程序性规定、中国企业应对美国 337 调查的典型案例分析等,有效帮助参会企业了解美国 337 调查法律制度、内容及程序,掌握诉讼应对方面的技巧及策略。互动提问环节,参会企业就疫情流行大背景对 337 调查的影响等关注的问题与培训律师进行了深入交流。

三是建设服务贸易公共信息服务平台,使之成为深圳市服务贸易海外推介窗口,并提供行业、市场等公共信息服务。深圳市服务贸易协会联合深圳市服务贸易企业共同搭建深圳市服务贸易公共服务平台。该平台以国家"一带一路"发展战略为指导,以帮助深圳企业充分利用政府政策资源和市场信息,提高服务贸易产业发展效率为目的,采用互联网信息化方式,通过集中向企业传递政府信息、服务贸易市场信息、深圳特色服务贸易相关园区信息和提供快捷信息搜索服务等方式,帮助深圳市服务贸易企业特别是福田区服务贸易企业享受服务贸易支持政策,掌握市场信息资源,促进市场资源互通、企业互助发展,营造服务贸易产业生态环境,助力服务贸易产业集聚发展。2018 年,由深圳市服务贸易协会牵头组建行业性预警信息平台——深圳市服务贸易预警平台正式上线。在协会自身掌握信息的基础上,通过协会整合本地服务贸易产业链各节点企业信息资源,动态发布全行业市场变化情况和趋势,及时发布市场异动及贸易争端预警信息,促进产业安全、规范行业自律和维护业内企业的合法权益。"预警平台"的建立,有助于建立政府、行业、企业促进产业安全、防范应对风险的协作机制,提升服务贸易企业公平贸易、抵御风险的能力,从而更有效地激发企业有序竞争、加快产业升级的活力和动力,促进深圳市服务贸易行业的健康发展。

第四章　数字技术驱动服务贸易
创新发展的机制研究

　　世界进入数字经济快速发展时期,数字产业化、产业数字化趋势日益明显,尤其是以5G、大数据、云计算、人工智能、区块链为代表的新一代数字技术加速产业化应用不断创造服务贸易新业态和新模式,显著增强了服务贸易的发展韧性和市场空间。厘清数字技术驱动服务贸易创新发展的机制对于推动中国服务贸易高质量发展具有重要意义。

一、数字技术驱动服务贸易创新发展的机制分析

　　在传统商业模式下,有以下关键问题制约了服务产品跨境交易。一是服务产品的不可交易性。传统条件下,服务产品呈现无形性、生产与消费的不可分割性、不可储存性等特征,这些属性使服务业规模报酬低、批量标准化生产难以进行,更难以解决跨境贸易问题。二是服务跨境贸易中供需匹配和高企的交易成本问题。服务产品的非标特征使买卖双方信息匹配成本高,信息的认知、发现、收集、处理和鉴别都会产生成本,甚至导致资源错配和无效配置。三是跨境贸易的履约安全和风险管理问题。服务跨境交易过程中,供需双方要建立可靠的信任并保证产品质量和履

约安全,有效的风险管理至关重要。

数字技术创新性的解决了上述服务贸易发展的关键约束条件。从机理上看,以 5G、大数据、云计算、人工智能和区块链等新一代数字技术为底层技术基础,由数字平台进行资源整合和要素集成,为服务贸易适配各种应用场景,实现对服务贸易创新的驱动和赋能,见图 1。

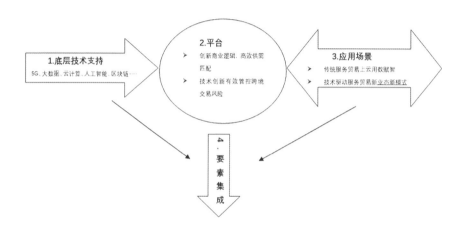

图 1　数字技术推动服务贸易创新发展机制

(一)底层技术支持

WTO《2020 年世界贸易报告》中将可以显著改变全球经济的数字技术称为通用技术(General-Purpose Technologies,GPTs),其具有三个特征,全行业的普遍应用性、能够不断改进和推动创新。这很好地诠释了以 5G、大数据、云计算、人工智能和区块链为代表的新一代数字技术对数字经济时代产业发展的基础性和关键性作用。在服务贸易领域,技术不断迭代升级改变了服务的创造和提供方式,使服务生产流程得以标准化、模块化、模型化,克服了传统服务的不可交易性约束,并打破了服务提供的物理空间限制,提高了稀缺资源的普惠化水平,极大拓展了服务的可贸易边界,缓解了长期困扰服务业的"鲍莫尔成本病",使服务业逐渐摆脱了低生产率桎梏。

1.5G技术提高了服务跨境交付效率。一方面,可以满足消费者工作、生活、休闲、娱乐和交通等各种场景下的多样需求,为用户提供极致业务体验。另一方面,5G大量渗透到工业、农业、医疗、教育、交通等垂直领域进行广泛深度融合,催生出越来越多的远程跨境服务需求,推动服务贸易新业态不断发展。

2. 大数据为跨境服务供需精准匹配提供技术支持。通过对交易过程中大量沉淀数据的采集、清洗和分析,为企业提供高精度贸易数据,使企业可以基于不同区域用户群体消费行为特征进行精准画像,实现研发设计、市场营销精准化,拓展传统服务贸易的交易范围和消费群体,开辟传统服务贸易难以触及的市场空间,减少资源闲置。

3. 云服务改变了服务提供模式。云既是基础技术应用,也是一种跨境服务提供模式。用户可以灵活调用云端资源,为研发、设计、生产创造条件,随着服务的可编程化和软件云端化,催生出众包、云外包、平台外包等新的服务贸易模式。同时,云服务提供商借助遍布全球的大数据中心和云基础设施,为全球客户提供个性化、定制化服务。

4. 人工智能的深度学习推动服务贸易智能化。人工智能解决方案在服务行业大规模运用显著提高了行业运营效率。通过智能生产、智能订单匹配、技术替代人工等方式,可有效减少服务误差率,提升消费者体验。如人工智能可交互语音可以为全球用户提供24小时不间断服务。人工智能疫情防控系统可以精准筛查高风险易感人群,实时预演分析疫情发展,快速追溯传染路径。

5. 区块链重塑服务贸易的资产交易生态。区块链技术具有去中心化、信息不可篡改、全程留痕可追溯、公开透明、集体维护等特点,对改善跨境交易中"信任缺失"价值极大。WTO(2020)指出,区块链为国际贸易带来两大好处,一是确保交易全程可追溯,提高交易流程的透明度,证明信息的真实性,以此建立高度信任。二是实现贸易全流程数字化,极大简化了贸易文件和流程。区块链的技术特性使其在数字贸易中发挥着更为基础和关键的作用,在金融、保险、数字版权等领域应用前景广泛。如,数据确权和安全、隐私保护和信任等问题,通过区块链与数据交易系统结合,利用共识算法记录交易和对数据进行确权,可以加强数据产权保护,提升交易合规性,构建可信任的交易环境。

(二)数字平台

数字平台是由用户、基础架构和平台提供商组成的开放性商业平台,是数字技术应用的集成者。平台提供了一种将买卖方聚集在一起在线互动的机制,为数据、商品和服务供需对接以及研发、设计、制造等分工协同提供支持。数字技术是平台架构的基础,赋予平台全空域、全流程、全场景、全解析和全价值的"五全"特征。全空域是指平台打破了区域和空间障碍,构建了一个广泛链接的大市场;全流程是指平台不间断地记录和累积生产、生活中每一个信息;全场景是指平台可以跨越行业界限,打通人类生活、工作中的所有行为场景;全解析是指平台通过数字技术搜集、分析、判断和预测所有行为信息,产生异于传统的全新认知、全新行为和全新价值;全价值是指平台可以穿透所有价值体系,整合与创建出前所未有的巨大价值链。数字平台不但是上下游行业共创价值的产业生态载体,还具有孕育新的通用技术的能力,是构建产业创新链的核心组织,超大规模平台还具有全球公共基础设施的属性,对提高世界整体福利水平发挥着重要作用。

数字平台推动服务贸易创新发展主要基于两点。一是创新商业逻辑,高效撮合全球供需匹配,二是借助技术创新提高跨境履约的安全可信性,有效管控交易全过程风险。

在供需匹配方面,数字平台利用数字技术构建了边界几乎可以无限扩展的互联网虚拟市场,汇聚海量产品、服务和交易者,通过算力、算法高效撮合交易,提升供需两侧的信息对称性及产品和服务的适配性,将传统的线性供需匹配模式立体化、网络化,创造出诸多新功能与新价值。同时,平台还可以通过开源技术体系、共创网络体系和跨境分工体系推动资源全球共享和业务协同。这种新的服务模式为参与者提供了利用外部资源构建互补竞争优势的途径,可以发挥不同类型参与者的协作能力创造价值,如开源众包平台集合全球设计者共同完成任务。

在履约安全和风险防控方面,网络安全和数据安全技术为营造安全可信的服务贸易环境提供关键支撑,创新性变革了跨境服务交易的信任机制,提高了跨境服务交付的安全性,极大降低了交易风险。如,再保险机构利用电子合约、数字证书等技术可跨境向客户提供再保险服务。再如,区块链电子提单将生产、交易、仓储、运输等环节关键业务数据上链,全程跟踪提单审核、生成、下发等信息且不可篡改,有效解决了信用缺失问题,极大降低了服务贸易主体的违约风险。图2阐释了区块链技术应用对服务贸易信用机制的变革和创新。

(三)应用场景

应用场景是由数字技术驱动赋能垂直行业,在应用中不断促进数字技术迭代升级,为技术应用拓展更广泛的新空间,加速数字产业化和产业数字化、数字贸易化和贸易数字化的进程。应用场景既包括传统服务贸易上云用数赋智,也包括技术催生的服务贸易新业态。

第一,数字技术广泛赋能传统服务贸易领域。近年来,除实物商品交

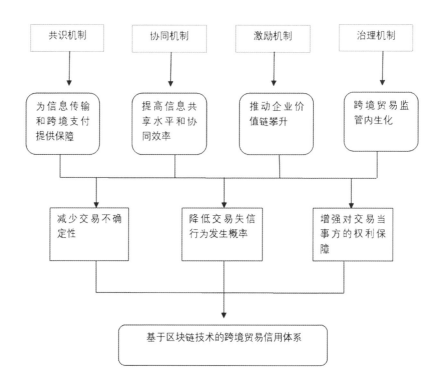

图 2 基于区块链技术应用的跨境服务贸易信用体系创新

资料来源:《区块链技术促进贸易创新发展的作用机制与路径》(欧阳日辉、李林珂)。

付和人员流动之外,数字技术已经渗透到几乎所有传统服务贸易环节。如,跨境运输中端到端的全链条物流全智能化。物流企业运用大数据、人工智能、区块链等技术打通了港口、船公司、仓储、拖车行、报关行、货代、货主等行业上下游资源,实现无纸化单证、自动化订单操作和收发货人共享协作等功能。再如,工业互联网跨境远程运维服务。在人工智能和物联网技术协助下,医疗、航空、机械等领域均已经实现对设备状态的远程监测和全面实时状态分析,为设备故障的早期发现、提前预防、提前处置以及持续优化提供远程支撑。

第二,新技术驱动服务贸易全新应用场景层出不穷。技术既创造了供给,也创造了需求。5G 技术衍生了一系列低功耗、广覆盖场景和低时延、高可靠场景,如自动驾驶。6G、人工智能、算法算力的发展则推动诸如数字孪生、通感互联、超能交通、全息交互、智能交互、元宇宙等下一代应用场景加速成为现实。如,全息交互通过升级沉浸式体验,将彻底改变生活、娱乐和工作远程沟通交互形式,为消费者提供更多服务选择。

(四)要素集成

平台借助数字技术通过数据、算力、算法以不同方式有效组合要素资源,为服务贸易各环节和产业链、供应链生态赋能。本文以世界商品智能交易中心(CIC)为例进行阐释。

CIC 是一个多技术融合、多要素集成的跨境大宗商品数字贸易平台,综合运用互联网、人工智能、区块链等技术,以"数据+科技+服务"模式为全球各地贸易商提供大宗商品的交易匹配及物流、通关、金融、大数据等一站式服务,搭建了一个基于供应链全流程节点共同维护的链条。CIC平台上游链接中小型矿主和农场主等供应商,下游客户为电厂、批发商和大型厂商等终端买家。在能源(煤炭、石油等)、金属(银、铜、铅、铁)农产品(糖、豆、玉米)和化塑(聚乙烯、聚丙烯)等五大类目产品上为全球客户提供跨境服务。

在要素集成方面,CIC 整合了100 多个国家和地区的进出口数据,为客户发现销售机会,并通过大数据分析和贸易关系图谱帮助客户优化商业决策,寻找潜在市场机会;以区块链技术构建多维度信息监控体系,帮助客户识别风险;为客户提供期货现价查询、电子签章、物流追踪和供应链金融等服务,解决跨境贸易中的信息壁垒,降低交易风险;通过数据写入、分布式记账和智能合约实现商流、物流、现金流的透明化运行,降低渠道信息传递成本和交易费用及保障贸易过程安全性;同时 CIC 进一步整合供应链信息,为客户提供定制化供应链金融服务,引入第三方金融进口和保理公司为产业链提供金融衍生品,见图 3。依托底层技术,CIC 搭建了风险识别、智能合约、供应链金融等多种应用场景,一揽子解决了跨境贸易当事人的各种服务需求。

图 3　CIC"数据+科技+服务"跨境服务模式

资料来源:艾瑞咨询:《全球数字贸易白皮书》(2021)。

二、数字技术成为拉动中国服务贸易增长的动力源

(一)中国数字服务贸易增长势头强劲

数字技术创新和迭代升级及超大规模市场提供的丰富应用场景加速推动中国服务贸易数字化转型。近几年,中国数字服务贸易规模迅速成长,在服务贸易中比重快速提升。按联合国贸发会议(UNCTAD)口径,2018—2021 年,中国可数字化交付服务贸易①额由 2561.8 亿美元增至 3605.2 亿美元,年均达增速 12.1%,远高于服务贸易整体年均增速(1.2%),可数字化交付服务贸易占服务贸易比重由 32.4%增至 43.9%,

---

　　① 可数字化交付服务贸易包括:保险服务,金融服务,电信、计算机和信息服务,知识产权使用费,个人、文化和娱乐服务,其他商业服务。

见表 1。

中国数字服务贸易国际竞争力日益增强,顺差稳步提高,对减少服务贸易逆差、提升服务贸易竞争力发挥了重要作用。这一表现在新冠肺炎疫情期间,传统服务贸易严重受挫、大幅下滑背景下尤其显著。2020 年,中国服务贸易受到疫情严重冲击,贸易总额、出口额、进口额增长率分别为-15.7%、-1.05%和-24.0%,同期数字服务贸易则逆势上扬,三项增速分别为 8.3%、7.9%和 8.7%,占服务贸易总额的比重提升至 44.5%。2021 年,数字服务贸易顺差扩大至308.3 亿美元,助推服务贸易逆差由2018 年的2582 亿美元收窄至327.5 亿美元,成为服务贸易的新增长点。

表 1　2018—2021 年中国数字服务贸易规模、增速及占比　单位:亿美元

指标	2018 年	2019 年	2020 年	2021 年
服务贸易总额	7918.8	7850.0	6617.2	8212.5
其中:出口额	2668.4	2836.0	2806.3	3942.5
进口额	5250.4	5014.0	3810.9	4270.0
可数字化交付服务贸易	2561.8	2722.1	2947.6	3605.2
其中:出口额	1321.4	1437.5	1551.5	1956.7
进口额	1240.4	1284.6	1396.1	1648.4
可数字化交付服务贸易总额占比	32.4%	34.7%	44.5%	43.9%

数据来源:国家商务部。

(二)中国数字服务出口细分领域快速发展

5G、大数据、云计算、人工智能、区块链等新一代数字技术面向全产业加快推广和融合应用,为数字服务贸易发展奠定了坚实的技术基础。

第一,新一代数字技术服务出口增速迅猛。2015—2020 年中国软件出口额由 333.9 亿美元增至 469.6 亿美元,年均复合增长率 8.2%。2020

年,集成电路和电子电路设计、信息技术解决方案、网络与信息安全服务出口执行额分别增长 38.3%、63.3%、309.7%,云计算、人工智能服务出口执行额分别增长 35% 和 234.5%。云服务出口发展势头强劲。Gartner 数据显示,2021 年,阿里云以 9.55% 的市场份额位居全球第三位,华为云、腾讯云、中国电信、百度云位列第五至八位,亚太云市场份额前五位中中国占有三席,见表 2。Gartner《2021 年解决方案记分卡》显示,阿里云 IaaS 基础设施能力位居全球第一,在计算、存储、网络、安全四项核心评比中均获得最高分。区块链技术国际合作空间不断拓展。截至 2021 年,中国区块链技术专利申请量和授权量均占全球 50% 以上①。福布斯公布的2022 年全球区块链 50 强企业中,中国共有 7 家企业上榜②。国家战略层面将区块链技术作为核心技术自主创新的重要突破口,国家"十四五"规划、科技部、工信部、网信办、各地方政府等对区块链发展从关键技术研发到产业化应用进行了多层次布局。区块链技术被运用到国际、政治、经济、社会、文化各方面,随着"一带一路"建设深入推进,区块链在中欧班列、产业园区及中国与沿线国家跨境贸易、数字货币、资格认证等方面应用大量落地,未来合作空间更加广泛。

表 2　2021 年全球云计算 IaaS 市场　　单位:百万美元,%

全球云计算 IaaS 市场				亚太云计算 IaaS 市场			
排名	企业	营收	份额	排名	企业	营收	份额
1	亚马逊	35380	38.92	1	阿里云	8465	25.53
2	微软	19153	21.07	2	亚马逊	5238	15.80

①　腾讯网,《科技部高新司副司长梅建平:截至 2021 年我国区块链技术专利申请量和授权量均占全球的 50% 以上》,https://xw.qq.com/amphtml/20211226A01QHA00。
②　分别是:蚂蚁集团、百度、中国建设银行、中国工商银行、平安壹账通、腾讯和微众银行。

续表

全球云计算 IaaS 市场				亚太云计算 IaaS 市场			
排名	企业	营收	份额	排名	企业	营收	份额
3	阿里云	8679	9.55	3	微软	4652	14.03
4	谷歌云	6436	7.08	4	华为云	3963	11.95
5	华为云	4190	4.61	5	腾讯云	2544	7.67
6	腾讯云	2585	2.84		亚太	33161	100
	全球	90894	100				

数据来源：Gartner，《Market Share，IT Service，Worldwide，2021》。

第二，数字产品服务出口竞争力显著增强。通过技术驱动、产业融合和文化创新，中国相关数字内容产品出口实力明显增强，成为与世界文化传播交流的重要载体。中国游戏海外市场份额跃居世界第一位，涌现出腾讯、网易、米哈游等全球市场头部网络游戏发行商。App Annie 发布的2022 年度软件发行商 52 强榜单中，中国共 17 家企业入围，是发行商上榜数量最多的国家。电视剧出口 200 多个国家和地区，向海外传播网络文学作品 10000 余部，位居全球第 6 大数字音乐市场。以抖音、快手和微信为代表的社交媒体海外拓展能力不断突破，国际影响力显著提升。Sensor Tower 2022 年 3 月最新报告显示，抖音及 TikTok 在全球热门移动应用下载量和收入排行中稳居第一位，全球用户超过 10 亿。

第三，远程服务能力大幅提升。金融科技创新推动跨境支付业务迅速增长。人民银行数据显示，2021 年，中国人民币跨境支付系统处理业务 334.16 万笔，金额 79.60 万亿，同比增长 51.55%和 75.83%；远程教育和远程医疗迅速发展。截至 2020 年，中国在线医疗用户 2.15 亿、在线教育用户 3.42 亿，分别占整体网民的 21.7%、34.6%。以远程教育为例，疫情期间，世界慕课与在线教育联盟发起的全球融合式课堂项目推动国内外多所高校实现在线访学。学堂在线联合国内 18 所高校为印尼国家在线教育平台提供 60 门慕课。2022 年 3 月,国家教育部推出的国家高等教育智慧教育平台上线,目前可面向全球提供 900 余门多语种课程,有效应对停教、停学危机;跨境体育直播蓬勃发展。北京冬奥会期间,由阿里云和奥林匹克广播服务公司联手打造的"奥林匹克转播云"首次投入使用,为全球转播机构提供转播支持。

三、数字技术驱动服务贸易创新发展的主要趋势

(一)数字技术大幅提高了服务跨境交付水平

数字技术引发服务贸易革命,实现了对服务的数字化编码和数字化交付,使传统模式下无法跨境的服务部门具有可贸易性,不断呈现去本地化和全球化趋势。5G、大数据、云计算、人工智能、区块链等新一代数字技术不断扩大服务可贸易性。5G 凭借高速率、低时延、广覆盖等技术优势推动对数据传输和时间高度敏感的跨境服务贸易,如远程会诊、跨境直播等;基于大数据和云计算的算法算力为服务供需匹配和精准营销赋能;区块链技术以去中心化、不可篡改、公开透明的底层技术机制,颠覆式变革了金融资产交易结算、存证防伪和数据服务等领域的交易信任和安全问题;人工智能从基础研究、技术到产业的拓展,推动了安防、金融、零售、医疗、教育、制造、农业等多领域的高度智慧化。

(二)数字技术加速服务贸易新业态和新模式涌现

新冠肺炎疫情扩大了数字技术的应用场景,全球范围内数字化跨境提供的服务业态和模式空前增加。Zoom、腾讯等跨国视频会议平台提供的高稳定低时延有效互动,推动跨国工作和交流无障碍开展。社交媒体、

音乐平台、体育云直播等众多数字娱乐活动为全球消费者提供了正常社交、娱乐、生活和互动的平台。新技术为传统服务贸易提供了多元化数字解决方案,有效加快了相关领域的数字化进程,最典型的是教育和医疗。疫情期间,阻滞在国内的留学生经由跨国在线教育平台接受学校的课程、培训和考核。病患接受跨国医生远程诊疗、跨国手术在线远程指导等都已经成为现实。

伟东云构建国际互联网教育生态①

伟东云教育成立于 2012 年,依托人工智能、区块链、大数据、VR、物联网等新兴技术,打造面向全球的开放型 PaaS 云平台。依托自主研发的以人才产业应用为导向的伟东云职教生态平台,为职教上下游产业、院校、政府协会等各方提供从产业人才需求侧到职教行业供给侧的全链服务,业务覆盖全球 25 个国家及国内 25 个省级行政区。

作为已经形成全球影响力的国际在线职业教育平台,借助国内和海外的高品质课程资源,伟东云为众多世界 500 强企业提供培训服务;伟东云是联合国教科文组织战略合作伙伴,为其 195 个成员国及地区提供数字化教育资源共享平台,以数字技术创新推动全球教育可持续性和包容性发展。与教科文组织高等教育创新中心合作,在巴基斯坦、柬埔寨、埃及、吉布提等多个"一带一路"沿线国家布局"伟东智慧教室",旨在助力伙伴大学利用信息化手段开展本地教师 ICT 能力建设培训,实现远程数字化教学。巴基斯坦智慧教室自 2019 年 7 月建成以来,共开展本科教学 200 小时,研究生教学 100 小时,高职教育技术培训 1000 小时;埃及智慧教室自 2020 年 1 月建成以来,共开展研讨会 64 小时,讲座 108 小时。通

① 资料来源:https://www.wedon.com。

过与教科文组织教育信息技术研究所合作,共同推动毛里求斯、纳米比亚、尼日利亚、乌兹别克斯坦、哈萨克斯坦、吉尔吉斯斯坦 6 国"未来学校"建设。

(三)数字技术推动以平台为载体的服务贸易组织方式变革

数字技术创造了以平台为核心的服务贸易组织新模式,数字平台聚合大量数字服务交易者,为数据、商品和服务精准、高效匹配供需,为研发、创新、生产等分工协同提供支持。阿里巴巴、亚马逊等数字平台成为综合服务提供商,不仅提供跨境贸易,而且提供全流程的物流、金融、信息、征信等一站式跨境供应链服务。一些专业服务平台聚焦于撮合全球研发设计、市场营销、金融服务、专业咨询等服务。无国界性是数字平台的天然属性,使得一些超大规模数字平台跨越商业范畴具有公共基础设施和公共产品属性,通过平台的资源整合,全球制造商、供应商、服务商等离散要素资源形成以数据为核心要素、网络协同、共创分享的分工模式,有效提升了产业的资源配置能力、协同发展能力和服务支撑能力,为全球服务贸易创新发展提供了重要的技术基础和产业条件。

创新数字关键技术
为企业构建出海"魔方底座"[1]

星环科技是一家专注于大数据与人工智能核心技术研发的企业。企业坚持自主研发"云计算+大数据+数据库+人工智能"基础平台产品,持续提升数字底层技术,不断迭代产品服务,陆续推出基于容器的智能大数据云平台、一站式大数据平台、智子人工智能平台和超融合大数据一体机

[1] 资料来源:https://sghexport.shobserver.com/html/baijiahao/2021/10/19/564981.html。

等全品类产品系列,通过对产品的多元化组合,为不同规模、行业、数据基础的企业打造更加贴合业务需求的技术"魔方底座",实现企业数字化出海过程中底层技术支撑的"魔方重组",以技术方案的灵活性打破企业需求的多变性。相关服务产品已在金融、公共安全、医疗卫生、商业智能等领域应用,为中外客户数字化转型提供智慧解决方案。

星环科技立足在新加坡设立的海外总部积极开拓亚太市场,推动在"一带一路"沿线国家和地区开展基础软件技术国际合作;同时,创新出海模式,将大数据和人工智能技术合作与高科技人才培养相结合,提升本土技术标准和人才标准的海外影响力。一批"一带一路"合作项目加速落地,包括与新加坡教育部、新加坡理工、新加坡超算中心联合组织了首届大学生人工智能创新大赛;和新加坡理工建立联合创新实验室 x-lab;为新加坡建屋发展局提供建筑工地解决方案;推动"随申码"模式应用在老挝落地;利用大数据技术为伊拉克 majnoon 油田构建数字仓库;与阿联酋 G42 集团展开全方位技术合作等。

(四)数字技术加速货物贸易与服务贸易融合发展

近年来,数字技术广泛运用于跨境贸易的各环节,驱动跨境电商不断转型升级。平台通过整合生态链上的制造商和服务提供商,利用数据、算力和算法实现与国际市场需求精准对接,对境外客户需求挖掘、海外营销推广、跨境支付、外销产品设计研发、境外产品售后服务、跨境供应链管理服务等发挥了重要作用。阿里巴巴等一批跨境电商平台不断拓展功能,由撮合跨境买家与卖家达成货物贸易逐步向外贸综合服务延伸,形成以跨境电商平台为核心,衔接生产商、销售商(批发商、分销商、零售商等)、服务提供商(物流服务、金融服务、信息服务等)及消费者的生态系统,形成跨境货物贸易和服务贸易全链条融合发展的新模式,见表3。

表 3　阿里巴巴国际站跨境货物贸易和服务贸易全链条融合发展

客服环节	使用人工智能在线沟通,提供多语言实时沟通工具和在线翻译服务
物流环节	搭建全球"海陆空快"①体系,推出不同产品的全球专线,打造集成跨境货运全链路(客户下单、货代接单、货代内部管理、货代运力采购、资金结算)于一体的数字化软件即服务(SaaS)操作系统,提供可智选、可服务、可视化的一站式跨境货运服务,提高全链路效率,让买卖双方都实现数字化货运履约商家自行选择第三方物流企业。
支付环节	构建全球支付和结算网络,支持美元、欧元、英镑、日元、加拿大元、澳大利亚元、新西兰元、墨西哥元等国际主要货币的本币支付,在欧美加澳等发达国家实现本地收单,收款全链路可视,为客户提供委托汇兑、自主汇兑两种方式,通过全球支付创新(GPI)服务实现资金全链路可视,并提供极速提现服务,客户可一键完成国际收支申报。
通关环节	打造服务外贸企业、报关行、货代的一站式智能报关平台,实现图文识别、智能录单、自动跟进、全程可视、数据对接、单证管理等功能。
退税环节	2020 年 9 月 11 日起,与浙江电子口岸、宁波电子口岸合作,客户无需提供备案单证,即可实现秒级退税融资服务。
财务环节	构建本地高水准外贸财税服务生态,服务过程全程可视,服务质量动态监控,一站式解决记账、退税、税务合规咨询等综合财税需求。

资料来源:根据阿里巴巴国际站相关材料整理。

(五)数字技术推动服务贸易包容性增长

数字技术降低了信息的搜寻、匹配、跟踪、验证成本,大幅降低中小服务提供者进入全球市场的门槛,增加了行业竞争性并促进了创新。数字技术具有天然包容性,与服务贸易叠加能产生包容性增长机会。中小微企业依靠科技创新、环境改善、普惠金融、电商平台等提供的综合支持得以在不断细分的市场领域中找到生存空间,从而更快融入全球价值链。WTO 发布的《2019 年世界贸易报告》指出,数字技术大幅降低了服务业

---

① "海陆空快"包括:海运,涵盖海运整柜、拼箱、船东直采、货代 SaaS 等;陆运,全国 7 个大区,覆盖 28 个港口,近 26000 条线路;空运,与全球优质空运服务商合作,覆盖 170 个国家和地区;快递,支持全球 200 多个国家和地区,50 多个仓库服务。

的进入门槛与贸易成本,推动中小微服务企业以快于中小微制造业的速度进入国际市场。同时,数字技术弱化了边境规则、地理因素和基础设施影响,为许多发展中国家克服地理、区位劣势以及投资不足的挑战创造了机会,一些内陆欠发达国家和地区可以发展基于数字化的轻资产知识型服务贸易和数字创意产品贸易等。数字技术的包容性还体现在,经济、文化、资源、人口、环境的趋势性变化都可能与数字技术结合激发新的应用场景。如,发达国家老龄化趋势对智能化健康服务需求增长,发展中国家人口增长对在线教育需求增长,环境保护则引致绿色智能的建筑、能源、交通等研发设计服务贸易增长。

四、数字技术赋能服务贸易创新发展的对策

为更好发挥数字技术对服务贸易创新发展的推动作用,促进服务贸易高质量发展,要继续推动原始技术创新、做大做强数字服务贸易平台、丰富产业互联网应用场景、为新技术发展应用和新业态新模式培育提供宽松的政策环境。

第一,加强关键核心技术攻关。发挥科研机构和头部数字企业的作用,提高原始技术创新能力,系统布局前沿共性技术攻关,突破底层技术架构等关键核心技术瓶颈,打造以新一代通用技术为基础的研发应用平台,夯实产学研用相结合的技术创新体系。畅通企业与高校、科研机构、用户的协同创新机制,推动大中小微企业创新链协同发展,完善各类技术交流合作平台,加强各类产业创新联盟建设。

第二,做大做强各类数字服务贸易平台。平台是数字技术的集成者、技术转化应用的载体、新业态和新模式的创造者,在服务贸易创新发展中具有核心关键地位。一要推动跨境电商平台转型升级。跨境电商是服务

贸易数字化转型的重要推动力量和畅通双循环的重要载体,要把发展跨境电商平台放在服务贸易高质量发展的重要战略地位予以支持。鼓励跨境电商平台创新数字技术应用、创新商业模式和服务模式,引导更多平台向货物贸易+服务贸易的新一代全链路跨境模式转型升级。尤其要发挥超大规模平台的综合服务功能和创新引领作用,支持跨境电商平台构建数字化、智能化的国际供应链体系,大力发展海外仓,完善国际物流网络体系,为服务企业海外发展提供综合供应链服务。二要加强专业技术平台的开放创新合作。构建面向全球提供服务、整合全球资源的研发、工业设计、专业服务、市场营销等数字化平台,鼓励企业开放底层技术、开放软件源代码,支持数字技术开源社区等创新联合体发展,完善开源知识产权和法律体系,营造有活力的开放创新制度环境。

第三,以需求为导向拓展新技术在跨境服务中的应用场景。中国超大规模消费市场和完备的产业体系为新技术落地转化应用提供了广阔的市场空间和产业空间。应以中小微企业和传统服务部门上云用数赋智为重点,继续提高数字技术与消费、产业以及公共服务部门融合渗透的能力;鼓励公共数据在科学研究、技术研发、产品开发、咨询服务、数据加工等领域的运用,支持企业开发应用数字化新场景。

第四,完善技术与政策协同创新体制机制。继续完善负面清单管理,破除行业和地域准入壁垒,各类市场主体平等进入市场,为数字企业创造公平竞争的发展环境。建立容错机制,促进服务贸易新业态、新模式加快成长。加快企业数字化转型公共服务平台建设,鼓励头部企业牵头建立工业互联网应用平台,探索不同服务应用场景,加快将有市场前景的成功模式向行业推广。健全数据产权交易机制,培育规范的数据交易平台和市场主体,发展数据资产评估、登记结算、交易撮合、争议仲裁等市场运营体系。

第五，坚持全链条监管、包容审慎监管和分类监管原则。完善事中事后全链条监管的制度体系，及时弥补规制空白和漏洞，加强反垄断监管，加强消费者数据权益及个人隐私权保护。尤其要运用大数据、云计算、区块链等技术手段创新监管方式，建立以信用为核心的市场监管机制，提升政府监管效能。要以保护、促进和鼓励创新为目标，以开放、包容、审慎的态度对于新技术、新业态、新模式进行监管。对跨境数据流动实行分类监管原则，制定合理明确的风险评估标准，除涉及国家安全、产业安全、个人隐私等敏感数据外，促进商业数据的自由跨境流动。

参考文献

1. 黄奇帆等：《数字上的中国》，中信出版社 2022 年版

2. 王晓红：《以平台为重心做强数字经济产业体系》，《经济日报》2022 年 1 月 13 日

3. 王晓红、夏友仁：《中国数字贸易发展：现状、挑战及思路》，《全球化》2022 年第 2 期

4. 王晓红等：《基于全链路跨境电商的数字化新外贸研究——以阿里巴巴国际站为例》，《全球化》2021 年第 3 期

5. 王晓红、谢兰兰：《新发展格局下数字经济发展战略研究》，《开放导报》2021 年第 4 期

6. 朱福林：《全球服务贸易基本图景与中国服务贸易高质量发展》，《管理学刊》2022 年第 1 期

7. 欧阳日辉、李林珂：《区块链技术促进贸易创新发展的作用机制与路径》，《国际贸易》2022 年第 2 期

8. 商务部：《中国数字贸易发展报告 2020》

9. 中国信通院:《数字贸易发展白皮书 2020》

10. 艾瑞咨询:《全球数字贸易白皮书 2021》

11. 中国互联网络信息中心(CNNIC):《第 49 次中国互联网络发展状况统计报告》

12. WTO:《World Trade Report 2019》

13. WTO:《Blockchain and DLT in Trade:Where Do We Stand?》2020

第五章　全球数字贸易规则
发展的主要趋势

——基于 USMCA、GDPR、CPTPP、DEPA 和 RCEP 的研究

随着全球数字贸易快速发展,数字贸易规则已成为国际经贸规则体系变革和全球数字治理的重要内容。在 WTO 多边框架推进谈判和规则制定困难乏力的情况下,区域贸易协定(RTAs)成为制定规则的主要平台。有研究显示,截至目前,共有 119 个已经签署的区域贸易协定中包含数字贸易相关规则,签约国覆盖全球 110 个国家。全球各主要经济体正积极通过对外缔结区域贸易协定,输出符合自身诉求的相关规则,将各自的数字治理方式向全球推广,并努力使之成为全球数字治理范本。目前,全球数字贸易规则大致形成了美、欧、新、中等四种代表性模式,各模式均以一些重要区域协定及法规为标志性代表,凸显各自特色。"美式"模板以《跨太平洋伙伴关系协定》(TPP)、《美墨加协定》(USMCA)和《日美数字贸易协定》(UJDTA)为代表;"欧式"数字贸易规则的典型代表包括《通用数据保护条例》(GDPR),《日本—欧盟经济伙伴协定》、欧盟—韩国FTA 等;新加坡主导缔结的新加坡—智利—新西兰《数字经济伙伴关系协定》(DEPA)和《新加坡—澳大利亚数字经济协定》(SADEA)代表了数字贸易规则;《区域全面伙伴经济关系协定》(RCEP)则是"中式"数字贸

易规则的标志性协定。全球数字贸易规则"四足鼎立"的格局大致形成。同时,WTO、OECD、G20、G7、APEC 等平台也积极制定出台相关规则,全球数字贸易规则的发展呈现出"多足多平台"特征。

本章以"四大模式"为基点,着眼于具有典型意义的协定、法规,重点分析其核心焦点议题及主要特征,并在此基础上研判全球数字贸易规则的发展趋势,为中国未来数字贸易发展、规则构建提出相关对策建议。具体研究对象包括:2020 年 7 月 1 日正式生效的《美墨加协定》(USMCA)、2018 年 5 月欧盟出台的《通用数据保护条例》(GDPR)、2018 年 12 月正式生效的《全面与进步跨太平洋伙伴关系协定》(CPTPP)、2020 年 6 月签署的新加坡—智利—新西兰《数字经济伙伴关系协定》(DEPA),以及 2022 年 1 月在中国正式生效的《区域全面经济伙伴关系协定》(RCEP)。

一、以《美墨加协定》为代表的 "美式"数字贸易规则

(一)《美墨加协定》充分彰显了"美式"数字贸易规则"开放、自由"的价值取向,是全球追求数据跨境流动自由化的最高标准协定,是贴合美国利益的制度设计。

2020 年 7 月 1 日,《美墨加协定》(USMCA)正式生效,取代了已实施二十多年的《北美自由贸易协定》。《美墨加协定》是美国首个将"数字贸易"独立成章的自贸协定,囊括了目前全球数字贸易规则中诉求最强、雄心水平最高的措施规范。其核心议题包括"跨境数据自由流动""数字产品非歧视性待遇""数据存储非强制本地化""数字知识产权保护"等方面;禁止将关税和其他歧视性措施应用于以电子方式分发的数字产品、确保数据可以跨境传输,并最大限度地减少数据存储和处理的限制、保护消

费者在数字贸易中的隐私权、限制政府要求披露源代码和算法的能力、加强应对网络安全挑战的应对合作、促进对政府生成的公共数据的开放访问等,充分彰显了美国在数字贸易方面"开放、自由"的价值取向。

USMCA 协定是贴合美国自身利益的制度设计。美国是全球数字经济和数字贸易第一大国,USMCA 开放、自由的规则设计旨在有效保护本国数字供应商的竞争力,减少数字贸易限制,为数字贸易发展创造更加自由、宽松与稳定的制度环境;此外,USMCA 也表现出很强的强制性特点,与先前美国签署的自贸协定比较,USMCA 通过争端解决机制强调各缔约方的责任和规则的执行力,最大限度减少例外和豁免条款的使用,这也说明,USMCA 代表了"美式模板"数字贸易规则的最高标准。

第一,推动"跨境数据自由流动"是 USMCA 中显示度最高的条款,也是全球数字贸易该项规则的最高标准。跨境数据自由流动可以称得上是美国数字贸易政策的最关键诉求。由于美国在可数字化的产品及服务产业方面具有明显比较优势,确保数据跨境接收转移畅通对美国大部分经济部门来说至关重要。美国早在 2007 年的美国—韩国 FTA 中就明确指出双方应该承认数据流动的重要性,但没有提出强制性要求。TPP[①] 第14.11 条"电子方式的跨境信息传输"明确提出了要促进"跨境数据自由流动",但同时也作出了"考虑各方监管需求"的例外规定,致使实际影响力大打折扣。《美墨加协定》第 19.11 条删除了 TPP 中的例外规定,极大提升了"跨境数据自由流动"条款的约束力。

第二,扩大数字产品的非歧视性待遇,强化美国优势。数字产品,特别是视听产品是美国数字文化产品输出的重头,美国在贸易谈判中一直致力于消除针对视听产业的歧视性措施。21 世纪早期签署的自贸协定,

---

① 2017 年底,日本接替退出 TPP 的美国,成为 TPP 的主导国,并将 TPP 更名为 CPTPP。

例如美国—新加坡 FTA(2003)、美国—澳大利亚 FTA(2004)、美国—韩国 FTA(2007),就明确要求缔约方不可对来自另一缔约方的数字产品及数字产品的提供者实施歧视性待遇。但这些条例排除了音像广播类内容在非歧视性待遇上的适用性。TPP 把例外范围缩减为"广播"内容,USMCA 则更进一步取消了"广播例外"的规定。这意味着对来自缔约方的广播服务产品及服务提供者,缔约方必须给予国民待遇,这是美国在消除"文化例外"原则方面的重要突破。

第三,强调"数据存储非强制本地化",放宽市场准入限制。美国在 TPP 第 14.13.2 条就对"数据存储非强制本地化"做出过规定:缔约方不得将使用该缔约方领土内的计算设施或将设施置于其领土之内作为在另一缔约方的服务提供者在其领土内从事经营的前提条件。但是 TPP 包含了"缔约方监管例外"和"合法公共政策目标例外"条款。在 USMCA 框架下美国再次重申"实施数据存储非强制本地化"诉求,并剔除了 TPP 中的例外条款。这项规则设计也是和美国在数字基础设施和数字产品上所具有的垄断优势密不可分。美国的云存储设备居于世界领先水平,拥有亚马逊和微软等强势的云服务供应商,这些企业能向境外提供强大的数据储存和处理服务。如果将云计算服务的市场准入与强制使用当地基础设施存储的限制政策联系起来,将严重损害美国企业和消费者的利益。

第四,"源代码""算法""密钥"等数字知识产权保护。"源代码"是美国知识产权的重要部分,为保证源代码所有权的完整性,美国一直坚持"源代码非强制本地化"立场,提出"任何缔约方不得将要求转移或获得另一缔约方所拥有的软件源代码作为在其领土内进口、分配、销售或使用该软件及包含该软件的产品的条件"。USMCA 第 19.16.1 条把"源代码非强制本地化"的适用范畴进行了延伸,将"源代码中的算法"和"基础设施软件"也纳入其中。由于加密技术可以用来有效保护数据隐私和先进技术知识产权不被窥探,USMCA 在规则中特别强调加密保护,禁止缔约方将获得加密密钥作为向外国技术开放国内市场的先决条件。

第五,强调隐私保护,对个人信息保护做出更为具体的规定,更加具有指导意义和可操作性。USMCA 明确指出在建立保护个人信息的法律框架时,应考虑《APEC 隐私框架》以及《OECD 保护隐私和个人数据跨境流动指南(2013)》等国际机构提出的各项原则和指导思想,同时提出个人信息保护的关键原则为限制收集、选择、数据质量、目的规范、使用限制、安全保障、透明度、个人参与和责任。并规定各方应努力采取非歧视性做法,保护数字贸易用户不受其管辖范围内发生的个人信息保护违规行为的影响。

第六,USMCA 纳入了"互联网中介责任认定"和"政府数据公开"等新规则。"互联网中介责任认定"条款明确豁免了网络平台提供者在内容提供者涉及人权以及隐私等非知识产权侵权中承担的连带责任,这对于平台的生存发展具有重要意义。其次,USMCA 是全球首个要求推动政府数据公开的贸易协定,尽管未作强制性要求,但其明确要求缔约方应认识到"便利化公众获取和使用政府信息的重要性"。

总的来看,《美墨加协定》用专章形式对数字贸易的规则标准进行了规范,在跨境数据自由流动、数字产品非歧视性待遇等"市场开放性"规则方面,代表着全球最高标准,体现出很强的美式"开放、自由"的商业价值取向;是符合美国利益的制度设计,为美国具有全球竞争优势的数字产品和数字服务创新提供了坚实的基础。

表1 《美墨加协定》数字贸易主要议题规则

主要议题	具体章节	规则文本表述
关税	第19.3条	任何一方不得就一方人员与另一方人员之间通过电子方式传输的数字产品的进口或出口或与之相关的进口或出口征收关税、费用或其他费用。
数字产品的非歧视性待遇	第19.4条	对于在另一方领土上创建、制作、出版、签约、委托或首次以商业条款提供的数字产品,或作者、表演者、制作人、开发者或所有者为另一方人士的数字产品,任何一方不得给予更优惠的待遇。
电子认证和电子签名	第19.6条	第1款:除法律规定的情况外,一方不得仅凭电子形式的签名而否认签名的法律效力。 第4款:各方应鼓励使用可互操作的电子认证。
个人信息保护	第19.8条	第2款:各方应采取或维持法律框架,规定保护数字贸易用户的个人信息。在制定这一法律框架时,各缔约方应考虑相关国际机构的原则和指导方针,如亚太经合组织的隐私框架和经合组织理事会关于隐私保护和个人数据跨境流动指导方针的建议(2013年)。 第3款:缔约方认识到,根据第2款,关键原则包括:限制收集;选择;数据质量;目的规范;使用限制;安全保障措施;透明度;个人的参与;问责制。各方还认识到,必须确保遵守保护个人信息的措施,并确保对个人信息跨境流动的任何限制是必要的并与所涉风险相称。
无纸化交易	第19.9条	各方应努力接受以电子方式提交的贸易管理文件,将其视为该文件的纸质版本的法律等效物。
通过电子手段跨境传输信息	第19.11条	第1款:任何一方均不得禁止或限制通过电子方式跨境转移信息(包括个人信息)。 第2款:若为了达成合法的公共政策目标,则本条款不妨碍缔约方采取或维持与第1点相悖的措施,条件是: (a)采取的措施不会构成任意或不合理的歧视,也不会成为变相的贸易限制手段; (b)采取的措施对信息传输的限制将控制在实现目标所必需的合理范围之内。
计算机设备所在地	第19.12条	任何一方不得要求受保人在其管辖区域内使用或定位计算机设备,以此作为在该管辖区域内开展业务的条件。
源代码(数字知识产权保护)	第19.16条	第1款:当某一软件或与此有关的产品在一国范围内进口、分销、销售或使用时,其他各方不得要求传输或访问属于该国人员的软件源代码,也不得访问源代码中使用的算法。

主要议题	具体章节	规则文本表述
交互式计算机服务	第19.17条	1. 各缔约方已意识到促进交互式计算机服务的重要性,包括为中小型企业提供服务,这对数字贸易的发展至关重要。 2. 为此,除了本条款第1点的规定,任何一方不得将交互式计算机供应商或用户视为决定损害责任的信息内容提供商,除非供应商或用户已经全部或部分地创造或开发了相关信息,包括信息存储、处理、传输、分配、或服务带来的损害等。 3. 任何一方均不得因以下原因向交互式计算机服务的供应商或用户追究责任。
开放政府数据	第19.18条	第1款:各缔约方意识到,促进公众获取和使用政府信息有助于经济和社会发展、有助于提高竞争力和创新力。 第2款:在向社会公开包括数据在内的政府信息时,应当确保信息以机器可读、对外开放的形式得以公开,并确保相关信息可以进行在线搜索、检索、使用、重用和再发布。 第3款:各方应努力开展合作,以确定各方扩大获取和使用政府公开信息(包括数据在内)的方式,以增强和创造商业机会,特别是为中小型企业提供商机。

资料来源:根据《美墨加协定》文本整理。

(二)CPTPP 源于美国主导的 TPP,具有很明显的"美式"特征,倡导开放、自由、便利化的数字贸易体制。

美国退出 TPP 之后,2017 年底,日本接替美国成为主导国并将其更名为《全面与进步跨太平洋伙伴关系协定》(CPTPP),并于 2018 年 12 月正式生效。日本也是全球数字经济和数字贸易发展水平最高的经济体之一,其数字贸易政策与美国较为类似。因此,日本主导的 CPTPP 中的数字贸易规则具有较强的"美式"模板特征,倡导开放、自由、便利化的数字贸易体制以及全方位的个人权益保护。

第一,强制禁止对电子传输征收关税。CPTPP 明确表述:任何缔约方不得对一缔约方与另一缔约方之间的电子传输,包括以电子方式传输的内容征收关税。这一条规则的强制性非常高,体现了 CPTPP 对促进数字贸易自由化的大力支持。

第二,给予数字产品非歧视性待遇。CPTPP 明确规定,缔约方给予另一缔约方数字产品的待遇不低于给予其他同类数字产品的待遇。这种非歧视性待遇既包含最惠国待遇,也包含国民待遇。但相较《美墨加协定》不允许例外的规定,CPTPP 列出三个例外条件:不得与知识产权章节存在冲突;不适用于补贴或赠款;不适用于广播。

第三,保障跨境数据自由流动。CPTPP 明确规定,允许为进行商业行为而通过电子方式跨境传输信息,并且不得将计算设施本地化作为在境内进行商业行为的条件。CPTPP 对于跨境数据自由流动的例外情形容忍度较低,仅允许有条件、有限度的例外,同时提出更严格的限制条件:不得构成任意或不合理的歧视,或对贸易构成变相限制,不得施加超出实现目标所需的限制。

第四,允许网络自由接入并禁止强制共享源代码。CPTPP 允许消费者在遵守合理网络管理的前提下,自由选择接入和使用互联网上可获得的服务和应用;允许将不损害网络的终端设备接入互联网并拥有获得网络管理信息的权利。同时,CPTPP 还重视对软件源代码知识产权保护,要求缔约方不得将转移软件源代码作为在其境内销售或使用该软件的条件。

第五,强调个人信息保护和保护在线消费者权益。CPTPP 认识到保护电子商务用户个人信息的经济和社会效益,及其对增强电子商务消费者信心的重要性,限制对于个人数据的滥用;保护在线消费者免受诈骗和商业欺诈行为的侵害;要求各国制定政策,以鞭策缔约国提高保护个人数据的水平。这些规则为数据自由流动提供制度保障,促进数字贸易发展。但是,相较于《美墨加协定》,CPTPP 对消费者保护仅做了倡议性和原则性的规定,而没有明确具体的实施方案和侵权惩罚措施。

　　第六,数字贸易便利化方面的规定,包括电子签名和电子认证、无纸贸易等。总的来说,CPTPP 是一个义务水平比较高的协定,在电子传输免关税这一规则上的强制性很突出;在数据跨境流动、数字产品非歧视性待遇以及计算设施本地化等方面都表现出很强的开放性和自由化倾向;在数字贸易便利化以及消费者信任等方面也作出了相关规定。此外,在争端解决方面,体现出一定的包容性,对马来西亚、越南等发展中国家的争端解决做出了特别规定。

表 3　CPTPP 数字贸易主要议题规则

主要议题	所在章节	具体条文内容
海关关税	第 14.3 条	1. 任何缔约方不得对一缔约方与另一缔约方之间的电子传输,包括以电子方式传输的内容征收关税。 2. 为进一步明确,第 1 款不得阻止一缔约方对以电子方式传输的内容征收国内税、规费或其他费用,只要此类国内税、规费或费用以符合本协定的方式征收。
数字产品的非歧视待遇	第 14.4 条	1. 任何缔约方给予在另一缔约方领土内创造、生产、出版、订约、代理或首次商业化提供的数字产品的待遇,或给予作者、表演者、生产者、开发者或所有者为另一缔约方的数字产品的待遇,不得低于其给予其他同类数字产品的待遇。 2. 第 1 款不适用于与第 18 章(知识产权)中的权利和义务出现任何不一致的情况。 3. 缔约方理解,本条不适用于一缔约方提供的补贴或赠款,包括政府支持的贷款、担保和保险。 4. 本条不得适用于广播。
电子认证和电子签名	第 14.6 条	1. 除非其法律项下另有规定,否则一缔约方不得仅根据一签名是电子方式而否认该签名的法律效力。 4. 缔约方应鼓励使用可交互操作的电子认证。
在线消费者保护	第 14.7 条	1. 缔约方认识到采取和维持透明和有效的措施以保护消费者在从事电子交易时免受如第 16.6.2 条(消费者保护)中所指的诈骗和商业欺诈行为侵害的重要性。 2. 每一缔约方应采用或维持消费者保护法,以禁止对从事在线商业活动的消费者造成损害或潜在损害的诈骗和商业欺诈行为。

续表

主要议题	所在章节	具体条文内容
个人信息保护	第 14.8 条	2. 每一缔约方应采用或维持规定保护电子商务用户个人信息的法律框架。在制定其个人信息保护的法律框架时,每一缔约方应考虑相关国际机构的原则和指南。 3. 每一缔约方在保护电子商务用户免受其管辖范围内发生的个人信息保护侵害方面应努力采取非歧视做法。
无纸贸易	第 14.9 条	每一缔约方应努力: (a)以电子方式向公众提供贸易管理文件; (b)接受以电子方式提交的贸易管理文件作为与这些文件的纸质版具有同等法律效力的文件。
通过电子方式跨境传输信息	第 14.11 条	1. 缔约方认识到每一缔约方对通过电子方式传输信息可设有各自的监管要求。 2. 每一缔约方应允许通过电子方式跨境传输信息,包括个人信息,如这一活动用于涵盖的人开展业务。 3. 本条中任何内容不得阻止一缔约方为实现合法公共政策目标而采取或维持与第 2 款不一致的措施。
计算设施的位置	第 14.13 条	1. 缔约方认识到每一缔约方对于计算设施的使用可设有各自的监管要求,包括寻求保证通信安全性和机密性的要求。 2. 任何缔约方不得要求一涵盖的人在该缔约方领土内将使用或设置计算设施作为在其领土内开展业务的条件。 3. 本条中任何内容不得阻止一缔约方为实现合法公共政策目标而采取或维持与第 2 款不一致的措施。
源代码	第 14.17 条	1. 任何缔约方不得将要求转移或获得另一缔约方所拥有的软件源代码作为在其领土内进口、分销、销售或使用该软件或含有该软件的产品的条件。 2. 就本条而言,需遵守第 1 款的软件限于大众市场软件或含有该软件的产品,不包括用于关键基础设施的软件。 3. 本条中任何内容不得阻止: (a)在商业谈判合同中包含或实施与源代码的提供相关的条款和条件;或 (b)一缔约方要求对软件源代码作出使该软件符合与本协定不相抵触的法律或法规所必需的修改。 4. 本条不得理解为影响与专利申请或已授予专利相关的要求,包括司法机关对专利争端发布的任何命令,但需防范未经一缔约方法律或实践授权的披露行为。

续表

主要议题	所在章节	具体条文内容
争端解决	第14.18条	1. 对于现行措施,在本协定对马来西亚生效之日后2年期限内,对于其在第14.4条(数字产品的非歧视待遇)和第14.11条(通过电子方式跨境传输信息)下的义务,马来西亚不受第28章(争端解决)下的争端解决约束。 2. 对于现行措施,在本协定对越南生效之日后2年期限内,对于其在第14.4条(数字产品的非歧视待遇)、第14.11条(通过电子方式跨境传输信息)和第14.13条(计算设施的位置)下的义务,越南不受第28章(争端解决)下的争端解决约束。

资料来源:根据 CPTPP 文本整理。

二、以《通用数据保护条例》为代表的"欧式"数字贸易规则

《通用数据保护条例》体现了欧盟确保隐私安全情况下推进数据有序自由流动的"欧式"数据监管立场。

2018年5月正式开始实施的欧盟《通用数据保护条例》(GDPR)旨在推进数据安全有序自由流动,为欧洲快速发展的数字企业提供更为广阔的数据市场。由于历史文化的原因,欧盟在数据监管上一直相当重视数据隐私保护,近年来出台了许多数据管理和隐私保护方面的法律,包括《电子隐私指令》(2002/58/EC)、《611/2013监管条例》《通用数据保护条例》以及2022年5月刚获正式批准通过的《数据治理法案》。这些法规体现了欧盟在促进数字经济发展进程中,始终努力寻求数据有序自由流动和隐私保护之间的平衡,并且也表明"隐私保护"在欧式模板的数字贸易规则中具有不可侵犯的核心地位。

《通用数据保护条例》被认为是有史以来欧盟最严苛的数据保护法

例,是一项有关数据保护的统一协调规制。GDPR 主要着眼于保护欧盟居民的个人数据及隐私,而新近通过的《数据治理法案》则是针对非个人数据的保护。GDPR 的出台旨在为个人数据在欧盟境内外自由流动设定安全标准和保障机制,是欧洲数字经济发展过程中的一项重要法规制度,具有较强的欧式特色。

第一,GDPR 分别设专章对"数据主体权利"与"个人数据向第三国或国际组织的传输",即数据跨境流动进行规定,创造了适应于数字经济时代的数据流动和信息保护法律,旨在平衡公民个人信息保护和鼓励支持数字经济发展。GDPR 从国家(地区)层面到跨国公司层面,再到个别例外层面,为各类数据传输制定了明确规则。同时,对大规模、经常性的数据跨境传输适用"充分性认定""适当保障措施"两种规则,并将符合规则的条件认定赋予欧盟权力机构。

第二,在 GDPR 中首次出现了反映自身特性、不需要成员国单独审批的"单套规制";强化欧盟与成员国间、成员国相互之间跨境数据流动规制协调性的"一站式服务机制"与"领导机构";体现跨境数据流动和数据保护配套惩罚措施与欧洲数据保护委员会等核心内容。这些内容分别着力于欧盟跨境数据流动规制的整体架构、协调机制与规制效果,是 GDPR 中的亮点,充分体现了欧盟构建数字单一市场的特征。

第三,GDPR 表明欧盟对个人数据保护和数据跨境流动的规制升级。该条例确定了个人数据处理需遵循"合法、公平、透明"的总体规则;强化了数据主体的相关权利和个人数据安全保护。尽管 GDPR 体现了欧盟促进数据安全有序流动的诉求,但跨境流动规制在欧洲社会也面临着巨大挑战。如前所说,隐私保护是欧洲文化中不可侵犯的"核"。如何寻找"自由"与"隐私保护"之间的平衡点一直是重大关切所在,也是美欧之间的数字贸易规则分歧、博弈的焦点所在;美国坚决反对限制跨境数据自由流动的枷锁,欧盟则十分强调隐私保护。但需要补充说明的是,2022 年 3 月 25 日,欧盟宣布与美国就恢复跨大西洋数据流动达成原则性协议,这可谓是具有重大意义的一步。

表 2　GDPR 在个人数据保护和跨境数据流动方面的主要规则

主要议题	具体章节	文本表述
与个人数据处理相关的原则	第 2 章 第 5 条	合法、公平与透明原则处理个人数据;以明确、清晰、合法的目的收集个人数据;最小限度使用数据原则;准确性原则;存储限制原则;完整与保密原则;解释性责任原则;控制方应该负责并能够解释其对上述六条原则的责任。
强化数据主体相关的知情权	第 3 章 第 12 条	数据主体行使权利的透明度、交流和模式;控制者应当以一种简单透明、明晰且容易获取的方式,通过清楚明确的语言,采取合适措施提供第 13 条和第 14 条所提到的任何信息,以及根据第 15 条到第 22 条和第 34 条所提及的关于数据主体处理过程中的沟通信息(尤其是关于儿童的任何信息)。控制者应当提供书面材料,在其他情况下,若有必要,可以采用电子方式。如果数据主体能够通过其他方式得到认证,那么在数据主体的要求下,能够以口头方式提供信息。
数据主体的相关权利得到更多尊重	第 3 章 第 13 条	控制者应当在获取个人信息时,向数据主体提供以下信息: a)控制者的身份和详细联系方式,适当时还要提供代表人的身份和详细联系方式; b)适当时提供数据保护局的详细联系方式; c)个人信息处理的目的以及处理的法律基础,等等;
	第 3 章 第 15 条	数据主体应当有权从管理者处确认关于该主体的个人数据是否正在被处理,以及有权在该种情况下访问个人数据和获得以下信息: a)处理的目的; b)有关个人数据的类别; c)个人数据已被或者将会被泄露给的接受者或接受者类别,特别是第三国或国际组织的接受者;等等。

主要议题	具体章节	文本表述
个人数据安全的保护	第 4 章 第 32 条	考虑目前的工艺水平、实施成本、处理过程的性质、范围、目的,以及自然人自由和权利所面对的不同可能性和严重性风险,控制者、处理者应当执行适当的技术和组织措施来保证合理应对风险的安全级别,尤其要酌定考虑以下因素: a) 个人数据的匿名化和加密; b) 确保处理系统和服务现行的保密性、完整性、可用性以及可恢复性; c) 在发生物理事故或技术事故的情况下,恢复可用性以及及时获取个人信息的能力;等等。
	第 4 章 第 33 条	在个人数据泄露的情况下,控制者应毫不延误地,且在可行的情况下,应至少在获知之时起 72 小时以内,依据第 55 条通知监督机构,除非个人数据的泄露不会产生危及自然人权利和自由的风险。如果通知迟于 72 小时,须附述迟延原因。
	第 4 章 第 37 条	指派数据保护专员
个人数据向第三国或国际组织的传输(跨境流动)	第 5 章 第 44 条	传输的一般原则;任何正在处理中的个人资料的转让,或在转往第三国或国际组织后拟处理的个人资料的转让,只有在符合本规例其他条文的规定下,才可进行转让,而本章所订的条件,包括将个人资料由第三国或国际组织转往另一第三国或另一国际组织的条件,均须由控制者和处理者遵守。为确保本章所保证的自然人的保护级别不受到损害,本章的所有规定都应执行。
	第 5 章 第 45 条	基于充分决定的数据传输; 1. 对第三方或国际组织进行个人数据的传输,发生在如下情形时,不需要任何的授权:即当欧洲委员会已确定了的要求信息的第三国或其中某一地区或一个或多个特定的地区或国际组织,有足够级别的保护。 2. 当对保护级别的充分性进行评估的时候,欧洲委员会将会特别地考虑以下因素:法律条文、第三国或有关国际组织做出的国际承诺,等等。

资料来源:根据 GDPR 文本整理。

三、以《数字经济伙伴关系协定》为代表的
数字贸易规则

DEPA 数字贸易规则独具创新性和灵活性。DEPA 由新加坡主导，于 2020 年在新加坡、智利、新西兰三国之间签署，是一份数字贸易专门协定，体现出很强的创新性、包容性和灵活性。

第一，数字贸易便利化议题是最重要的议题之一。对亚太地区众多经济体而言，数字贸易便利化与其经济利益密切相关。新加坡作为 DEPA 主导国，认为数字贸易便利化就是要促进端到端的无缝衔接，无纸化贸易、电子发票、电子支付等议题在 DEPA 中都做出了明确规定，旨在简化贸易程序和手续，降低贸易成本；提高交易效率；监督维护支付系统的安全性。

第二，在数字产品和数字贸易自由化议题上标准更高。DEPA 认为有必要对数字经济中的贸易壁垒做出规定，相应地更新全球规则，促进贸易自由化。DEPA 不仅要求缔约成员应给予其他成员国数字产品以非歧视性待遇，还纳入了数字知识产品保护的相关规则；电子传输免关税规定为"永久性义务"；提出了严格的推进数据跨境流动自由化和数据存储非强制本地化的义务。

第三，强调增强中小企业在数字经济中的贸易和投资机会。DEPA 认识到中小企业在保持数字经济活力和增强产业竞争力方面的基础地位以及私营部门不可或缺的作用，设专章提出各缔约方应推动各方中小企业就数字经济开展密切合作，增强中小企业在数字经济中的贸易和投资机会的合作；并鼓励开展数字中小企业对话。

第四，创新性地涵盖了新兴技术领域和具有包容性特征的议题。金

融科技合作、人工智能、数据创新、数字包容等议题是先前数字贸易协定中未曾涵盖的议题，可谓是 DEPA 中的亮点和具有创新性的规则。数字包容性议题，强调缔约方应承认数字包容性对于保证所有人和所有企业参与数字经济、作出贡献并从中获益的重要性；消除障碍以扩大和便利获得数字经济机会的重要性；强调加强文化和人与人的联系，就数字包容性相关事项进行合作，包括妇女、农村人口、低收入群体和原住民参与数字经济。促进包容和可持续经济增长，以帮助数字经济的利益得以更广泛分享，体现了 DEPA 消弭"数字鸿沟"的宏观愿景。

第五，协定的框架形式具有开放性和灵活性。协定采用主题模块的形式，包含 16 个模块，其中实质性模块 10 个，流程性模块 6 个。各实质性模块相互独立，有利于日后有意愿加入 DEPA 的经济体可结合自身数字经济发展水平与利益诉求自主选择相对应的模块进行谈判。这种主体模块框架设计可以极大促使缔约方之间尽快在关键领域达成共识，提高谈判效率，实现利益最大化；同时还能很好体现出开放性和兼容性。DEPA 条款不仅符合发达国家的利益诉求，也为发展中国家提供了选择空间。

DEPA 是一项集开放性、包容性、创新性和灵活性为一体的新型数字贸易协定。无论是从形式上，还是内容上，都体现出较明显的前瞻性、包容性和兼容性。

表 4　DEPA 主要议题规则

主要议题	具体章节	规则文本表述
无纸化贸易	第 2.2 条	1. 每一缔约方应通过其规定的程序，使公众可获得所有现行可获得的贸易管理文件的电子版本。 2. 每一缔约方应以英文或 WTO 任何其他官方语文提供第 1 款中所指贸易管理文件的电子版本，并应努力提供机器可读格式的电子版本。

续表

主要议题	具体章节	规则文本表述
电子发票	第2.5条	1. 缔约方认识到电子发票的重要性,电子发票可以提高商业交易的效率、准确性和可靠性。缔约方还认识到,保证各自管辖范围内用于电子发票的系统与其他缔约方管辖范围内用于电子发票的系统可交互操作的益处。 2. 缔约方应保证在其管辖范围内实施与电子发票相关的措施旨在支持跨境交互操作性。为此,每一缔约方应根据现有的国际标准、准则或建议制定与电子发票相关的措施。 3. 缔约方认识到促进全球采用交互电子发票系统的经济重要性。为此,缔约方应就促进采用交互电子发票系统分享最佳实践和开展合作。
电子支付	第2.7条	注意到电子支付,特别是由新支付服务提供者提供的电子支付迅速增长,缔约方同意通过促进国际公认标准的采用和使用、促进支付基础设施的可交互操作性和联通性以及鼓励支付生态系统中有益创新和竞争,以支持发展高效、安全和可靠的跨境电子支付。
关税	第3.2条	1. 任何缔约方不得对一缔约方的人与另一缔约方的人之间的电子传输及以电子方式传输的内容征收关税。 2. 为进一步明确,第1款不得阻止一缔约方对以电子方式传输的内容征收国内税、规费或其他费用,只要此类国内税、规费或费用以符合本协定的方式征收。
数字产品非歧视性待遇	第3.3条	任何缔约方给予在另一缔约方领土内创建、生产、出版、签约、代理或首次以商业化条件提供的数字产品的待遇,或给予作者、表演者、生产者、开发者或所有者为另一缔约方人士的数字产品的待遇,不得低于其给予其他同类数字产品的待遇。
个人信息保护	第4.2条	1. 缔约方认识到保护数字经济参与者个人信息的经济和社会效益,以及此种保护在增强对数字经济和贸易发展的信心方面的重要性。 2. 每一缔约方应采用或维持为电子商务和数字贸易用户的个人信息提供保护的法律框架。在制定保护个人信息的法律框架时,每一缔约方应考虑相关国际机构的原则和指南。 5. 缔约方应鼓励企业采用数据保护可信任标志,以帮助验证其符合个人数据保护标准和最佳做法。
计算设施位置	第4.4条	1. 缔约方认识到每一缔约方对于计算设施的使用可设有各自的监管要求,包括寻求保证通信安全性和机密性的要求。 2. 任何缔约方不得将要求涵盖的人使用该缔约方领土内的计算设施或者将设施设于该缔约方领土之内,作为在该缔约方领土内进行商业行为的条件。

主要议题	具体章节	规则文本表述
通过电子方式跨境传输信息	第4.3条	1. 缔约方认识到每一缔约方对于通过电子方式传输信息可能有各自的监管要求。 2. 每一缔约方应允许通过电子方式跨境传输信息,包括个人信息,如这一活动用于涵盖的人开展业务。
网上安全和保障	第5.2条	1. 安全可靠的网络环境对数字经济起到支撑作用。 2. 采取多方利益攸关的方式解决网络安全和保障问题的重要性。 3. 应努力合作,以推动形成影响网络安全和保障的全球问题的合作解决方案。
在线消费者保护	第6.3条	每一缔约方应制定或维持法律或法规,禁止对从事在线商业活动的消费者造成损害或可能造成损害的欺诈、误导或欺骗性行为。此类法律或法规可能包括一般合同法或过失法,并可能具有民事或刑事性质。
数字身份	第7.1条	认识到缔约方在个人或企业数字身份方面的合作将增强区域和全球互联互通,并认识到每一缔约方对数字身份可能有不同的实现工具和法律方式,每一缔约方应努力促进其各自数字身份制度之间的可交互操作性。
金融科技合作	第8.1条	缔约方应促进其金融科技(FinTech)产业间合作。 (a)促进金融科技部门中企业间合作; (b)促进商业或金融部门金融科技解决方案的制定;以及 (c)鼓励缔约方在符合各自法律法规的情况下,开展金融科技部门中的创业或创业人才合作。
人工智能	第8.2条	1. 缔约方认识到为可信、安全和负责任使用人工智能技术而制定道德和治理框架具有经济和社会重要性。考虑到数字经济的跨境性质,缔约方进一步承认不断增进共同谅解并最终保证此类框架的国际一致性的益处,从而尽可能便利在缔约方各自管辖范围之间接受和使用人工智能技术。 2. 缔约方应努力促进采用支持可信、安全和负责任使用人工智能技术的道德和治理框架。 3. 在采用人工智能治理框架时,缔约方应努力考虑国际公原则或指导方针,包括可解释性、透明度、公平性和以人为本的价值。

主要议题	具体章节	规则文本表述
数据创新	第 9.4 条	1. 跨境数据流动和数据共享能够实现数据驱动的创新。缔约方进一步认识到,企业根据缔约方各自法律法规共享包括个人信息在内的数据,可以进一步增强创新。 2. 缔约方还认识到数据共享机制,例如可信数据共享框架和开放许可协议,可便利数据共享并促进其在数字环境中的使用,从而: (a)促进创新和创造; (b)便利信息、知识、技术、文化和艺术的传播;以及 (c)促进竞争和培育开放高效的市场。 3. 缔约方应努力在数据共享项目和机制、数据新用途的概念验证(包括数据沙盒)方面开展合作,以促进数据驱动的创新。
开放政府数据	第 9.5 条	1. 缔约方认识到,便利公众获得和使用政府信息可促进经济和社会发展、竞争力和创新。 2. 在一缔约方向公众提供政府信息(包括数据)时,应努力保证以开放数据方式提供此类信息。 3. 应努力合作确定缔约方可扩大获取和使用公开数据的方式,以期增加和创造商业机会。
增强中小企业在数字经济中的贸易和投资机会的合作	第 10.2 条	为促进缔约方之间开展更强有力的合作以增强中小企业在数字经济中的贸易和投资机会,缔约方应: (a)继续与其他缔约方合作,就利用数字工具和技术帮助中小企业获得资金和信贷、中小企业参与政府采购机会以及有助于中小企业适应数字经济的其他领域交流信息和最佳实践;及 (b)鼓励缔约方中小企业参与有助于中小企业与国际供应商、买家和其他潜在商业伙伴联系的平台。
数字中小企业对话	第 10.4 条	1. 缔约方应开展数字中小企业对话。对话可包括来自每一缔约方的私营部门、非政府组织、学术专家和其他利益攸关方。在开展对话过程中缔约方可与其他利害关系方开展合作。

主要议题	具体章节	规则文本表述
数字包容性	第 11.1 条	1. 缔约方承认数字包容性对于保证所有人和所有企业参与数字经济、作出贡献并从中获益的重要性。 2. 缔约方认识到通过消除障碍以扩大和便利数字经济机会获得的重要性。此点可包括加强文化和人与人的联系，包括原住民之间的联系，以及改善妇女、农村人口和低收入社会经济群体的机会。 3. 缔约方应就数字包容性相关事项进行合作，包括妇女、农村人口、低收入社会经济群体和原住民参与数字经济。合作可包括： (a)分享在数字包容性方面的经验和最佳实践，包括专家交流； (b)促进包容和可持续经济增长，以帮助保证数字经济的利益得以更广泛分享； (c)应对获得数字经济机会的障碍； (d)制定计划以促进所有群体参与数字经济； (e)分享与数字经济参与相关的分类数据收集、指数使用和数据分析的方法和程序；以及 (f)缔约方共同议定的其他领域。

资料来源：根据 DEPA 文本整理。

四、以《区域全面伙伴经济关系协定》
为代表的"中式"数字贸易规则

RCEP 是现阶段中国参与国际数字贸易治理的最高标准，具有包容发展特征。RCEP 是一个现代、全面、高质量、互惠的大型区域贸易协定。其中的"电子商务"章是亚太区域内达成的范围最广、成员最多的多边电子商务规则，囊括了数字贸易规则中的重要议题，是现阶段中国参与国际数字贸易治理的最高标准。

RCEP"电子商务"章从贸易便利化、为电子商务创造有利环境、促进跨境电子商务等三大方面提出了 13 条规定，涉及无纸化贸易、电子认证和电子签名、消费者线上保护、线上个人信息保护、国内监管框架、海关关税、透明度、计算设施位置、跨境信息传输、争端解决等,为区域内电子商务发展提供了有力的制度保障。

第一,RCEP 高标准、全方位的数字贸易规则为区域内数字贸易企业、商业发展创造了更加自由便利的条件。除传统的数字贸易便利化规则,如无纸化、承认电子签名、电子认证等,RCEP 还包括跨境数据自由流动、不得要求计算设施本地化等促进电子商务发展的高水平规则。明确规定,不得阻止投资者或服务提供者为进行商业行为而通过电子方式跨境传输信息。缔约方不得将使用其境内计算设施或将设施置于境内作为投资者或服务提供者在其领土内进行商业活动的条件,有助于降低市场准入门槛,为数字贸易发展提供新动能。RCEP 还对电子商务的营商环境做出规定:各缔约方应采取相关法律,保护线上消费者免受欺诈和误导行为的损害以及保护线上个人信息;应该尽量避免对电子交易施加不必要的监管负担;不应对电子传输征收关税;利用现有合作机制,开展网络安全相关的合作。

第二,RCEP 体现出很明显的包容性特征。协定照顾到不同国家国情,给予柬埔寨、老挝、缅甸等最不发达成员国特殊和差别待遇,满足了这些国家能力建设和发展的实际需求。柬埔寨、老挝和缅甸三个最不发达国家适用 5 年过渡期的条款较多,包括无纸化贸易、承认电子签名法律效力、制定电子商务消费者保护相关法律法规、建立保护电子商务用户个人信息的法律框架、提供对非应邀电子信息提供者的追索权等。对于不得要求计算设施本地化、不得阻止电子信息跨境传输两大电子商务核心条款,在给予上述三国 5 年过渡期的基础上,如有必要可再延长 3 年。对于建立监管电子交易的法律框架,给予柬埔寨 5 年过渡期;对于不得要求计算设施本地化,给予越南 5 年过渡期;对于提供对非应邀电子信息提供者的追索权,给予文莱 3 年过渡期。此外,在数据跨境自由流动和计算设施本地化等水平较高议题上也做出例外规定,充分显示包容性。

第三,RCEP 具有较强的发展性和灵活性。首先,RCEP 对数字产品的待遇、源代码、金融服务中跨境数据流动和计算设施的位置以及反竞争实践、线上争端解决等电子商务发展事项,专门设"电子商务对话"条款,强调缔约方通过对话促进发展的重要性。第二,从《协定》第12.3.10 条"国内监管框架"条款可以看出,RCEP 将监管权利赋予各成员国,各国应基于电子商务国际公约和示范法,采取或维持国内监管。因此,各成员国自身的监管空间很大,体现了 RCEP 较强的包容性和发展性。第三,RCEP 建立了对于分歧的灵活解决机制,为区域电子商务可持续发展提供了保障。RCEP 要求缔约方首先进行善意的磋商,尽最大努力达成共同满意的解决方案,如磋商未能解决分歧,则提交至RCEP 联合委员会。

第四,RCEP 为各成员国电子商务的使用创造信任和有信心的环境,体现出较强的合作精神。《协定》在第四条中提出了丰富的合作内容。一是共同帮助中小企业使用电子商务;二是以研究和培训活动、能力建设、提供技术援助等方式,帮助构建和实施电子商务法律框架;三是分享信息、经验和最佳实践,共同应对挑战;四是鼓励商业部门开发增强问责和消费者信心的方法和实践;五是积极参加地区和多边论坛。

总体来说,RCEP 的包容性、发展性特征比较突出。在某些义务水平上,例如电子传输免征关税,不及 CPTPP 的强制免征规定;数字产品待遇、源代码、金融服务中跨境数据流动和计算设施的位置等没有专门条款,笼统放在"电子商务对话"条款下提及。

表5　RCEP协定主要数字贸易规则

主要议题	具体章节	规则文本表述
无纸化贸易	第12.2.5条	1. 致力于实施旨在使用无纸化贸易的倡议;(柬埔寨、老挝、缅甸5年过渡期) 2. 努力接受以电子形式提交的贸易管理文件,与纸质版贸易管理文件具有同等法律效力; 3. 努力使电子形式的贸易管理文件可公开获得。
电子认证和电子签名	第12.2.6条	除非其法律和法规另有规定,一缔约方不得仅以签名为电子方式而否认该签名的法律效力。(柬埔寨、老挝、缅甸5年过渡期) 考虑到电子认证的国际规范,每一缔约方应当: (一)允许电子交易的参与方就其电子交易确定适当的电子认证技术和实施模式; (二)不对电子认证技术和电子交易实施模式的认可进行限制; (三)允许电子交易的参与方有机会证明其进行的电子交易遵守与电子认证相关的法律和法规。
线上消费者保护	第12.3.7条	每一缔约方应当采取或维持法律或者法规,以保护使用电子商务的消费者免受欺诈和误导行为的损害或潜在损害。(柬埔寨、老挝、缅甸5年过渡期)
国内监管	第12.3.10条	1. 每一缔约方应当,在考虑《联合国国际贸易法委员会电子商务示范法(1996年)》、2005年11月23日订于纽约的《联合国国际合同使用电子通信公约》,或其他适用于电子商务的国际公约和示范法基础上,采取或维持监管电子交易的法律框架 2. 每一缔约方应当努力避免对电子交易施加任何不必要的监管负担。
电子传输海关关税	第12.3.11条	每一缔约方应当维持其目前不对缔约方之间的电子传输征收关税的现行做法。
计算设施位置	第12.4.14	缔约方不得将要求涵盖的人使用该缔约方领土内的计算设施或者将设施置于该缔约方领土之内,作为在该缔约方领土内进行商业行为的条件(柬埔寨、老挝、缅甸5年过渡期,如有必要可延长3年;越南5年过渡期)
通过电子方式跨境传输信息	第12.4.15条	1. 缔约方认识到每一缔约方对于通过电子方式传输信息可能有各自的监管要求。 2. 一缔约方不得阻止涵盖的人为进行商业行为而通过电子方式跨境传输信息。(柬埔寨、老挝、缅甸5年过渡期,如有必要可延长3年;越南5年过渡期)

主要议题	具体章节	规则文本表述
电子商务对话	第 12.5.16 条	1. 缔约方认识到对话,包括在适当时与利益相关方对话,对于促进电子商务发展和使用的价值。在进行此类对话时,缔约方应当考虑以下事项:(1)根据第十二章第四条(合作)进行的合作;(2)当前和正在显现的问题,如数字产品待遇、源代码、金融服务中跨境数据流动和计算设施的位置;以及(3)与电子商务发展和使用相关的其他事项,例如反竞争实践、线上争端解决和电子商务相关技能促进,包括专业人员的临时跨境流动。
争端解决	第 12.5.17 条	1. 如缔约方就本章的解释和适用存在任何分歧,有关缔约方应当首先善意地进行磋商,尽最大努力达成共同满意的解决方案。 2. 如第一款所提及的磋商未能解决分歧,参与磋商的任何缔约方可根据第十八章第三条(RCEP 联合委员会的职能),将该事项提交至 RCEP 联合委员会。

资料来源:根据 RCEP 文本整理。

五、全球数字贸易规则发展的主要趋势研判

基于对以上几大具有典型意义的协定、法规的研究,对全球数字贸易规则主要发展趋势做如下分析和判断。

第一,数据要素在国与国之间的自由流动是个大趋势,与隐私保护之间的平衡将是数字贸易规则博弈的焦点和难点。美、欧、新、中四大模式均提倡推进跨境数据自由流动,自由化程度不断提高。但是,各国由于发展阶段不同,数字经济竞争力存在较大差异,在"流动"与"保护"之间势必采取不同的立场,博弈、"趋同"将是一个长期的过程。

第二,数字产品和数字服务贸易的自由化趋势将不断加强。随着全球数字经济的发展壮大以及产业数字化转型逐步扩展、深化,数字化产品和数字化服务在各国经济总产出中所占比重将持续快速增长,各国的数

字贸易依存度将大幅提高。可以看到,"电子传输永久免关税"议题在几大代表性协定中基本已成共识;数字产品非歧视性待遇、透明度议题也不同程度的做出了规定。数字贸易的各种壁垒将逐渐减少,自由化程度将越来越高。

第三,数字贸易规则的内容将不断扩展。纵观相关自贸协定(FTA)中数字贸易规则的演进,可以看出第一代 FTA,如中澳 FTA、中韩 FTA,主要关注电子签名、无纸化贸易等"贸易便利化议题";CPTPP,USMCA 等谈判重点聚焦于数据要素自由流动、数字产品和服务贸易自由化等制度安排,包括数据跨境流动、数字技术的非强制转让权、数字产品的版权保护、数字产品非歧视性待遇、电子传输免关税等方面;DEPA 这一专门数字经济协定,涉及包容性增长、消弭数字鸿沟、新兴科技发展等众多新兴议题,如中小企业、加强合作、人工智能、金融科技、数字身份证明等,这些内容都是先前协定所没有涉及的。可以研判,随着数字技术的发展,未来数字贸易规则的内容还将不断扩展升级。

第四,亚太地区将成为全球数字贸易规则多边博弈的最前沿。无论是数字经济高度发达的美国还是数字建设蓬勃发展的中国,都对 DEPA 表现出极大的关注。这一方面是由于亚太地区数字贸易高速发展,另一方面则更是反映出中美两个数字经济大国争夺亚太数字贸易治理规则主导权的激烈博弈。由于 DEPA 的发起国新加坡、智利、新西兰均为中小经济体,在某些领域有着共同利益,容易"抱团"制定规则,因此亚太地区数字贸易规则可能形成多边博弈的格局。

六、相关政策建议

结合未来全球数字贸易规则发展的趋势研判以及中国已正式申请加

入 CPTPP、DEPA 等更高标准经贸协定的背景,在此提出以下相关政策建议。

第一,对标高标准国际数字贸易规则,加强顶层设计,促进深层次改革。CPTPP、DEPA 等协定规则,议题深度更深、覆盖范围广度更广、要求标准更高,例如在市场准入、数字产品非歧视性待遇、数据要素跨境自由流动等议题都做出了严格规定。中国需要加强顶层设计和各部门协调,促进深层次改革,打通国内国际市场连通的堵点、难点;进一步优化营商环境,激发市场主体活力,为对接国际规则做好自身功课。

第二,进一步推动高水平开放,深化规则、规制、标准等制度性开放。数字贸易自由化,数据要素的自由流动是全球数字贸易治理的大势所趋;同时,CPTPP、DEPA 等高标准规则中均包含竞争政策、国企改革、中小企业合作、国内监管等边境后高水平规则,因此中国应深化制度性开放,着力构建开放型经济新体制。

第三,全面研究评估协定规则,梳理风险,将外部冲击降至最低,保障开放安全。对 CPTPP、DEPA 等协定标准进行全面研究评估,梳理加入协定可能需要做出的承诺、科学设置底线、红线,明确需要采取的改革措施和修改的法律法规,将外部冲击降到最低。

第四,充分发挥自贸试验区和海南自贸港制度创新的优势,先行先试,进行相关高水平议题的压力测试和风险测试。建议利用海南自贸港开展各项压力测试契机,开展数据跨境自由安全有序流动、计算设施非本地限制等数字贸易规则试点,以健全各项准备及法律法规保障。

第五,加强相关企业培训和人才培养,掌握高标准数字贸易规则的主要内容,为商业、企业获得全球数字贸易快速发展红利创造有利条件。

参考文献

1. 周念利、陈寰琦:《基于〈美墨加协定〉分析数字贸易规则"美式模板"的深化和扩展》,《国际贸易问题》2019 年第 9 期

2. 姚旭:《欧盟跨境数据流动治理:平衡自由流动与规制保护》,上海人民出版社 2019 年版

第六章　全球数据跨境流动治理新趋势

传统来说,跨国间贸易一般区分为货物贸易和服务贸易。随着信息通信技术的发展,货物贸易开展所必需的下单、物流、报关、支付等环节已经完成了数字化转型。这些环节伴随着数据跨境流动。同样,服务贸易,例如跨境电商、音视频产品、资讯等,也借由信息通信技术的普及,多数已经转变为数字形态;因此,服务贸易的开展也需要数据跨境流动。

目前,美国、欧盟和中国三方在数字贸易领域博弈。首先,美欧坚持数字贸易应当开放、自由,并通过国际贸易协定等手段,提升贸易自由化水平。这样的立场符合其利益,有利于其企业在全球范围内统一提供产品或服务。其次,在贸易自由化的前提下,通过各种手段"排除"中国企业向其提供数字化的产品或服务,或者允许中国企业提供数字化的产品或服务,但不得将数据带回国内。例如,美国通过 CFIUS 审查,要求TikTok 的数据托管甲骨文,否则就要关停服务;欧盟则通过非常高的个人信息保护水平作为向其境内提供产品或服务的门槛,企业要将提供产品或服务过程中获得的数据传输至欧盟境外,前提是数据接收方要提供与欧盟实质上等同的数据保护水平。最后,美欧污蔑中国境内的政治法律环境不足以对来自美欧的数据提供足够的保护,因此数据不应流向中国。

以上局面使中国"走出去"的企业只能采取具有明显负面影响的应对措施:例如,将产品或服务做切割;将运营主体切割;放弃海外实体的经营或财务控制权。华为、中兴、小米、腾讯、阿里等莫不如是。在这样的措施下,中国出海科技企业无法将全球数据汇聚一起发挥规模效应,无法将数据优势转化为产品或服务优势,无法充分利用数据开展研发创新。

因此,围绕着数字贸易伴生的数据跨境流动,是当前数字贸易谈判的主要矛盾。

一、中国数据流动法律法规新动态

目前,针对数据跨境流动,中国已经出台了《个人信息保护法》《网络安全法》《数据安全法》《数据出境安全评估办法》《个人信息出境标准合同规定》(征求意见稿)等一系列重要法律法规和政策文件,初步形成了支持和推动数字贸易发展的法律政策体系框架。

(一)《网络安全法》——数据跨境流动的安全底板

2017 年 6 月 1 日,《中华人民共和国网络安全法》正式实施,在网络领域为国家、社会、企业、个人构建了基础安全屏障。《网络安全法》明确了网络空间主权原则、明确了网络产品和服务提供者的安全义务、明确了网络运营者的安全义务、完善了个人信息保护规则、建立了关键信息基础设施安全保护制度、确立了关键信息基础设施重要数据跨境传输规则。

1.《网络安全法》是维护国家网络安全的基石。《网络安全法》的制定目的是维护网络空间主权和国家安全、社会公共利益,保护公民、法人和其他组织的合法权益。该法的施行标志着中国网络安全朝着系统化、法治化、全局化的方向发展。《网络安全法》明确了网络空间主权原则,使无边际的网络空间在国家安全的全局观念下变得有边界,使网络主权观念深入人心,为个人、企业的网络行为规范奠定了基础。

2.《网络安全法》指引企业在网络空间有序开展经营活动。《网络安全法》提出了网络安全与信息化发展并重原则。《网络安全法》实施五年来,安全与发展并重原则引导网络企业和网信领域不断调整经营模式,一方面在国内构筑安全防护墙,谨防突破法律构建的安全底线;另一方面在海外经营过程中防止外国监管部门和相关企业攫取中国数据,危害中国网络安全。尤其在科技、金融、生物、车联网等领域,中国企业围绕网络安全不断进行深刻转型。当然,尽管如此,中国在网络数据安全领域仍旧面临诸多挑战,比如垄断与分配问题、保障关键信息基础设施安全、数据跨境流动、人工智能法律纠纷等。但无论如何,数据安全均要以《网络安全法》为准绳,注重内在安全理念,用安全经营筑牢网络安全底板。

3.《网络安全法》为个人信息安全设置保护屏障。网络的虚拟性与个人信息的真实性相冲突,信息泄露、有害信息滋扰、网络暴力频发、网络诈骗花样繁多、侵权盗版猖獗等都是个人信息安全面临的关键问题。网络安全法要求执法部门坚决、严厉打击针对个人信息的非法行为,激发全面网络安全意识,并成为公民维护网络自身合法权益的重要武器。

当前,随着国际形势的风云变幻以及新冠肺炎疫情夹杂其间,中国网络安全面临的国内外环境也日趋复杂、严峻。数据与网络安全同粮食、能源安全一样,成为国家安全的重要组成部分,是一切科技链、创新链、产业链发展的关键底板。在此背景下,一系列新的复杂问题亟待解决,这就要求在网络安全法搭建的框架基础上,不断细化、丰富相关领域法律法规,以更超前的思维与更具开创性的力度做好网络安全建设工作。首先,应当进一步重视网络安全产业的发展,强化网络安全产业在高精尖产业集群中的重要地位,并在法律层面完善数字经济安全制度;其次,要继续从法律与制度层面鼓励向世界学习,积极吸取世界各国的先进经验,为中国持续展开科技创新、依法治网提供经验与借鉴;最后,要加强网络安全法律领域的人才培养,为网络安全的法律建设提供源源不断的人才动力。

(二)《数据安全法》——立足总体国家安全观,聚焦数据安全

2021年6月10日,习近平主席签署第八十四号主席令,正式颁布《中华人民共和国数据安全法》(以下简称《数据安全法》),自2021年9月1日起施行。《数据安全法》体现了总体国家安全观的立法目标,聚焦数据安全领域的突出问题,确立了数据分类分级管理,建立了数据安全风险评估、监测预警、应急处置,数据安全审查等基本制度,并明确了相关主体的数据安全保护义务,这是中国首部有关数据安全的专门法律。

1.《数据安全法》为数据安全保护提供域外法律效力。《数据安全法》第二条第二款明确规定:在中华人民共和国境外开展数据处理活动,损害中华人民共和国国家安全、公共利益或者公民、组织合法权益的,依法追究法律责任。在当前全球技术交流、数据资源分享日益频繁、数据竞争越发激烈的国际形势下,如果中国网络安全立法仅针对发生在中国领域内的网络危害行为,显然无法保障网络安全,因此,中国立法借鉴了美国数据长臂管辖模式,既针对位于中国境内的数据处理者,也针对域外数据处理者对中国境内国家安全、公共利益带来不利影响的数据行为。

2.《数据安全法》建立了中央统筹协调下的行业数据监管机制。首先,中央国家安全领导机构负责国家数据安全工作的决策和议事协调,研究制定、指导实施国家数据安全战略和有关重大方针政策,统筹协调国家数据安全的重大事项和重要工作;其次,各地区、各部门对本地区、本部门工作中收集和产生的数据及数据安全负责;再次,工业、电信、交通、金融、

自然资源、卫生健康、教育、科技等主管部门承担本行业、本领域数据安全监管职责;第四,公安机关、国家安全机关等依照本法和有关法律、行政法规的规定,在各自职权范围内承担数据安全监管职责;第五,国家网信部门依照《数据安全法》和有关法律、行政法规的规定,负责统筹协调网络数据安全和相关监管工作。

3.《数据安全法》实施国家数据分级分类保护制度。《数据安全法》以数据的重要程度以及被攫取后的危害程度对数据实施分级分类保护。对于国家核心数据,即关系国家安全、国民经济命脉、重要民生、重大公共利益的数据实施非常严格的管理制度,并制定"重要数据目录"平衡数据利用与保护,从而为保护政务数据、企业数据、工业数据以及个人数据奠定了法律基础。

4.《数据安全法》建立了国家数据安全审查制度。数据安全审查制度与《网络安全法》中的网络安全审查制度相辅相成,对数据的收集、存储、使用、加工、传输、提供、公开等数据处理行为实施安全审查,排除对国家安全有影响或可能影响国家安全的数据处理行为。

5.《数据安全法》规定了数据处理者的合规义务。数据合规,是指数据处理者及其工作人员的数据处理行为符合法律法规、监管规定、行业准则和数据安全管理规章制度以及国际条约、规则等要求。《数据安全法》从数据全流程管理制度、必要技术措施、数据安全负责人、社会伦理道德、数据活动风险监测、数据风险评估等多角度安排了数据处理者的合规义务。

6.《数据安全法》规定了重要数据的出境安全管理制度。《数据安全法》规定了关键基础设施运营者在中国境内收集和产生的重要数据,应当适用《网络安全法》进行管理;除关键信息基础设施的运营者处理的重要数据外,其他数据处理者在中国境内运营中收集和产生的重要数据的出境安全管理办法,由国家网信部门会同国务院有关部门制定。

(三)《个人信息保护法》——数据跨境转移的审慎评估与国际协调

中国《个人信息保护法》《数据安全法》以及《网络安全法》共同立足总体国家安全观,以维护数据主权为原则,在数据跨境专业问题上持审慎态度。有关个人信息跨境转移的规则主要规定在《个人信息保护法》第三章,分别规定了确需向境外提供数据应满足的前提条件、个人信息处理者的告知义务、特定类型个人信息处理者的境内存储义务和境外提供前的安全评估义务、境外执法机构要求调取境内数据的处理流程、限制和禁止提供个人信息清单制度、对境外歧视或限制性措施的同等回应等。

在中国所参与的国际贸易协定谈判中,信息跨境流动已经成为重要议题。中国《个人信息保护法》的出台充分考虑了中国当下数字经济发展的现实状况与需求,围绕数据安全,有条件地支持个人信息的出境便利与自由,充分利用强大的网络应用市场吸引境外数据流入,增强在国际谈判数字议题中的砝码。此外,为了配合中国在数据处理与云服务方面的技术优势,中国立足《个人信息保护法》提供的数据出境评估、认证、标准合同三种基本方式相继出台法规予以配合、支持,同时积极培育提供数据认证、审计服务的市场主体参与国际竞争,为中国数据跨境流动的逐步自由开放奠定基础,为国际协调提前做好准备。

目前,从国际形势来看,中国未加入 APEC 下的 CBPR 体系,也未与欧盟达成关于个人信息跨境流动的双边协议;但已积极推进加入 CPTPP和《数字经济伙伴关系协定》(DEPA)。总体上,中国还处于完善国内数据保护法规的阶段,个人信息对外规则衔接和融入稍显不足。中国《个人信息保护法》对个人信息进行全面而系统的保护,《数据出境安全评估办法》等配套规范从出境管制的规范源头上来保护出境个人信息的安全。因此,为应对数据跨境流动,加强个人信息保护,健全《个人信息保护法》和《数据安全法》相配套的个人信息跨境流动规范十分必要。

二、数据跨境流动的全球关切与分歧

在当前数字治理全球化的背景下,数据跨境流动的价值与政策导向却呈现"碎片化"趋势,原因不仅在于数据跨境流动是支撑跨境贸易的重要因素,更关切国家安全、数据主权以及个人隐私为代表的私权保护。如果这种"碎片化"局面无法得到改善,将不仅导致私人权益无从保障,也会消耗主权国家间的数字红利,相互之间陷入零和博弈。因此,从全球规制角度来看,数据跨境流动的规则制定应当首先关注数据安全价值差异与个人隐私保护问题。

(一)个人信息权益保护

欧盟在数据跨境流动问题上一直侧重个人信息保护,并围绕个人隐私创立了完备、全面的数据跨境流动法律体系,认为数据跨境流动只有在不损害个人数据权益的前提下才能够促进数字贸易。2018 年欧盟委员会最终通过了《欧盟关于跨境数据流动以及个人数据和隐私保护条款的建议》,并以此为基础进行 WTO 数字贸易谈判。其主要观点包括:各方承认保护个人数据和隐私是一项基本权利,"在这方面的高标准有助于数字经济的信任和贸易的发展";各方可以采取和维持其认为适当的保障措施,以确保个人数据和隐私保护,"包括通过采用和应用个人数据跨境传输规则",并强调"本协定的任何内容均不影响缔约方各自保障措施对个人数据和隐私的保护"。

欧盟将个人数据保护视为人的基本权利,并实施严格的高保护标准,严防欧盟境内数据流向个人信息保护水平低于欧盟的国家和地区。1995年欧盟通过的《关于涉及个人数据处理中的个人保护以及此类数据自由流动的第 95/46/EC 号指令》第 25 条规定,个人数据只能流向欧盟认定提供"充分水平保护"的国家。2018 年施行的欧盟《一般数据保护条例》(以下简称"GDPR")第 45 条延续了这一规定。根据 GDPR,将个人数据传输到未获充分性认定的国家或地区只能通过两种方式:一是数据控制者或处理者能够提供"适当的保障措施",包括允许公司内部转移的具有约束力的公司规则(BCR)、欧盟委员会批准的公司间转移标准合同条款(SCC)以及欧盟批准的认证机制等;二是符合法定克减情形,包括数据主体知悉风险后的明确同意、数据传输对于履行合同是必要的、保护重要的公共利益等。

与欧盟不同的是,美国对数据跨境流动的利益关切更偏重市场价值,并未将个人隐私视为数据主体的基本权利,而只是从保护消费者的角度进行立法。从联邦层面的立法看,美国从确保消费者知情权和同意权的角度赋予美国联邦贸易委员会(FTC)确保消费者个人隐私的职能,并未进行个人信息保护的同意立法。虽然在特定行业,美国考虑市场风险,出台了专门立法保护个人隐私,比如保险业和征信业,但仍旧强调这种保护应当是"必要的且与所面临风险成比例",强调各国可以采取各自认为合适的方式保护个人信息,而不必像欧盟一样进行严苛的高标准保护。同样,美国的观点也反映在其主导形成的 CPTPP 第 14.8 条中有关"个人信息保护"的阐述。在 CPTPP 谈判中,美国建议"各方承认确保遵守个人信息保护措施并确保对个人信息跨境流动的任何限制是必要的且与所面临风险成比例的重要性",认为应当尊重各方目前现有的个人隐私保护立法框架,在立法上应当按照不同市场部门针对不同数据类型确定隐私保护措施,鼓励企业对隐私保护措施做出自愿承诺并进行公布;同时,各缔约方应基于彼此数据隐私立法的差异促进不同体制之间的兼容性。

(二)国家安全风险

2013 年"斯诺登事件"之后,由数据跨境流动引发的国家安全关注甚嚣尘上,各国开始基于国家安全风险防范对数据跨境实施普遍的限制甚至禁止措施,而不局限于金融、医疗健康等敏感个人信息集中的领域。然而,在目前有关数字贸易的国际谈判中,仍旧以数据流动自由为基础,数据本地化为例外,而国家安全则构成了限制或禁止数据自由流动的例外情形。最集中体现"国家安全例外"条款的国际协定当属 WTO 协定,但由于该例外条款在设置之初并未考虑数字贸易情况,更从未适用于数据跨境流动领域,因此,在 WTO 范围内探讨数据跨境流动方面的国家安全例外及其适用并不合适,或为时尚早。

尽管如此,数据大国之间仍旧在区域性的数字贸易谈判中意识到了数据跨境流动引发的国家安全问题,并纷纷在 CPTPP、DEPA 谈判中引入安全例外条款专门针对数据跨境流动问题,同时也在 WTO 基础上探讨国家安全例外的适用问题。比如 CPTPP 第 14.11 条、DEPA 第 4.3 条均规定,原则上"缔约方应允许通过电子方式跨境传输信息,包括个人信息,如这一活动用于涵盖的人开展业务"(第 2 款),但缔约方为实现合法公共政策目标可以对信息跨境流动采取或维持限制措施,只要该措施"不以构成任意或不合理歧视或对贸易构成变相限制的方式适用;不对信息传输施加超出实现目标所需限度的限制"(第 3 款)。

在 WTO 数字贸易谈判过程中,针对是否要在数据跨境流动领域设置专门的例外条款,国际社会出现了分歧。中国和部分国家建议直接适用 WTO 已经存在的一般例外与安全例外条款;美国的总体思路则秉承

CPTPP 第 14.11 条,主张更加开放的数据流动政策,"不得禁止"数据的跨境传输,认为各方可以采取适当的措施保护个人隐私,但不承认缔约方"可设有各自的监管要求";欧盟虽然也并没主张为数据跨境流动设置专门的例外条款,也没有提及直接适用 WTO 原有的国家安全例外,直接提出在四种情况下应当采取数据本地化政策,包括:要求使用本国境内计算设施处理数据,要求在本国境内本地化存储或处理数据、禁止在其他国家境内存储或处理数据以及将使用本国境内计算设施或数据本地化要求作为允许数据流动的条件。

除了国家安全例外,WTO 一般例外中的"公共道德或公共秩序"也由于其"前言"部分很难用来限制或禁止数据跨境流动自由,即需要证明"明确合法目标及必要性""确保措施的实施不构成其实或变相贸易限制"。因此,在数字贸易国际谈判中,不论是"合法公共政策"例外,还是"国家安全例外",在调控数据跨境自由流动与国家安全方面显得孤木难支。

为此,不论是坚持开放的数据自由理念的美国,还是为个人隐私考虑相对保守的欧盟,都在"例外条款"之外考虑了其他数据流动监管制度来防范国家安全风险。以美国为例,2010 年以来建立了受控非密信息管理制度,对国家秘密之外的国防、金融、情报、执法等 20 个大类 125 个子类的敏感信息,按照风险程度予以不同管控,措施之一就是"禁止国外传播(NOFORN)",仅"国防"类之下禁止国外传播的信息就包括非机密受控核信息、国家披露政策等;2018 年 8 月,颁行《外国投资风险审查现代化法》,授权外国投资委员会(CFIUS)审查针对美国"敏感个人数据"商业的外国非控制性投资,以避免这些数据被外国政府或主体获取;特朗普政府 2019 年 5 月签发《确保信息通信技术与服务供应链安全》行政命令并在执政期间推行"清洁网络计划",禁止交易、使用可能对国家安全、外交政策和经济构成威胁的外国对手的信息技术和服务,拜登政府 2021 年 6 月签发《保护美国人的敏感数据不受外国对手侵害》行政命令,都是为了避免涉及美国国家安全的敏感数据出境。

三、域外数据跨境流动新动态

(一)欧盟——围绕 GDPR 持续创建史上最严数据保护条例

2018 年 5 月 25 日,欧盟《通用数据保护条例》(General Data Protection Regulation,简称 GDPR) 正式生效,取代了《95 指令》,被称为"史上最严数据保护条例"。其中,GDPR 第五章规定了数据跨境流动的基本原则与具体规则,形成了以第三国充分性认定为主,多种替代机制为辅的多渠道个人数据出境体系。值得注意的是,在欧盟法律体系下,GDPR 作为条例直接在欧盟成员国范围内生效,无须通过成员国立法执行。

1. GDPR 个人数据跨境流动的基本工具

GDPR 在第五章规定了数据跨境流动的基本原则,其中第三国充分性认定为数据主要出境方式,同时搭配以多种辅助出境工具。

第一,第三国充分性认定:欧盟通过评价第三国是否能对数据给予"充分性保护"来决定是否将数据传输至该国,并以此确立数据出境第三国白名单,但名单中所列国家非常有限。

第二,适当保障措施:适当保障措施是第三国充分性认定之外的首选保障措施。也就是说,如果数据接收者所在国并不是白名单中的国家,则如果能够证明该国能够给予欧盟流出的数据以适当保障,且能够使数据主体享有可强制执行的数据主体权利以及法律救济,则也可以成为欧盟数据接收国。根据 GDPR 第 46 条第 2 款的规定,适当保障措施主要包括:①公共机构或实体之间签订的具有法律约束力和可执行性的文件;②符合 GDPR 第 47 条的集团有效规则;③欧盟委员会根据 GDPR 第 93(2)条规定的核查程序而制定的标准合同条款;④监管机构根据 GDPR 第 93(2)条规定的程序制定并且为欧盟委员会批准的标准合同条款;⑤根据 GDPR 第 40 条制定的行为准则,以及第三国的控制者或处理者为了采取合适的安全保障而做出的具有约束力和执行力的承诺,包括数据主体的权利;或者⑥根据 GDPR 第 42 条而被批准的认证机制,以及第三国的控制者或处理者为了采取合适的安全保障而做出的具有约束力和执行力的承诺,包括数据主体的权利。此外,根据 GDPR 第 46 条第 3 款的规定,在需要有权监管机构授权的情形下,适当保障措施可以通过如下方式进行规定:①数据控制者或数据处理者与第三国或国际组织的个人数据接收者之间的合同条款;②公共机构或公共实体之间在行政性安排中所插入的条款,包括可执行的与有效的数据主体权利。

第三,法定例外情形:如果接收数据的第三国既不在白名单中,也无法证明存在适当保护措施,则只有在 7 种法定例外情形之下才能够接收欧盟境内所传输的数据:①数据主体知情同意;②履行数据主体与数据控制者间的合同或数据主体要求在签订合同之前应采取的措施所必需;③对于控制者与第三人间订立和履行符合数据主体利益的合同来说所必需;④为保护公共利益所必需;⑤法律诉讼请求权的确立、行使和辩护所必需的;⑥为保护数据主体或他人重要利益所必需但数据主体因客观原因无法同意的;⑦数据传输操作已在符合欧盟或成员国法律的登记机构进行登记。

根据《95 指令》第 26 条,欧盟委员会将会充分考虑第三国的国内法以及在国际协定及其谈判中的基本态度来决定是否将该国列入白名单。而 GDPR 第 45 条进一步细化了上述因素,主要考虑一下因素:首先,第三国的数据法治情况(the rule of law),比如是否针对个人数据权利进行专门立法,是否存在具体的数据跨境流动及监管规则,立法与规则的司法与执行情况如何;其次,是否为数据保护设立专门的职能机构;最后,在数据领域已经缔结的国际条约情况。由此可见,上述因素均属于主观判断的范畴,因此,想通过第三方评估进入白名单非常困难。截至 2022 年 1 月 10 日,欧盟认可的达到"充分保护"水平的白名单只有 14 个国家,中国未在该名单之列。白名单国家包括:安道尔、阿根廷、加拿大(商业组织)、法罗群岛、根西岛、以色列、马恩岛、日本、泽西岛、新西兰、韩国、瑞士、乌拉圭,以及有关 GDPR 及法律执行指令(Law Enforcement Directive)项下两项决定下的英国。

2. GDPR 的实施情况与后续规则制定

欧盟委员会在 2020 年 6 月 24 日发布了《数据保护作为公民赋权的支柱和欧盟有关数字转型的做法——GDPR 实施两周年》报告,对 GDPR 个人数据跨境规则做了简要回顾,分别对充分性认定、企业 BCR、标准合同的实践状况做出了评价。在充分性认定上,欧盟分别在 2019 和 2021 年与日本和韩国实现了互认,并依据《95 指令》对已经实现充分性认定的 11 个国家和地区进行重新评估,认为白名单中的国家已经根据欧盟的数据保护标准调整了国内法;在替代性措施方面,欧盟委员会不断尝试更新 BCR 与 SCC 文本,并在数据跨境流动领域纳入 GDPR 中的域外效力条款。

2021 年 3 月 25 日,欧洲议会通过了《有关欧盟委员会就 GDPR 实施两年执行情况评价报告的决议》,为未来欧盟数据跨境流动的立法与实践提出了相关建议,值得作为欧盟数据接收国的国家和地区密切关注。

第一,以 GDPR 为基础强调数据自由流动。欧盟委员会积极支持数据跨境传输自由,但要求接收国达到 GDPR 所要求的保障水平;此外,欧盟委员会虽然承认数据跨境流动是数字贸易的重要因素,但在国际协定谈判中,二者应当分开讨论。对待个别国家(尤其是美国)的数据跨境调取行为与立法和实践冲突,欧盟委员会承认其存在。

第二,欧盟委员会强调对适当性决定是法律性质的,与政治无关,其目的为了在法律框架内进行数据转移,使相关利益方认识到适当性决定是实现数据跨境流动的重要法律工具,而不附加任何授权或额外条件。

第三,认为欧盟委员会应当尽快确定如何判断第三国提供了与欧盟"基本相当"的数据保护水平的标准,尤其是在数据跨境调取方面,第三国未经欧盟法律授权转移或披露有关数据时如何保障 GDPR 的有效适用。

第四,呼吁欧盟委员会尽快为数据保护认证机制制定授权法案,敦促第三国的数据处理者和控制者积极根据授权法案向欧盟做出具有拘束力和可执行的承诺,保障数据主体权利。

第五,重申包含大量数据收集的大规模监控方案妨碍了适当性的认定;在未来进行适当性审查与谈判时,敦促委员会将欧盟法院在施雷姆斯系列案之一案、二案(Schrems I、II)和隐私国际案(Privacy International &al)(2020)案中的结论作为适用标准。

(二)美国——围绕国际协定主张彻底的数据流动自由

美国对数据跨境流动的态度主要通过区域性谈判来表达,美国主要参与、推动的国际协定主要有 APEC 数据跨境系列文件、跨境隐私保护规则体系(Cross Border Privacy Rules System)、全面与进步跨太平洋伙伴关系协定(CPTPP)、"美墨加协定"。当然,美国也通过富有层次的国内法对数据自由流入、数据限制流出以及监管机构和方法进行了系统规定,包括对细分领域数据跨境流动的管理立法、各州的数据跨境流动立法实践以及行业自律规则。

1. APEC 数据跨境系列文件——里程碑式的 CBPRs

亚洲太平洋经济合作组织(Asia-Pacific Economic Cooperation,简称APEC)是亚太区内各地区之间促进经济增长、合作、贸易、投资的论坛。亚太经济合作组织始设于 1989 年,成立之初是一个区域性经济论坛和磋商机构,现已发展至包括中国、中国香港、美国等经济体在内的 21 个成员。APEC 是经济合作的论坛平台,其运作是通过非约束性的承诺与成员自愿,强调开放对话及平等尊重各成员意见,不同于其他经由条约确立的政府间组织。经过十几年的发展,到 2011 年已逐渐演变为亚太地区重要的经济合作论坛,也是亚太地区最高级别的政府间经济合作机制。

目前来看,以虚拟网络为载体的电子商务中的商业个人数据正逐渐演变成商家疯狂追逐的核心利益要素,商业个人信息的收集、整理、贩卖已经逐渐形成完整链条。特别是随着电子商务中的跨境交易日益活跃,跨境网络隐私权将是重要商业化规则。如何协调统一跨境交易中各国和地区的数据传输规则和标准、实现跨境电子交易中商业个人数据的有效保护已经引起研究者和相关机构的广泛关注。2014 年 APEC 北京会议批准通过《促进互联网经济合作倡议》,首次将互联网经济引入 APEC 合作框架。在随后的 4 年里,APEC 成员围绕互联网和数字经济开展了一系列务实合作项目,为加强亚太各方数字经济能力建设发挥了积极作用。2017 年 APEC 岘港会议形成《互联网和数字经济路线图》,路线图包含了数字基础设施、电子商务、信息安全、包容性、数据流动等 11 个重点领域,将作为指导未来 APEC 互联网和数字经济合作的重要规划。

APEC 跨境商业个人数据隐私权的保护进程

为了进一步落实《APEC 数据隐私探路者倡议》,尽早建立起跨境隐私规则体系(CBPRs)以促进在执行数据隐私和保护、投诉处理和跨境转移方面的合作,在 2009 年新加坡举行的第 21 届 APEC 部长级会议批准了《亚太经合组织跨境隐私执法合作安排》。该安排通过建立 APEC 区域法律合作框架体系保护网上个人信息,加强 APEC 各经济体在保护跨境个人信息流动方面的合作程度,促进跨境电子商务数据流动,规范企业和处理个人数据行为。这是《APEC 隐私保护框架》迈向自愿跨境隐私法规体系的关键一步。

2011 年 11 月 13 日 APEC 第 19 次领导人非正式会议发表《檀香山宣言》,宣言中声明实施由美国、澳大利亚、韩国、墨西哥、新加坡等经济体和国际商会组成的跨境隐私研究小组制订的跨境隐私规则体系(CBPRs),该体系的实施是国际数据保护史上的重要里程碑。

2. CPTPP——以数据安全为基础保障数据自由流动

原来由美国主导的《跨太平洋伙伴关系协定》(TPP),并没有因为美国的退出而丧失其在全球贸易规则制定中的巨大影响力。2017 年 12 月 30 日,以 TPP 为基础框架的《全面与进步跨太平洋伙伴关系协定》(CPT-PP)生效。

CPTPP 电子商务篇章第 14.11 条"通过电子手段进行的信息跨境转移"中第 2 款规定,当数据传输主体的行为属于商业行为时,成员国应允许其通过电子方式进行跨境传输。此处的数据包括个人信息。同时,第 3 款对跨境数据传输做了例外规定,允许在不构成任意或不合理贸易歧视或变相限制的情况下,为实现合法公共政策目标而进行必要限制,即 CPTPP 不仅鼓励并促进各成员国在商业活动领域进行跨境数据传输,也认识到无限制的跨境数据传输将极大可能危及各成员国的国家安全和公共利益。

因此,CPTPP 认为各成员国应在能够保障其国内信息安全和公共利益的前提下,尽可能不限制跨境数据传输活动。与 14.11 条紧密相关的是第 14.13 条"计算机设施位置"的规定,其中,第 2 款规定任何缔约方均不得要求有关商业主体在有关成员国领土内使用或安置计算机设备,以作为在本国从事商业活动的条件,即禁止"计算机设施本地化"。同 14.11 条的逻辑一样,当事国为了实现本国合法的公共政策目标,可以在平等、合理的原则下,要求商业活动的实行者遵守计算机设施本地化规则。RCEP 在其电子商务篇章第四节第 14 条借鉴了 CPTPP 第 14 条关于计算机本地化问题的规则和第 15 条关于跨境传输电子信息的规则。

CPTPP 秉持的核心精神是寻求自由和开放的数字贸易,严格禁止各国采取贸易壁垒措施将缔约方的数字产品置于劣势地位,不得对跨境数据流动设置不必要的障碍。尽管在美国宣布退出 TPP 后,CPTPP 的经济体量和世界影响力大大缩减,但 CPTPP 涵盖的互联网覆盖范围、消费者数量、成员国经济水平、贸易市场范围依旧超越了此前大部分的区域贸易协定,CPTPP 对于 21 世纪世界数字贸易规则的构建仍然具有引领作用。

3. USMCA——提倡数据自由流动

USMCA 关于数字贸易章节(第 19 章)中的第 19.8 条要求美墨加三国"采用或维持法律框架,以保护数字贸易用户的个人信息",并在制定这一法律框架时"应考虑到相关国际机构的原则和指南,例如《APEC 隐私保护框架》和《OECD 关于保护隐私和个人数据跨境流动的指南的建议》(2013 年)。协议鼓励每个国家在保护个人信息的不同法律制度之间发展"促进兼容的机制"。除了认可 CBPR 之外,协议还支持在美国隐私法中认可更广泛的问责工具概念,如隐私行为准则和认证。

USMCA 在如下章节都涉及到了数据跨境流动:

(1)金融服务(第 17 章):首次引入禁止本地数据存储要求的条款(17.20)。

(2)数字贸易(19 章):确保数据的跨境自由传输、最大限度减少数据存储与处理地点的限制以促进全球化的数字生态系统;为促进数字贸易,缔约方应确保产品供应商在应用数字化认证或签名时不受限制;确保应用于数字市场的可落实的消费者保护措施,包括隐私与未经同意的通讯;为更好地保护数字供应商的竞争力,限制政府要求披露专有计算机源代码和算法的能力;促进打击网络安全挑战的合作并推广行业最佳实践来实现网络与服务安全;促进政府公共数据的开放;限制互联网平台对其托管或处理的第三方内容的民事责任。

(3)知识产权(第 20 章):USMCA 特别增加了"知识产权"保护的内容。具体内容包括:为生物医药等范围广泛的产品提供为期 10 年的数据保护。

美国对数据跨境流动的态度主要是数据本地化存储与限制数据流出相结合,同境外数据控制者争夺数据管辖权,通过统一化标准对数据进行分类与标识，从而在更广泛的范围内推广数据流动政策，对全球数据的产生、收集、共享与存储进行全过程跟踪与限制。相较于欧盟严密的数据跨境流动治理体系，美国更倾向于以行业自律为主的信息管理模式。此外，面对数据跨境流动，尤其是数据跨境调取管辖权冲突的进一步显现和升级，美国再次提高了对网络服务提供者共享信息的要求，以在世界范围内构建"数据控制者"标准的数据归属新模式。

（三）日本——基于信任的数据跨境流动

一直以来，日本在"基于信任的数据流动"（Data Free Flow with Trust，DFFT）理念上保持着较高水平的个人信息保护标准，在数据跨境流动方面不仅是 APEC 隐私保护框架的缔约方，更是通过了欧盟的充分性认定，可以直接接收欧盟境内数据。

DFFT 理念，是指在信任基础上的数据自由流动，包含数据自由流动与数据安全两个方面。大阪 G20 峰会上，为了获得多数成员国的同意，日本提出了比较宽泛的 DFFT 理念，倡导跨境数据的"自由流动""信任"等模糊概念。《二十国集团贸易和数字经济部长会议部长级声明》中提到了可信数据自由流动的概念："数据跨境流动，信息、思想和知识产生更高的生产力，数据的自由流动带来了一定的挑战。通过继续应对与更大的创新相关的挑战，提高可持续发展的可持续性。同时，认识到隐私、数据保护、知识产权和安全，可以进一步促进数据的自由流动，加强消费者和企业的信任。为了建立信任并促进数据的自由流动，国内和国际上的法律框架都应得到尊重。这种可信数据自由流动将利用数字经济的机遇。将合作鼓励不同框架的互操作性，并肯定数据对发展的作用"。这实际上表明了日本在数据跨境流动上的主张。

根据日本 IT 综合战略本部的解释，DFFT 理念主要从两个方面理解，一方面是日本倡导数据自由流动与开放,认为这是对数据进行全球治理的前提,数据的全球治理应当首先打破数据流动壁垒,防止数据主权对数据流动的过度限制;另一方面是日本认为各国应当将"数据信任"作为数据流动协定合作的指引,但并不排除数据安全作为信任的基础。

为此,日本基于 DFFT 理念倡导可信数据自由流动的"大阪轨道",并以此作为其在数字贸易、数据流动以及电子商务方面的国际谈判基础,并体现在 WTO 电子商务章节的谈判中。"大阪轨道"涵盖了日本参与的国际协定、国内法律法规以及技术治理标准,可以适用于政府、企业和用户等多层次主体,提供了约束性规则以及非约束性规则。

目前,日本的 DFFT 理念已经在一定程度上在欧美两大数据话语权之外争得了一席之地,并通过个人信息保护委员会监管、政府与民间共治、多位一体规范与技术保障掌握了全球数据治理的部分话语权。

(四)印度——实施数据本地化原则并非基于数字技术发展

为了发展本国以物联网、人工智能、机器学习等新一代技术支撑的数据产业,并立足国内庞大的人口数据市场产生的大量数据,印度开始实施以数据本地化为基本原则的数据跨境流动立法。在数据本地化原则的加持下,印度建立了多个具有代表性的本土数据中心,吸引更多的外国数据流入本地,扩大数据市场,进一步为本国数字基础设施的发展提供庞大市场。

印度的数据本地化原则在其代表性数字立法中——《电子药房规则草案》《个人数据保护法草案 2019》中均有体现。与其他国家不同,印度实施数据跨境流动立法并非基于其本国的物联网、人工智能以及机器学习等数字高科技技术已经走在世界前列,而是基于其国内庞大的人口衍生出的数据市场以及发展数据基础设施产业的构想,因此,印度迫切需要将大量数据保存在境内,为数据技术设施发展提供市场,也就是说,其数据本地化的动机并非出于国家安全和个人隐私保护考虑。根据房地产、基础设施咨询公司 Cushman 以及 Wake-field 的报告,印度的数据在 2010 年约为 40,000PB,到 2020 年可能会达到 2,300,000PB,是全球速度的两倍。因此,印度实施数据本地化措施实际上是维持本地数据不外流、吸引更多数据流入,从而为本土数据中心和数字基础设施提供基础资源。咨询公司预测,如果印度拥有上述所有数据,到 2050 年它将成为数据中心市场的第二大投资者,全球第五大数据中心市场。可以看出,在当下全球数据经济竞争态势下,印度通过稳定、扩大国内数据市场来重新定位其在新时代下数字贸易中的位置,以期继英国、美国、中国主导前三次工业革命之后,将印度打造成为工业革命 4.0 时代第一个成熟的经济体。

(五)俄罗斯——最严格的数据本地化措施

2014 年 7 月 21 日,俄罗斯联邦总统签署《关于修改有关更新信息电信网络个人数据处理程序的某些立法法案》(Federal Law No.242-FZ of July 21,2014 on Amending Certain Legislative Acts Concerning Updating the Procedure for Personal Data Processing in Information-Telecommunication Networks,简称《数据本地化法》)。该法于 2015 年 9 月 1 日生效。《数据本地化法》修订了《个人数据法》:(1)增加了数据运营商在收集、存储和处理俄罗斯公民个人数据方面的义务;(2)增加了 Roskomnadzor 用于阻止非法处理俄罗斯公民个人数据的网站和在线资源的新机制。

《数据本地化法》第 2 条要求所有数据运营商应当确保俄罗斯公民个人数据的任何有关记录,应系统化、积累、存储、更改或提取发生在位于俄罗斯联邦境内的数据中心。这意味着数据运营商收集的任何俄罗斯公民的个人数据,都必须存储在位于俄罗斯的服务器、IT 系统、数据库或数据中心。这意味着俄罗斯法律禁止数据运营商,在没有首先将数据存储在俄罗斯境内的情况下,就将俄罗斯公民的个人数据存储在俄罗斯联邦境外。此外,《个人数据法》第四章规定了对数据运营商的义务,其中第19 条明确个人数据可在专用于个人数据的信息系统之外使用和存储,但仅限于将此类数据先存储在俄罗斯境内。

2015 年 8 月 3 日,俄罗斯通信和大众传媒部(通常称为"Minsviaz")发布了详细的也是唯一的书面指南,阐明了第 242-FZ 号联邦法实施的新的个人数据本地化要求。《数据本地化法》要求所有国内外公司在俄罗斯境内的服务器上存储和处理俄罗斯公民的个人信息。根据法律规定,任何存储俄罗斯国民信息的组织,无论是客户还是社交媒体用户,都必须将该数据移至俄罗斯服务器。但是,《数据本地化法》并不禁止从国外访问或复制位于俄罗斯境内的服务器、IT 系统、数据库或数据中心,也未对俄罗斯公民个人数据本地化的后续传输(包括跨境传输)施加任何特殊限制。

自俄罗斯实施最严格的数据本地化措施以来,俄罗斯联邦通信、信息技术和大众媒体监督局 Roskomnadzor 就对众多企业开展了一系列检查活动。综合数次的检查情况来看,多数企业都较好地遵守了数据本地化存储的规定。而外国公司对于俄罗斯的数据本地化措施褒贬不一,配合程度也不同。例如易趣(Eachnet)、苹果(Apple)等企业遵守配合俄罗斯的数据本地化措施,主动将数据存储在俄罗斯运营的云端数据中心——IXcellerate 公司;相反,另一类外国企业,比如谷歌(Google)和微软(Microsoft)则不愿遵守数据本地化规则,而以退出俄罗斯市场相要挟,实际上,谷歌的工程技术部门也已经退出了俄罗斯。

四、数据跨境流动背景下企业的合规举措

（一）提高企业双重合规水平

随着中国数字产业发展方兴未艾,企业数据跨境流动与交易业务覆盖全世界,而面临不同法域的多重数据规则,企业的违规风险日益增加。从 TikTok 因数据隐私问题与美国、印度、意大利等国家产生跨境数据合规争议,到华为、中兴因数据安全性问题遭到瑞典邮政和电信管理局(PTS)禁用,对于跨国企业来说合规成本增加的负外部性在全球个人数据保护立法的趋势下更为显著。

鉴于许多国家的个人数据传输规则都设置了同等保护标准。中国此次通过的《个人信息保护法》在数据流动场景中引入了国际上的成熟做法,无疑成为企业数据合规的助推器。《个人信息保护法》第 52 条对个人信息处理者的合规性做出了诸多要求,针对跨境数据合规发展痛点,未来应在国家层面加强政策扶持,在企业层面鼓励建立内部合规制度,创新企业跨境数据合规体系。首先,国家层面加强对企业的指导。网信办可以发布《个人数据传输国别(地区)指南》,主动为社会公开提供公共服务产品。国际数据治理趋势显示,不同法域都在加强数据保护立法,对于互联网企业的数据行为要求宽严不一,加之数据立法域外管辖权的不断扩张,如何既遵守数据法规,又降低企业合规成本,是企业个人数据跨境传输的首要难题。而国别指南可以为数据跨境传输主体提供有效指引,在满足企业发展需要的同时降低经营风险。例如,推出《个人数据传输国别(地区)指南——欧盟》梳理欧盟数据传输的相关措施,鼓励与欧盟有业务往来的跨国企业使用欧盟的标准合同条款(SCCs)或申请约束性公

司规则(BCRs)认证,引导企业提升隐私保护意识和标准;建议大规模跨国企业专设数据保护代表等。其次,企业层面加强内部合规审查。《个人信息保护法》已对个人信息实行分类管理,企业内部可以参照规定制定数据分类分级规则,例如区分重要数据、敏感个人信息,包括关键信息基础设施等,对必要的信息进行处理,针对不同类型的数据制定区别化的数据出境策略。此外,建立企业内部合规部门、同行间数据合规联盟、跨行间风险评估机制、紧急预案机制等,有助于企业优化业务流程,降低合规风险与成本。

(二)GDPR 背景下企业的数据跨境流动方案

在数据跨境场景下,跨境数据流动规则和域外效力制度对于“域外的欧盟数据”起到双重保障,二者结合对涉欧中国互联网企业产生巨大挑战,企业需要在 GDPR 下合规经营。

首先,要明确自身是否要开展欧洲业务。GDPR 下合规产生的成本高,如果没有较多受众,利润低,企业提供的服务本身对于个人数据的保护力度不够,且提升自身服务成本过高,那么在面临巨额处罚的情况下,退出欧洲市场未必不可。又或者企业只是开展委托欧洲数据处理者进行数据处理的业务模式。

其次,如果欧洲是重要市场,那么需要分清楚自己是否属于 GDPR 的管辖范围。第一,符合第 3 条标准的互联网企业,受 GDPR 规制,在开展活动时就要合规。GDPR 下的知情同意原则、数据主体的各项权利、自身承担的各种义务都要合规;企业需要提升员工法律素养,进行法律培训,也需要聘请高质量的法务人员;达到要求的企业需要设立数据保护官,事先审查,进行风险评估,从源头上减少风险,确保数据控制者和处理者在数据保护问题上合法合规。同时,需要时刻注意监管机构对核心业务运营部门的监管最新要求,并可考虑咨询经验丰富的当地专业人士,从而克服语言障碍和法律体系不一的障碍。第二,符合第 3 条标准,受GDPR 管辖的涉欧中国互联网企业,如果向非欧盟的第三国再转移欧盟的数据,而该非欧盟第三国不受 GDPR 管辖,则该传输也要满足 GDPR数据跨境流动规则,即通过 GDPR 认可的传输方式进行数据"再转移"。第三,如果自身不受 GDPR 的管辖,没有在欧盟设立机构,也没有向欧盟提供服务、货物或监控欧盟数据,只因为某些业务需求进口欧盟的数据,那企业需要配合欧盟的出口商以欧盟认可的传输方式传输数据,以确保业务正常开展。

最后,中国涉欧互联网企业在具体场景下需遵守跨境数据流动规则,具体合规应对措施有:提升数据保护水平,证明能够提供适当的保障;提升企业自律机制,加入约束性企业规则体系。2019 年 8 月,达到"充分性认定"标准的地区只有 13 个,2021 年"充分性决定"有所发展,欧盟委员会启动通过韩国充分性认定的程序,但总体来说该种方式十分有限,中国并未在"充分性认定"之列。对于企业来说,SCCs 是很好的选择,选择签订欧洲委员会通过的合同条款,能被认为提供了适当保障,可以合法合规地进行跨境数据流动。此外,BCRs 是对于跨国公司有重大作用的传输方式,GDPR 把 BCR 纳入了法条就说明 GDPR 给予了行业自律机制充分的认可。"当前,包括埃森哲、宝马汽车、惠普、摩托罗拉等在内的 72 家跨国公司获得了欧盟 BCR 认可",涉欧的跨国公司可以考虑采取该种方式实现 GDPR 业务合规,能够高效地解决跨国公司内多方、高频率的数据流。

(三)中国企业应对美国跨境调查与诉讼的策略

收到美国政府要求配合调查的通知后,中国企业通常应当先启动内部调查程序,对自身责任风险作出评估,为制订整体应对方案奠定基础。

具体而言,内部调查通常包括以下步骤。

在完成内部调查和责任风险评估的基础上,企业可以着手制定应对调查的整体策略。应对美国监管机关的调查,中国企业应遵循的基本原则是,增强自身可信度,争取监管机关的信任。监管机关的信任是双方沟通合作的前提;如果中国企业没有正当理由而拒绝配合调查,或在配合时有所保留,闪烁其词,那么会加深美国监管机关的怀疑,从而引发更大范围、更强力度、更多手段的调查和执法。

对中国企业而言,关于是否配合美国政府调查,至少需要考虑三点因素:一是美国政府经常在罪名指控、和解方案和量刑建议等方面开出有利条件,以鼓励中国企业配合调查。二是企业一旦通过提交证据等方式配合调查,可能暴露自身违规行为和合规漏洞,引发美国政府执法风险。三是《中华人民共和国国际刑事司法协助法》和其他国内法律法规,可能禁止或限制中国企业在刑事诉讼或者其他调查程序中直接向美国政府提交证据或者提供刑事司法协助。

此外,中国企业还应当根据内部调查和风险评估的结果,决定是否以及如何向美国监管机关提交证据。如果现有证据确实能够证明企业被调查行为构成违规,那么企业应当在评估自身是否能够承受相应法律责任的基础上,决定是否向美国监管机关提交。反之,如果现有证据表明违规事实不存在,或者被调查事项纯属员工个人行为,那么企业则可以完整提交相关证据材料,配合调查以证清白。另外,收集到的现有内部自查证据有可能与待证事实之间存在模糊不清、无法确认的关系,对此,中国企业应结合个案情况,合理安排提交证据的时间、顺序、方式和范围,灵活运用抗辩理由,尽量减免自身所要承担的法律责任。

通常而言,中国企业可以从以下方面寻找应对调查的抗辩理由。一是从案涉美国法律的域外管辖规定入手,确定美国监管机关是否有权对被调查事项和主体展开调查和执法。二是在配合调查的过程中,全面考察美国监管机关是否越权、调查手段是否适当、要求提交的证据是否适用"律师—当事人特权"等保密规则等,及时提出抗辩。三是主张企业已经建立完善的合规体系。如果企业具备有效的合规体系,那么通常可以减轻或免除处罚。四是强调区分企业单位责任和员工个人责任。以美国《反海外腐败法》为例,美国监管机关通常会从员工行贿有无公司授权审批、行贿款项是否来自公司、受益人是公司还是员工个人等方面来考量,以判断应当由企业还是员工个人承担责任。五是从合同条款、交易安排出发提出抗辩。如果企业能够证明其通过合同条款、合规培训等方式要求商业伙伴合规经营,而且在交易过程中执行了有效的约束和监督机制,那么企业可以主张就商业伙伴的个别违规行为减免责任。

第七章 中国积极参与全球数字 贸易规则制定

一、中国参与全球数字贸易①规则制定的背景

（一）数字贸易的快速发展亟需建立全球数字贸易规则

数字技术的创新、软件应用（APP）的日新月异和 5G 通讯的普及大大提高了服务的可贸易性，也加速了传统服务贸易的转型升级和知识密集型服务贸易的创新发展，促进了服务贸易的数字化转型。数字贸易迅猛发展为全球经济注入新活力，数字经济时代已经到来，数字贸易成为新一轮经济全球化的重要驱动力量，建立全球数字贸易规则已经刻不容缓。然而，WTO 现有的贸易规则没有涵盖现代数字贸易规则，WTO 多边电子商务谈判的停滞不前，导致成员在业界的推动下，通过诸边、区域和双边渠道，推动数字贸易规则的建立，以应对数字经济快速发展下的全球数字贸易治理。

---

① 本章中"数字贸易"和"电子商务"两个术语通用。在提及 WTO 关于数字贸易的谈判时，因为 WTO 称之为电子商务 JSI 谈判，所以会用"电子商务"一词。

(二)全球数字贸易规则建立的途径

虽然世界各国对尽快建立全球数字贸易规则有着共识,但是在数字贸易的发展水平和竞争力、监管政策目标和手段等方面存在的巨大差异决定了各国在数字贸易规则谈判中持有不同的立场,这就意味着在短期内在多边(WTO)达成国际数字贸易规则存在很大困难,以下三种务实的途径成为中国和其他主要成员近几年来参与全球数字贸易规则的重要选项。

1. 通过区域贸易协定,在"志同道合"的成员之间达成数字贸易规则[①]。自 2010 年以来,区域贸易协定(简称"RTAs")越来越多地纳入了电子商务和数字贸易条款。最近的超级区域贸易协定,例如《区域全面经济伙伴协定》(RCEP)、《全面与进步的跨太平洋伙伴关系协定》(CPT-PP)和《美墨加协定》(USMCA)都就数字贸易/电子商务设立了单独章节,为成员之间的数字贸易制定了规则和纪律,涵盖了广泛的电子商务问题。一些国家还推出了纯数字贸易协定,如新加坡—澳大利亚数字经济协定(简称"SADEA")、美日数字贸易协定等。

2. 参加开放的诸边谈判(Joint Statement Initiative,以下简称"JSI"),通过"先易后难"的方式推动数字贸易规则在更大范围内建立。目前,由 86 个 WTO 成员参加的电子商务联合声明倡议谈判已进行了 3 年多的谈判,参加方就广泛的议题进行了磋商。成员考虑先在容易形成共识的数字贸易规则上达成协议,如"商业和贸易促进"以及"建立数字贸易的信任性"两个领域先达成协议,将信息自由流动等"开放性"的敏感议题放在以后解决。

---

① 参见本书"全球数字贸易治理规则发展的主要趋势"部分内容。

3. 积极加入可扩展的包容性区域数字贸易协定。《数字经济伙伴关系协定》(DEPA)是一项全面且具有前瞻性的协定,共包含 16 个数字规则模块,涉及当前数字贸易领域几乎所有方面,涵盖了商业和贸易便利化、数字产品的处理及相关问题、数据问题、商业和消费者信任、新兴趋势和技术、创新与数字经济、中小型企业合作和数字包容性等议题。

(三)美、欧、中三方成为主导全球数字贸易规则制定的主要力量

在国际数字贸易规则的建立过程中,美国和欧盟一直发挥着重要的作用,而美国在推动数字贸易自由化方面则处于毋庸置疑的领导地位。这是由美国高度发达的数字经济和处于全球竞争力领先地位的互联网巨头的利益决定的。同时,美国数字平台在全球也处于领先地位。据 UNCTAD 统计,2021 年全球数字平台市值排名前 100 中,美国数字平台的数量为 41 个,占市值总份额的比例为 67%。事实也说明,不管是从包含数字贸易规则的区域贸易协定的数量上还是规则和纪律的高水平上来看,美国都领先于其他国家,最具代表性的就是 USMCA 以及美国倡导却最终退出的 CPTPP。

从目前达成的区域和双边数字贸易规则和美欧的立场来看,可以从规则发展的方向把现有规则分为"美国模式"和"欧盟模式"。美国模式的核心是强调数字贸易的开放性,涉及"数字产品的非歧视待遇""数据自由流动""数据存储非强制本地化"和"源代码保护"等核心规则;而欧盟模式在支持美国数据开放性原则的同时,突出强调"以信任为基础"和高标准的"个人隐私保护",《通用数据保护条例》(General Data Protection Regulation,简称 GDPR)是欧盟与其他成员达成数字贸易协议的基础。

近年,中国重视发展数字经济,数字化浪潮向更大范围、更高层次、更

深程度拓展。中国作为世界第二大服务贸易大国和第二数字贸易大国,中国数字经济总量已跃居世界第二,成为引领全球数字经济创新的重要策源地,在数字贸易规则的制定中也一直发挥着关键的作用,RCEP 中的电子商务章节是目前中国数字贸易规则最全和规则水平最高的协定。不仅如此,中国还提出积极加入 CPTPP 和 DEPA,这更加展示了中国积极参与全球数字贸易规则制定的自信和决心。可以说,中美欧三方将成为未来数字贸易规则制定中话语权最重要的三个成员。最明显的例子就是中美欧都是 WTO 电子商务 JSI 谈判的参加方,三方在谈判中既有合作,也存在博弈。

(四)中国积极参与全球数字贸易规则的塑造

主要 WTO 成员纷纷通过签订自贸协定和向 WTO 提案的方式,对外输出其数字贸易规则主张。在数字贸易规则的建立过程中,中国也在通过积极参与国际谈判,提出有利于自己的规则主张。中方在谈判中的利益主要包括推进跨境电商平台的所有条款,有些已经在 RECP 中得到体现,例如电子交易、电子认证、电子签名和电子合同等。借助 DEPA 的相关条款和内容推动电子支付和快递服务的自由化,为有竞争优势的中国电子支付企业和快递企业拓展国际市场,同时妥善处理数据流动和监管的关系问题。

1. 中国积极致力于在世界贸易组织框架内推动电子商务谈判。目前,在中国等主要成员的积极推动下,谈判已经取得实质性进展,将力争在下一次部长级会议上形成"早期收获",就部分议题达成协议。

2. 区域全面经济伙伴关系协定(RCEP)展现了中国参与数字贸易规则构建的最高水平,在"跨境数据自由流动""数据存储非强制本地化"等方面均实现了突破,还对争端解决、透明度问题做出具体规定。RCEP 建立起来的是目前世界上规模最大的自贸区,在数字贸易规则上的优势体现为良好的灵活性与包容性,在"电子方式跨境传输信息""计算设施位置""线上个人信息保护"等议题中均设置了例外条款。

3. 中国提出积极加入 CPTPP 和 DEPA,中国将以积极态度研究 CPTPP 电子商务专章以及 DEPA 中的数字贸易规则,对标全球高标准数字贸易协定。

二、数字贸易/电子商务谈判涉及的 议题和涵盖的内容

数字贸易规则涉及的议题和内容非常广泛。从 USMCA、CPTPP 和 RCEP 有关电子商务的专章以及 DEPA 的内容,我们可以梳理出数字贸易规则涉及的议题。同时,在 WTO 电子商务 JSI 诸边谈判的三年多时间里,参加方提出了 40 多个具体议题,提交成员讨论和谈判。根据以上已经完成和正在进行的谈判,现代数字贸易规则可以分为以下五大类问题:商业和贸易的便利化、数字贸易的开放性、信任性、交叉议题和市场准入(参见表1)。

1. 数字经济的便利化:侧重建立规范便利的电子商务交易环境,促进贸易和商业的发展;

2. 开放性:关注数字产品和服务的在线传输,主要包括数据自由流动和不得要求计算设施本地化;

3. 信任性:旨在营造安全可信的电子商务市场环境,主要包括个人数据保护、在线消费者保护;

4. 交叉议题:提高透明度、合作和发展等共性议题;

5. 市场准入:数字经济背景下与数字贸易相关的服务和货物市场准入问题。

表 1　数字贸易规则议题分类

便利化议题	开放性	信任性	交叉议题	市场准入
电子交易框架；电子签名和电子认证；电子合同；电子发票；便利电子支付；无纸贸易；可转让电子记录；最低免征额；海关程序；单一窗口；物流服务；贸易便利；电子传输的关税。	数字产品非歧视待遇；交互式计算机服务；跨境信息传输；计算设施本地化；金融计算设施本地化；政府数据公开；互联网接入；接入和使用交互式计算机服务。	在线消费者保护；非应邀商业电子信息；个人数据保护；源代码；使用密码的信息技术产品。	法律法规的公开；贸易相关信息电子化的可获得性；与电子商务有关的管理措施；利益相关方、政府部门和国际组织之间的合作；网络安全；能力建设和技术援助；法律问题交换意见。	与数字贸易相关的服务贸易的市场准入；货物贸易的市场准入。

三、WTO 关于电子交易临时免征关税的规则

由于 164 个成员在数字贸易发展水平和监管理念上存在的巨大差异,目前 WTO 没有获得就数字贸易规则谈判的授权。对电子交易暂免关税是 WTO 成员在多边就数字贸易规则达成的唯一共识。

(一)电子交易暂免关税的背景

无论是在多边还是区域层面的数字贸易谈判,都早已涉及"电子传输免关税"这一议题。多边框架下,WTO 成员于 1998 年的《全球电子商务宣言》中宣布暂时性的电子传输免关税,并不断在接下来的谈判中延长免关税的终止期限。多数包含专门电子商务条款或章节的区域贸易协定中,都就对电子传输或数字产品免征关税作出了规定。不同协定中此

类规定的具体措辞有所差别,有些仅仅确认目前免征关税做法的重要性,有些则更加明确地承诺不对电子传输和电子产品征收任何关税(表2反映了不同成员和不同协议对电子传输免征关税的不同承诺水平)。不同区域贸易协定中,对电子传输免征关税的具体适用范围的规定也存在差异。有些适用于以电子方式传输的数字产品,其他则较宽泛地适用于电子传输。只有极少数条款明确提及世贸组织关于电子传输免征关税的部长决定。世贸组织免征关税的决定需在每次部长会议上予以延期,而在区域贸易协定中,电子传输免征关税的条款是永久性的。在此背景下,近期一些区域贸易协定中,缔约方承诺开展合作,使电子传输免征关税的条款在世贸组织继续实施。近期还有区域贸易协定规定,缔约方在符合世贸组织部长决定相关调整的前提下,有权调整电子传输免征关税的做法。

表2 不同协定对"电子交易免征关税"的规定

协定	承诺内容
WTO	通过每两年一次的WTO部长级会议决定,到下一次部长会议为止,对电子传输不征税关税。(MC12通过了最新的部长决定)
RCEP	缔约方应维持其目前不对缔约方之间的电子传输征税关税的现行做法,可以进一步审议。
CPTPP	任何缔约方不得对一缔约方的人与另一缔约方的人之间的电子传输,包括以电子方式传输的内容征收关税。(永久不征收关税)
美国、欧盟和日本在WTO电子商务JSI中的谈判建议	任何缔约方不得对一缔约方的人与另一缔约方的人之间的电子传输,包括以电子方式传输的内容征收关税。

从1998年签订的《全球电子商务宣言》可以看出,"电子传输免关

税"可谓是全球范围内认可度较高的数字贸易议题。一是由于电子传输体量大、传播内容类型广的特殊属性导致征收关税的可行性不强。如传输的数据包括业务运营数据以及个人非营利性数据,要区分这两者再加以征税是比较困难的。二是由于 WTO 各成员都认识到在现阶段发展数字经济的重要性,而数据是数字经济发展的命脉。削减关税有利于促进数据流动,推动数字经济在各大产业的发展。

但各国对电子传输免关税的时效性问题上还是与美国数字贸易规则所体现出来的"永久性免关税"的立场有差别。根本的经济原因在于,大部分成员并未如美国一样在数字产业占有优势,因此需要通过"关税"措施来保护自身产业。数字技术的发展具有速度迅猛且不可预期两种特性,这意味着未来技术的进步可大幅降低征收电子传输关税的难度,同时会涌现不少新型的服务内容。在此背景下,永久性的"电子传输免关税"承诺将可能带来以下两方面的隐患:一是如果新型数字服务占据贸易量的比例过大,将给一国带来巨大的关税损失;二是在未来数字服务占各产业比例越来越高的情况下,各经济体在政策上需要减缓外来强势数字服务进口对自身境内产业的冲击,因此不愿在现阶段彻底排除利用关税手段来限制外来数字服务进口的可能性。

(二)电子交易暂免关税的最新进展

WTO 第 12 届部长级会议(MC12)取得的一揽子成果包括的《关于〈电子商务工作计划〉的部长决定》明确提出,将电子传输临时免征关税的做法延续到下一届部长级会议,意味着在规定的时间里,跨境电子传输将继续免征关税。此次既没有达成永久免征关税,也没有取消免征关税,各国保留了未来征税的权力。在各国激烈争夺数字经济活动的征税管辖权和收入分配的当下,电子传输临时免征关税延期对数字经济发展、保护创新具有重要意义,各国都需更多时间观察和分析免关税的具体影响,并多维度考虑免关税及延期问题。

(三)"电子传输"的定义

从 1998 年以来,世贸组织保持了通过每届部长级会议延续免征关税的做法,但是没有任何文件给出"电子传输"的明确定义和范围。这也是该议题讨论的争议点之一。

WTO 成员有不同看法。美国、欧盟等发达国家主张免征电子传输关税,"电子传输"的定义不单包括电子传输服务本身,也涵盖传输内容。而部分发展中国家,如印度、南非在讨论中都曾主张征收电子传输关税,而印度尼西亚主张即使临时免征关税,免征范围仅能适用于电子传输本身,不适用于电子传输的内容。

除了"电子传输"的定义和范围、免关税及延期对成员所产生的税收影响、征税的技术可行性及操作性之外,免关税和延期对数字经济和产业的更广泛影响也是关注焦点。随着物联网、3D 打印、人工智能等新技术发展,部分可数字化的贸易将越来越多地转为在线方式,免关税有可能使成员的关税收入损失越来越大。

中国需要评估免关税的实际影响,并多维度考虑免关税及延期问题。总的来看,电子传输临时免征关税延期对数字经济的发展,特别是对技术创新会有很大的促进作用。

(四)关于对电子交易永久不征关税的考虑

印度、南非和印尼等一些成员在此问题上顾虑很多,特别是担心由于"电子交易"的定义不明确所带来的未来潜在关税的损失。然而,作为世界数字贸易和数字经济大国,中国在电子交易不征关税问题上的立场可以灵

活得多。出于以下原因,中国可以考虑支持对电子交易永久不征关税:

1. 中国不仅是世界第一货物出口大国和跨境电商贸易大国,而且互联网平台头部企业在世界崭露头角,腾讯、阿里巴巴、百度、华为和抖音等企业的国际化进程发展迅速。对电子交易永不征关税将为中国跨境电商平台以及通过跨境电商的出口创造一个非常有利的贸易环境。

2. 中国是世界第二服务贸易大国,可数字化的服务贸易出口占中国服务贸易的出口比重不断增加,中国的计算机和信息服务、计算机互动平台服务,以及游戏服务的出口增长潜力巨大,永不征关税会增加我数字化服务贸易出口的可预测性和稳定性。

3. 中国提出积极加入 CPTPP 和 DEPA,这两项协定中均含有"电子交易永不征收关税"的条款,作为申请加入方,中国应做好接受该项义务的准备。

4. 电子交易不征关税并不涉及中国数字贸易的市场准入义务。中国在互联网服务、视听以及出版服务等领域并没有在 WTO 及自贸协定中做出开放承诺,在电信服务方面也有控股的要求,目前美国的主要互联网巨头没有进入中国市场。

四、促进商业和贸易的数字贸易规则

(一)"促进商业和贸易"的数字贸易规则是目前成员存在共识最多的领域。

除了"电子交易暂免关税"议题外,其他所有关于数字贸易的规则都在诸边和双边谈判中讨论。其中,"促进商业和贸易"的数字贸易规则是多数成员,不管是发达成员还是发展中成员都能接受的规则,也是对中国最有利的规则。

促进贸易和商业的具体要素包括：电子交易框架、电子签名和电子认证、电子合同、电子发票、便利电子支付无纸贸易、可转让电子记录、最低免征额、海关程序、单一窗口、物流服务、为货物的清关和放行采取技术、电子传输的关税问题。

以上规则要素的重要性在于保护中小企业在数字经济贸易投资中的利益，增强中小企业从事数字贸易的便利性。中国中小企业群体在数字经济和数字贸易的发展中潜力十足，在上述要素上达成规则将大大降低他们从事数字贸易的成本。

（二）中国参与的 RCEP 的电子商务章节中的主要内容重点关注推动贸易便利化和改善电子商务环境，加强国际电子商务合作。

正如 RCEP 电子商务章节的目标所述："促进缔约方之间的电子商务，以及全球范围内电子商务的更广泛使用；致力于为电子商务的使用创造一个信任和有信心的环境；以及加强缔约方在电子商务发展方面的合作。"

主要内容包括：贸易便利化、无纸贸易、电子认证和电子签名、国内监管框架和为电子商务创造有利环境等内容。落实 RCEP 协定电子商务承诺，有助于建立基于国际通行标准并囊括电子商务发展领先经济体的广阔合作空间，将为亚洲国家实现数字领域互联互通、促进经贸发展、加快数字化转型创造条件。

（三）参加 DEPA 将更有利于数字贸易规则促进中国的货物贸易和服务贸易的快速发展。

DEPA 商业和贸易便利化是协定的首个模块，也是其最大的特色。

DEPA 重视通过促进商业和贸易来回应全球价值链的挑战,通过数字贸易和数字技术的创新使货物贸易更加便利化,通过"赋能"使得货物贸易的交易成本大大下降,使得以前不可交易的服务变得可以交易,效率提高。

模块中不仅包括 JSI 谈判的无纸贸易、国内电子交易框架、电子发票,还包括物流和快运货物,第一次把物流加入数字贸易协定是个亮点;条款强调了创新性的运作方式,甚至提到了无人机运输,具有前卫性和包容性(参见表3)。这些规则对我作为世界第一货物出口大国和跨境电商发达的国家尤其重要。DEPA 要求各国及时公布电子支付的法规,考虑国际公认的电子支付标准,从而促进透明度和公平的竞争环境;促进跨境物流和快递(中国快递企业会在国际上获得更多机会)。通过新的数字贸易规则支持和维护中国数字贸易企业海外利益,营造开放、公平、公正、非歧视的数字发展环境。

DEPA 的以上内容对中国促进电子商务,特别是跨境电商的发展有利,是中国的电子商务企业关心的主要内容,也是我在 WTO 谈判中大力推动建立规则的内容。

建议在未来的数字贸易规则谈判中,综合 RCEP 和 DEPA 的所有促进贸易和商业的议题,将无纸贸易;电子认证和电子签名;国内电子交易框架;物流;电子发票;快运货物;电子支付以及合作等 8 个方面的规则纳入 WTO 电子商务 JSI 谈判和其他 FTA 协议中,为中国数字贸易创造良好的国际环境,特别是帮助中小微企业利用电子商务来参加跨境贸易。

表3　RCEP 和 DEPA 在电子商务促进贸易和商业方面的对比表

促进贸易和商业	RCEP	DEPA
涵盖的专门章节	第十二章电子商务 第二节 贸易便利化	第二节(模块2)商业和贸易便利化

促进贸易和商业	RCEP	DEPA
1. 无纸贸易 商业价值：将进出口贸易双方与银行、海关、运输、保险和商检等国际贸易有关环节之间的信息，用彼此公认、相互约定的标准格式交换的处理，从而大幅降低贸易成本。	第五条　无纸化贸易 一、每一缔约方应当： （一）考虑包括世界海关组织在内的国际组织商定的方法，致力于实施旨在使用无纸化贸易的倡议； （二）努力接受以电子形式提交的贸易管理文件与纸质版贸易管理文件具有同等法律效力；以及 （三）努力使电子形式的贸易管理文件可公开获得。 二、缔约方应当在国际层面开展合作，以增强对贸易管理文件电子版本的接受度。	第2.2条：无纸贸易 1. 每一缔约方通过其规定的程序，使公众可获得所有现行可获得的贸易管理文件的电子版本。 2. 每一缔约方应以英文或 WTO 任何其他官方语文提供第 1 款中所指贸易管理文件的电子版本，并应努力提供机器可读格式的电子版本。 3. 缔约方应将贸易管理文件的电子版本按照与纸质单证具有同等法律效力予以接受。 4. 注意到 WTO《贸易便利化协定》中的义务，每一缔约方应努力建立或设立单一窗口，使个人能够通过一单一接入点向参与的主管机关或机构提交货物进口、出口或过境的单证或数据要求。 5. 缔约方应努力各自建立或设立无缝、可信、高可用性和安全互连的单一窗口，以促进与贸易管理文件有关的数据交换。
2. 电子认证和电子签名 商业价值：电子认证与电子签名为电子商务提供了重要的安全保障机制。	第六条　电子认证和电子签名 一、不得仅以签名为电子方式而否认该签名的法律效力。 二、考虑到电子认证的国际规范，每一缔约方应当： （一）允许电子交易的参与方就其电子交易确定适当的电子认证技术和实施模式； （二）不对电子认证技术和电子交易实施模式的认可进行限制；以及 （三）允许电子交易的参与方有机会证明其进行的电子交易遵守与电子认证相关的法律和法规。 三、尽管有第二款的规定，对于特定种类的电子交易，每一缔约方可以要求认证方法符合某些绩效标准或者由根据法律和法规授权的机构进行认证。 四、鼓励使用可交互操作的电子认证。	

续表

促进贸易和商业	RCEP	DEPA
3. 国内电子交易框架 商业价值:允许以电子方式订立合同,且与纸质合同具有同等效力和可执行性。	第十条　国内监管框架 一、应当在考虑《联合国国际贸易法委员会电子商务示范法(1996年)》、2005年11月23日订于纽约的《联合国国际合同使用电子通信公约》,或其他适用于电子商务的国际公约和示范法基础上,采取或维持监管电子交易的法律框架。 二、应当努力避免对电子交易施加任何不必要的监管负担。	第2.3条:国内电子交易框架 1. 每一方应维持与下列文件原则相一致的管辖电子交易的法律框架:(a)《UNCITRAL电子商务示范法》(1996);或(b)2005年11月23日订于纽约的《联合国关于在国际合同中使用电子通信的公约》。 2. 应努力采用《UNCITRAL电子可转让记录示范法》(2017年)。 3. 每一缔约方应努力:避免对电子交易施加任何不必要的监管负担;在制定其电子交易的法律框架时,便利利害关系人提出建议。
4. 物流 商业价值:降低物流成本和提高供应链的速度和可靠性。		第2.4条:物流 1. 缔约方认识到高效跨境物流的重要性,有助于降低成本和提高供应链的速度和可靠性。 2. 缔约方应努力分享关于物流部门的最佳实践和一般信息,包括但不限于下列内容: (a)最后一公里配送,包括按需和动态路径解决方案;(b)使用电动、遥控和自动驾驶车辆;(c)便利跨境货物交付方式的提供,例如共用包裹储存系统;以及(d)新的物流配送和商业模式。
5. 电子发票 商业价值:提高商业交易的效率、准确性和可靠性。		第2.5条:电子发票 1. 缔约方认识到电子发票的重要性,电子发票可以提高商业交易的效率、准确性和可靠性。缔约方还认识到,保证各自管辖范围内用于电子发票的系统与其他缔约方管辖范围内用于电子发票的系统可交互操作的益处。 2. 缔约方应保证在其管辖范围内实施与电子发票相关的措施旨在支持跨境交互操作性。为此,每一缔约方应根据现有的国际标准、准则或建议制定与电子发票相关的措施。 3. 缔约方认识到促进全球采用交互电子发票系统的经济重要性。为此,缔约方应就促进采用交互电子发票系统分享最佳实践和开展合作。 4. 缔约方同意就促进、鼓励、支持或便利企业采用电子发票的倡议开展合作。

促进贸易和商业	RCEP	DEPA
6. 快运货物 商业价值: 快递货物的快速 通关,免征关税 的微量装运价值 或应税金额。		第2.6条:快运货物 1. 缔约方认识到电子商务在促进贸易方面发挥着重要作用。为此目的,为便利电子商务中的快运货物贸易,缔约方应保证以可预见、一致和透明的方式实施各自的海关程序。 2. 每一缔约方应对快运货物采用或设立快速海关程序,同时保持适当海关监管和选择。 3. 如一缔约方未向所有装运货物提供2(a)款至2(e)规定的待遇,则该缔约方应规定可向快运货物提供此种待遇的单独和快速的海关程序。 4. 除受限或管制货物(例如受进口许可或类似要求管辖的货物)外,每一缔约方应规定免征关税的微量运运价值或应税金额。
7. 电子支付 商业价值:使用 安全电子支付手 段,通过网络进 行的货币支付或 资金流转,是电 子商务系统的重 要组成部分,将 鼓励支付生态系 统中有益创新和 竞争。		第2.7条:电子支付 1. 注意到电子支付,特别是由新支付服务提供者提供的电子支付迅速增长,缔约方同意通过促进国际公认标准的采用和使用、促进支付基础设施的可交互操作性和联通性以及鼓励支付生态系统中有益创新和竞争,以支持发展高效、安全和可靠的跨境电子支付。 2. 为此目的,并依照各自法律法规,缔约方确认下列原则:(a)努力及时公开各自关于电子支付的法规。(b)努力考虑相关支付系统的国际公认支付标准,以增强支付系统之间的可交互操作性。(c)努力促进应用程序编程接口(API)的使用,并鼓励金融机构和支付服务提供者在可能的情况下使第三方获得其金融产品、服务以及交易的API,以便利电子支付生态系统的可交互操作性和创新性。(d)应努力使个人和企业通过数字身份实现可跨境认证和电子识别客户。(e)认识到通过监管以加强电子支付系统安全、效率、信任和保障的重要性。(f)政策应促进公平竞争下的创新和竞争,并认识到通过采用例如监管沙盒和行业沙盒等方式创造有利环境从而使新老企业能够及时推出新的金融和电子支付产品和服务的重要性。

促进贸易和商业	RCEP	DEPA
8. 合作 商业价值: 为中小企业提供了信息共享、合作机会和合作平台,增强中小企业在数字经济中的贸易和投资机会。	第四条 合作 一、每一缔约方应当在适当时就以下开展合作: (一)共同帮助中小企业克服使用电子商务的障碍; (二)确定缔约方之间有针对性的合作领域,以帮助缔约方实施或者加强其电子商务法律框架,例如研究和培训活动、能力建设,以及提供技术援助; (三)分享信息、经验和最佳实践,以应对发展和利用电子商务所面临的挑战; (四)鼓励商业部门开发增强问责和消费者信心的方法和实践,以促进电子商务的使用;以及(五)积极参加地区和多边论坛,以促进电子商务的发展。	DEPA 几乎所有的条款都包含合作的内容,而第 10 章"中小企业合作"专门为中小企业的合作做出了以下规定: 第 10.2 条:增强中小企业在数字经济中的贸易和投资机会的合作,为促进缔约方之间开展更强有力的合作以增强企业在数字经济中的贸易和投资机会。 第 10.3 条:信息共享 1. 应各自建立或设立包含本协定信息的各自可公开访问的免费网站。 2. 应在其依照第 1 款建立或设立的网站上提供链接或可通过自动电子转换获得的信息。 3. 第 2(b)段所述信息可包括与下列领域相关的信息。 4. 每一缔约方应定期审议第 2 款和第 3 款中所指网站上的信息和链接,以保证信息和链接是最新的和准确的。 5. 在可能的限度内,缔约方应以英文提供依照本条公布的信息。 第 10.4 条:数字中小企业对话 1. 缔约方应开展数字中小企业对话。对话可包括来自每一缔约方的私营部门、非政府组织、学术专家和其他利益攸关方。在开展对话过程中缔约方可与其他利害关系方开展合作。 2. 对话应促进缔约方中小企业自本协定中获得利益。对话还应促进缔约方之间因本协定所产生的相关合作努力和倡议。 3. 为鼓励缔约方利益攸关方的包容性参与并增加对外展影响,缔约方可考虑在缔约方已参加或已为成员的现有平台和会议召开期间组织对话,包括 APEC 或 WTO 会议。

五、WTO 开放的诸边电子商务谈判

在 2017 年 12 月举行的第 11 届部长级会议上,71 个世贸组织成员同意为世贸组织未来就电子商务贸易相关方面进行谈判开展探索性工作。2019 年 1 月,在 WTO 达沃斯小型部长会议期间,包括欧盟、美国和中国在内的 76 个世贸组织成员共同发布联合声明,确认启动谈判。参加方同意"在尽可能多的世贸组织成员的参与下,寻求在世贸组织现有协定和框架的基础上取得高标准的结果"。截至 2021 年 1 月,有 86 个世贸组织成员参与谈判,占全球贸易的 90% 以上,已经达到"关键多数"。

(一)WTO 电子商务 JSI 谈判的最新进展

参加方正在遵循"先易后难"的目标务实推进谈判,争取为未来的数字贸易规则达成尽可能多的案文,向业界和利益攸关方展示谈判取得的进展。最近成立了关于电子发票和网络安全的两个谈判组,在开放互联网接入、无纸化交易、电子交易框架和电子发票等议题上取得了一些进展。参加方还审议了关于保护个人信息或数据,以及关于使用加密技术的信息和通信技术(ITC)产品的两个建议。JSI 参加方在 2022 年 7 月召开了为期三天的会议。

第一,修订电子商务 JSI 的工作模式,通过设立不同小组推进谈判,以确保其在未来几个月内取得进展,并在 2022 年底之前发布新的综合谈判案文。

第二,谈判内容涉及隐私和更新电信参考文件,此外还举行了关于电子交易框架、电子发票、电子传输关税和网络安全的小组会议。会议还涉及开放互联网接入,以及关于如何使发展中国家能够利用和实施该倡议在电子商务方面的成果的建议,以及"单一窗口"和数据交换。

第三,推进电子商务能力建设框架,该框架在 MC12 上启动,旨在提供广泛的能力建设,以支持发展中国家和最不发达国家参与电子商务谈判,并促进他们参与数字经济。

(二)数字产品的定义和范围

随着科技创新和互联网技术的发展,数字产品成为一个不断发展变化的新事物,WTO 电子商务谈判首先要对数字产品给出定义和范围。CPTPP 中提出的定义是:数字产品指电脑程序、文本、视频、图像、声音记录,或其他经数字化编码、生产用于商业销售或分销、可通过电子方式传输的产品。这个定义涵盖内容非常宽泛,只要可以数字化的、可通过电子传输的商业产品都是数字产品。

但是在谈判中,各成员出于自身利益和监管的角度出发,并不完全同意可数字化的产品就是数字产品。个别敏感产品需要排除,通过电子传输的数字产品属于货物贸易还是服务贸易也必须界定。

1. 关于数字化的金融工具的排除

美国认为,数字产品不包括数字化的金融工具,建议排除。美国排除数字化金融工具的考虑,一是金融有审慎监管,并涉及货币政策;二是美国金融监管部门不认同可以数字化的金融服务都是数字产品,不管未来金融服务的数字化如何发展和演变,各成员的央行和金融监管部门都不太可能放弃对金融服务和金融产品的监管。

2. 视听文化服务的排除

视听服务长期以来是欧盟出于保护欧洲文化而不能放弃保护的底线,欧盟(特别是法国)坚持不管未来视听产品(视频、图像、声音记录)的数字化如何发展,它们依然是视听服务,属于《服务贸易总协定》(以下简称 GATS)管辖的范畴。欧盟在 WTO 诸边的谈判中提出的谈判文件中对视听服务做出了保留。

3. 数字产品属于货物贸易还是服务贸易纪律管辖

除了定义的排除,WTO 电子商务 JSI 谈判建议案文中对数字产品的电子交易是属于服务贸易还是货物贸易进行了明确处理,即"数字产品的定义不得被理解为反映一缔约方对通过电子传输的数字产品贸易应被归入服务贸易或货物贸易的观点。"

这句话表明,即使有数字产品的定义,但是,对于通过电子传输的数字产品贸易是货物贸易还是服务贸易,成员有自己的看法和解释。如果是货物贸易,则属于 GATT1994 管辖,如果是服务贸易,则属于 GATS 管辖。GATT 对于产品的国民待遇是立即的和无条件的,而 GATS 的市场准入和国民待遇是有条件的①。

(三)依据正面清单推动服务贸易市场准入的谈判

在 WTO 中,超过三分之一的成员没有对数字基础设施服务的跨境提供和商业存在减让表做出开放承诺。对于包括在线零售服务在内的零售服务,大多数成员的减让表都未进行承诺。此外,在服务方面,关于模式 1(跨境提供)承诺的减让表数量有限,其中数字网络性能的提高为跨境电子供应提供了机会,如会计、工程、研发、广告、视听和教育服务等领域。考虑到《服务贸易总协定》下的大多数承诺是 20 年前谈判出来的,这对电子商务而言是最重要和最大的差距,WTO 成员的服务贸易承诺急需更新。另一方面在数字贸易的发展过程中,服务发挥着重要的作用,总体上看,与服务贸易相关的服务部门越开放,对数字贸易的发展越有利。

因此,服务贸易的进一步自由化,成为数字贸易谈判的重要组成部分。为了推动服务贸易的进一步开放,2020 年 7 月,在电子商务诸边谈判中,根据中国、欧盟、美国等参加方的请求,谈判协调人以联合声明的方

---

① CPTPP 电子商务章节,关于范围条款:"进一步明确,影响通过电子方式交付或提供服务的措施需遵守投资、跨境服务贸易和金融服务相关条款所包含的义务,包括协定中所列适用于这些义务的任何例外或不符措施。"

式散发了一个"服务市场准入—谈判推动方感兴趣的服务部门清单"。参加方同意将数字贸易的市场准入问题的范围限制在直接与电子商务相关的服务部门。

与电子商务相关的"核心"和"附属"部门包括：计算机及相关服务、广告服务、与货运物流相关的技术测试和分析服务、快递服务、电信服务（包括基础电信和增值服务）、分销服务、金融服务、空运服务、铁路运输、公路运输，以及运输的辅助服务。显然这些服务部门的进一步开放对未来数字贸易的发展会起到很大的促进作用。参加方通过市场准入和国民待遇条款，增加和改进电子商务"核心"和"附属"服务部门模式 1 至 4 的承诺，提高自由化水平是在 GATS 框架下的主要途径，具体要求包括：

1. 对于上述服务的四种贸易方式都做出"没有限制"的承诺，在开放困难的部门要求"做出承诺或者改进承诺"。

2. 对模式 4 的水平承诺不作排除。对水平承诺限制不增加新的限制，至少对"公司内部人员转移"（ICTs）不增加限制。

3. 对于电信服务，不做出"不约束"出价（即"没有限制"），对使用具体电信网络服务提供商没有限制，对商业存在和商业安排没有限制。对服务提供者没有数量限制，不设经济需求测试，对法人的类型没有限制，允许外方控股或是独资。对电信《参考文件》做出承诺。

4. 对于空运服务，除不适用航权外，其他航空服务都要开放。

5. 对于计算机服务整个部门做出承诺，模式 1—3 承诺全部开放，同时遵守关于计算机和有关服务的谅解。

6. 广告服务：改善市场准入和国民待遇承诺。

7. 技术检测和分析服务（与货物物流相关的服务）：改善市场准入和国民待遇承诺，包括商业存在。

8. 快递服务（与货物物流相关的服务）：改善市场准入和国民待遇承

诺,包括商业存在。

9. 电信服务的所有分部门。全球导航卫星系统、固定和移动语音和数据传输服务、租赁电路服务和增值服务,所有转售或非设施服务,所有其他类别的服务和分部门。对于模式1,关于国民待遇的充分承诺,对市场准入没有实质性限制。模式2,没有市场准入或国民待遇限制。模式3,关于国民待遇的充分承诺,对市场准入没有实质性限制。模式4,不排除水平承诺。除了水平承诺之外,至少对公司内部人员转移不设其他限制。取消所有最惠国豁免。

10. 分销服务(包括佣金代理服务、批发和零售服务):改善市场准入和国民待遇承诺。

11. 金融服务:市场准入和国民待遇承诺。

12. 运输服务(包括海运、铁路运输、公路运输以及与运输相关的辅助服务,且与货物物流相关的服务):改善市场准入和国民待遇承诺,包括商业存在。

六、RCEP中的数字贸易规则

RCEP电子商务章节中的数据自由流动条款反映了中国在数字贸易的开放和规制之间寻找到了一个很好的平衡。

一方面,数字贸易呼唤一个开放、透明和可预测的全球数字贸易规则。全球互联网自20世纪90年代进入商用以来迅速拓展,已经成为当今世界推动经济发展和社会进步的重要信息基础设施。互联网迅速渗透到经济与社会活动的各个领域,推动了全球信息化进程和数字经济的快速发展,中国也形成了一批在国际上具有竞争力的互联网和数字贸易提供商,如"BATHD"(百度、阿里巴巴、腾讯、华为和抖音的首字母合并)

等,成为具有全球影响力的互联网企业。在 21 世纪的今天,通过建立一套自由的国际电子商务规则,为国际电子商务创造一个开放、稳定和可预测的国际环境成为包括中国在内的主要数字贸易大国的最大诉求。

另一方面,可信任性是保护信息安全的必然要求。互联网是全球性的,在技术的层面上,不存在封闭和控制。然而,在越来越多的人加入到互联网中、越来越多地使用互联网的过程中,政府和老百姓不断地从社会、文化的角度对互联网的意义、价值和本质提出新的理解,同时数字经济的创新也对一个成员的价值观、文化传统带来冲击,对金融服务、分销、广告等许多服务的监管带来挑战。政府在看到电子商务快速发展的同时,网络安全、信息安全、个人数据保护、使消费者不受"网络垃圾"的骚扰开始成为政府加强规制和监管的重要议题。在一些国家,对数字经济的规制还落后于数字经济的创新。因此,WTO 电子商务谈判是在全球数字经济"边发展、边创新、边监管"的背景下开始的。

(一)数据自由流动不等于没有监管,监管不等于限制了自由流动

数据自由流动是 WTO 电子商务谈判中的最主要实体义务,是美国、欧盟和日本长期以来的诉求,特别是业界认为只有确保数据自由流动才能保障未来全球电子商务/数字经济有一个稳定、开放的发展空间和环境。但是,自由并不等于没有监管。该条款的谈判和博弈,体现了开放和监管之间的平衡,而达成的不同程度的平衡,也反映在 CPTPP 和 USMCA 电子商务章节的谈判中(参见表4)。

欧盟虽然倡导数据自由流动,但同时实施了《通用数据保护条例》(GDPR)数据跨境制度,欧盟出于保护数据安全的目的,以充分性认定机制为标准,在对方国家的数据保护水平与相关体系达到其充分性要求时,

才允许自由流动,也就是欧盟一直坚持的"基于信任基础上的数据自由流动"。自由流动不等于没有监管,监管不等于限制了自由流动。这是理解 WTO 电子商务谈判的一个重要理念。

表 4　电子方式跨境传输信息条款内部开放和监管的平衡

	开放	监管	
	自由	承认监管要求	尊重合法公共政策目标
CPTPP	每一缔约方应允许通过电子方式跨境传输信息,包括个人信息,如这一活动用于涵盖的人开展业务。	缔约方认识到每一缔约方对通过电子方式传输信息可设有各自的监管要求。	本条中任何规定不得阻止一缔约方为实现合法公共政策目标而采取或维持不一致的措施。
RCEP	缔约方不得阻止进行商业行为而通过电子方式跨境传输信息。	缔约方承认对于通过电子方式传输信息可能有各自监管要求。	本条中任何规定不得阻止一缔约方为实现合法公共政策目标而采取或维持不一致的措施。该缔约方认为对保护其基本安全利益所必须的任何措施,其他缔约方不得提出异议。
美国、欧盟和日本在 WTO 谈判中的建议	任何缔约方不得阻止通过电子方式跨境传输信息,包括个人信息,如这一活动用于涵盖的人开展业务。	(没有承认监管要求的表述)	本条中任何规定不得阻止一缔约方为保护个人信息隐私而采取或维持不一致的措施。

(二)CPTPP 和 RCEP 电子商务案文在数据自由流动义务上获得的平衡

CPTPP 在跨境传输信息条款的案文包括三句话,这三句话体现了自由和监管之间的微妙平衡:缔约方认识到每一缔约方对通过电子方式传输信息可设有各自的监管要求。每一缔约方应允许通过电子方式跨境传输信息,包括个人信息,如这一活动用于涵盖的人开展业务。本条中任何规定不得阻止一缔约方为实现合法公共政策目标而采取或维持不一致的措施。

如表中所示,CPTPP 电子商务案文是一个开放和监管平衡的案文,但美国在 USMCA 的电子商务章节以及 WTO 电子商务谈判中的建议案文中,不仅删去了"承认各自监管要求"的表述,而且"实现合法公共政策目标"也被缩窄为"保护个人信息和隐私"。很明显,"保护个人信息和隐私"只是各国"实现合法公共政策目标"的一个目标。美国在今后的谈判中会将监管和公共政策目标的裁量空间压缩到最小。

但是,RCEP 电子商务案文却给成员更大的监管空间。RCEP 在第十二章"电子商务"中,在数据自由流动案文中保留了两项出于未来监管目的的两样权力:一是承认各缔约方对于通过电子方式传输信息可能有各自的监管要求,二是出于公共利益考虑措施可以例外,并强调了一缔约方认为对保护其基本安全利益所必须的任何措施,其他缔约方不得提出异议。此外,RCEP 电子商务章节不适用于争端解决机制也给各成员提供了宽松的空间。

从以上分析中可以看出,关于数字自由流动的规则既可以在合法商业交易中允许自由流动,同时也维持了监管和安全的空间。在网络、信息、国家安全和数字贸易的发展之间找到平衡,妥善解决信任和数据流动的关系,不仅会大大促进中国数字贸易的发展,还会进一步提升中国在数字贸易领域规则制定方面的话语权与影响力。

参考文献

1. WTO 官方网站相关资料:www.wto.org

2. 中国信息通信研究院:《全球数字经贸规则年度观察报告(2022年)》白皮书

3. 陈颖、高宇宁:《数字贸易开放的战略选择——基于美欧中印的比较分析》,《国际贸易》2022年6月

4. 世界贸易组织:《世界贸易报告2018——数字技术如何改变全球商务》(2018)

5. 世界贸易组织:《世界贸易报告2019——服务贸易的未来》(2019)

6. 洪延青:《数据的国家竞争态势:从国内立法和经贸协定谈判联动的角度来看》,《国际法研究》2021年第8期

第八章　中国数字贸易发展的
国际比较与借鉴

一、全球及主要经济体数字贸易发展情况

1. 全球数字贸易快速发展

数字化对贸易的影响不断深化,扩大了贸易的规模、范围和速度,改变了价值创造和交易的方式,衍生了新的贸易生态系统,数字贸易成为世界经济的重要贸易方式。经济合作与发展组织(OECD)、世界贸易组织(WTO)、国际货币基金组织(IMF)将数字贸易定义为通过数字订购和(或)交付的贸易,其中数字订购贸易(digitally ordered trade)也可称为电子商务。结合 OECD(2019)对在线平台的定义,以及 OECD\WTO\IMF 对数字中介平台的定义,本章将数字平台定义为以信息和通信技术为基础、提供在线服务、促进用户交互的在线界面,电子商务平台是数字贸易中重要的数字平台形式。

另一方面,数字交付贸易(digitally delivered trade)则更多的对应于服务贸易,数字服务贸易已经成为数字贸易的重要形态。联合国贸易和发展会议(UNCTAD)2015 年就 ICT 服务和 ICT 赋能服务相关的贸易提出

了一套核算方法,基于《国际收支和国际投资头寸手册(第六版)》(BPM6)中扩展国际收支服务分类(EBOPS2010)确定了数字服务贸易分类,主要涉及保险和养老金服务、金融服务、知识产权使用费、电信、计算机和信息服务、其他商业服务、个人、文化和娱乐服务等 6 类服务贸易。据 UNCTAD 统计,2020 年全球数字服务贸易出口规模为 31675.86 亿美元,占服务出口的比例由 2005 年 44.73%增长至 2020 年 63.55%,占全部出口的比例由 2005 年 11.44%增长至 2020 年 17.98%。

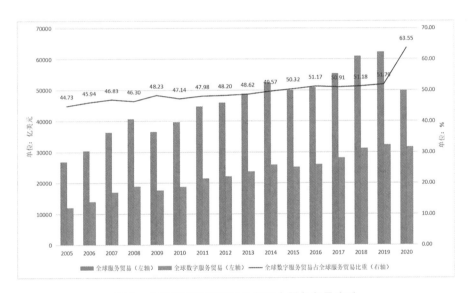

图 1　全球数字服务贸易总量及占服务贸易比重

数据来源:WTO,Statistics Database。

按上述分类标准对全球数字服务贸易出口结构进行统计分析,数据显示,2019 年,ICT 服务的全球数字服务贸易出口规模达到 6841.16 亿美元,较 2005 年增长了 2.7 倍,是所有服务贸易种类中增长最快的类型,其占全球数字服务贸易出口的比重从 2005 年的 15.3%上升至 2019 年的21.1%,见图 2。在非其他商业服务类中,金融服务类和知识产权使用费类数字服务贸易出口占比略有下降,从 2005 年的 32.9%下降至 2019 年的 28.7%;保险和养老金服务类,个人、文化和娱乐服务类出口占比一直在 7% 左右波动。

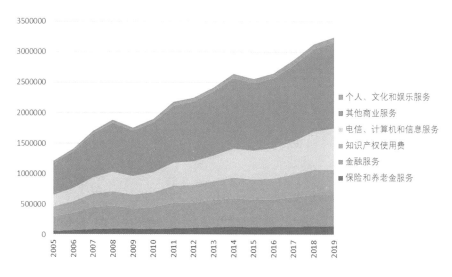

图 2 全球数字服务贸易出口结构(2005—2019)

数据来源:WTO Statistics Database。

从国别来看,中国、欧盟和美国三个主要经济体数字服务贸易占全球比重保持在 60% 左右,是全球数字服务贸易的主要贡献者,见图 3。其中中国占全球比重从 2005 年的 1.43% 提升至 2019 年的 4.43%,为主要经济体中比重增幅最大,但与欧盟、美国相比,数字服务贸易规模仍存在较大差距。2019 年,欧盟数字服务贸易规模达到 12780.28 亿美元,美国数字服务贸易规模达到 5378.07 亿美元,分别为当年中国数字服务贸易规模的 8.9 倍和 3.7 倍。2020 年,中国数字服务贸易规模排名进一步从 2019 年的第 7 名上升至第 5 名,是前五名中唯一的发展中国家。但与欧美相比中国数字服务贸易规模仍存较大差距,2020 年规模约为美国的 1/3,并且也远低于同期爱尔兰、英国和德国,仍有较大的发展空间。

从数字服务贸易出口结构来看,2019 年,中国排名前三的非其他商

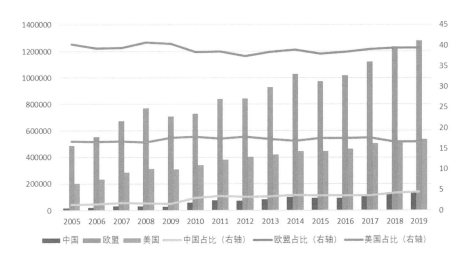

图3　主要经济体数字服务贸易占全球比重变化

数据来源:WTO Statistics Database。

业服务类分别是电信、计算机和信息服务(37%),知识产权使用费(5%)、金融服务(3%)和保险和养老服务(3%)。与欧盟和美国相比,中国知识产权使用费类和金融服务类数字服务贸易出口比重相对较少,两者合计仅占数字服务贸易出口比重的8%,同期欧盟的比重为25%,美国的比重接近当年数字服务贸易出口规模一半,见图4。这表明中国与发达国家的数字服务贸易相比,不仅存在着规模上的差距,结构上也存在一定的优化调整空间。

2. 中国数字服务贸易在全球的重要性不断提升

从2011年到2020年的十年间,中国数字服务贸易规模快速增长,从2011年的1648.4亿美元增加到2020年的2947.6亿美元,年平均增长率达6.7%,见图5,增速在主要经济体中位居前列。这一时期,中国数字服务贸易占服务贸易的比重从36.7%提升至44.5%,相比美国63%和欧盟

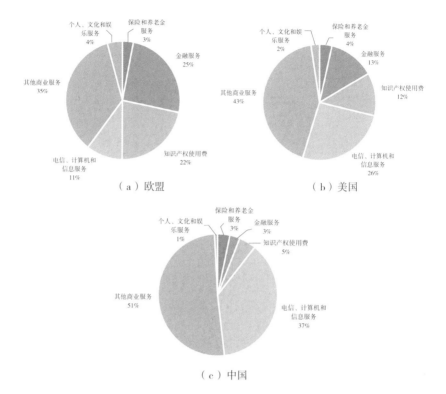

图 4 2019 年欧盟、美国、中国数字服务贸易出口结构比较

数据来源：WTO Statistics Database。

57%的比重仍有一定提升的空间。

过去十年中国数字服务贸易国际竞争力持续增强,数字服务贸易净出口额从 2011 年 148.2 亿美元的逆差逐渐扭转,2018 年到 2020 年连续 3 年实现顺差。截至 2020 年中国数字服务贸易顺差为 147.7 亿美元,净出口占进出口总额比重为 5%,与 2019 年基本持平,实现盈余,见图 6。

2011—2020 年,中国知识产权、金融服务、ICT 服务等细分数字服务贸易出口平均增速分别为 31.7%、19.6%和 17.4%,均远高于世界同期平均水平,见图 7。这一时期中国 ICT 服务在数字服务出口中占比提升了 19.7 个百分点,ICT 服务作为中国数字服务出口占比提升最快、增长贡献

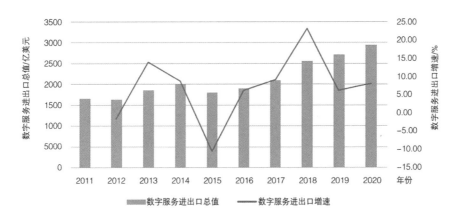

图5　中国数字服务贸易总额及增速

数据来源:国务院发展研究中心对外经济研究部、中国信息通信研究院课题组(2021)。

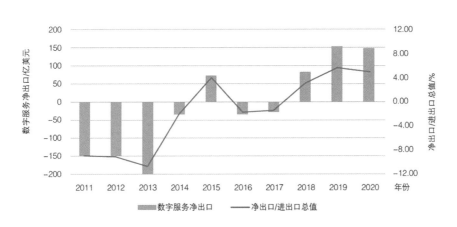

图6　中国数字贸易净出口及占总贸易比重

资料来源:国务院发展研究中心对外经济研究部、中国信息通信研究院课题组(2021)。

最大的领域主要得益于国内涌现出一大批具有国际竞争力的 ICT 企业。

3. 商业存在形式下的数字服务贸易扮演重要角色

《服务贸易总协定》(GATS)提出服务贸易包含四种提供模式:跨境交付(模式 1)、境外消费(模式 2)、商业存在(模式 3)以及自然人流动

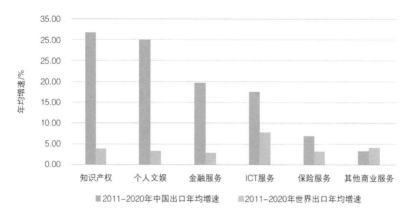

图7 中国各类数字服务贸易平均增速

数据来源:国务院发展研究中心对外经济研究部、中国信息通信研究院课题组(2021)。

(模式4)。《国际服务贸易统计手册2010》进一步将其归并为服务贸易统计包括国际收支服务贸易(Balance of Payment, BoP)和外国附属机构服务贸易(Foreign Affiliates Trade in Service, FATS)两种口径,前者主要包含模式1、模式2和模式4的服务贸易,后者则主要包含模式3的服务贸易。

根据WTO数据库的统计,2018年中国通过商业存在模式的服务出口达到9483.3亿美元,规模上仅次于美国排名第二;商业存在模式的服务出口占到当年服务贸易出口的70%以上,在主要经济体中的水平最高,见图8。当然需要指出的是,中国的FATS服务贸易出口中主体部分是占总出口51.6%的非数字服务贸易的行政及支持服务活动,因此商业存在模式下的数字服务贸易体量相比德国、法国、英国等主要欧洲国家仍有一定距离。

WTO数据库中使用各国外国附属机构销售收入数据按照联合国《国际标准产业分类(第四版)》(ISIC Rev.4)对FATS服务贸易进行分类,主要包括信息和通信,金融和保险活动,专业、科学和技术活动,教育、艺术、

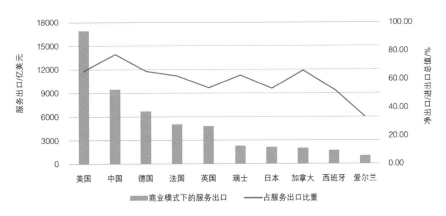

图8 主要经济体商业存在服务贸易出口及占比

数据来源:国务院发展研究中心对外经济研究部、中国信息通信研究院课题组(2021)。

娱乐和休闲活动服务等5类与数字服务相关部门的销售收入数据,以便反映FATS数字服务出口情况。在22个代表国家[①]的FATS数字服务贸易出口总量中,2011年至2019年,数字服务贸易出口规模比重先下降再上升,但其一直占据75%以上服务贸易出口。2019年,FATS口径统计下的22个代表国家服务贸易规模36827亿美元,其中数字服务贸易规模27879亿美元,占服务贸易比重为75.7%,见图9。

从结构来看,代表国家FATS数字服务贸易出口以金融和保险活动类、信息和通信类为主,两者合计占比达到数字服务贸易出口规模的85%以上,并且信息和通信类数字服务贸易出口比重逐年上升,从2011年28.8%上升至2019年31.8%,见图10。教育、艺术、娱乐和休闲活动类数字服务贸易出口增长最快,2011年3.69亿美元增加至2018年8.06亿美元,年复合增长率11.8%。

---

① 22个国家包括:奥地利、比利时、哥斯达黎加、克罗地亚、捷克、丹麦、芬兰、法国、德国、希腊、匈牙利、意大利、拉脱维亚、立陶宛、挪威、葡萄牙、罗马尼亚、斯洛文尼亚、西班牙、瑞典、英国、美国。

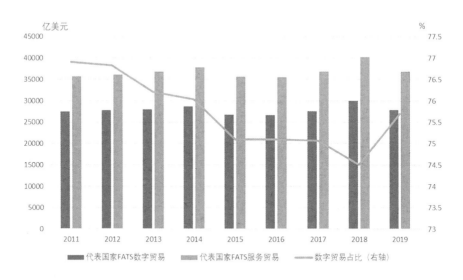

图 9 代表国家 FATS 数字服务贸易出口总量及占比

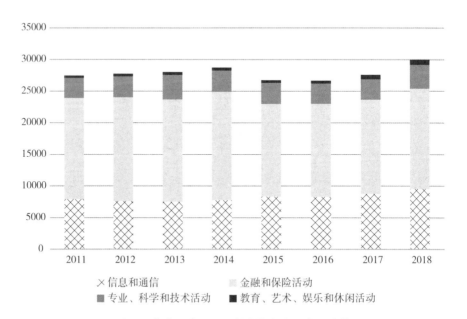

图 10 代表国家 FATS 数字服务贸易出口结构

从 FATS 数字服务贸易商业存在模式出口类别占比来看,2011 年—2018 年间,代表国家中信息和通信、金融和保险活动两类数字服务贸易商业存在出口占比均在 80% 以上,教育、艺术、娱乐和文娱活动类占比上升较快,从 2011 年 52.1% 提升至 2018 年 63.0%(图 11)。这与前述数字服务贸易出口规模结构相对应,前两者的数字服务贸易商业存在出口占比一直较高,出口规模比重较大,后者商业存在出口占比的提升带动了出口规模的快速增长。

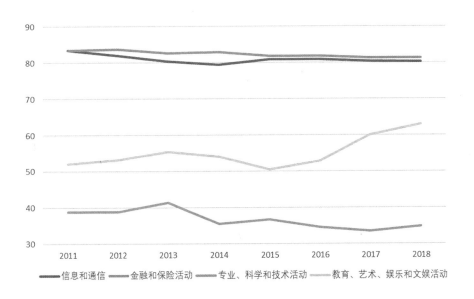

图 11　代表国家各类数字服务贸易商业存在出口占比

2018 年中国商业存在模式下服务出口类型中,文化、体育和娱乐业,信息传输、软件和信息技术服务业增速较快,分别增长了 241.6%、212.3%。但与发达国家比较,信息通信、文化等数字服务规模相对较小。例如,2018 年,中国商业存在模式下的 ICT 服务出口为 545.6 亿美元,约为美国的 10%。在主要经济体商业存在数字服务贸易出口中,2018 年中国信息和通信类占比达到 70.3%,欧盟和美国主要出口类别为金融和保险活动类,分别为 53.3% 和 43.1%(图 12)。值得注意的是,中国专业、科学和技术活动类占比与欧盟、美国相似,分别为 16.7% 、14.7% 和 13.5% ,这表明中国在该类相关行业的商业存在数字服务贸易水平与欧美发达国家保持一致。

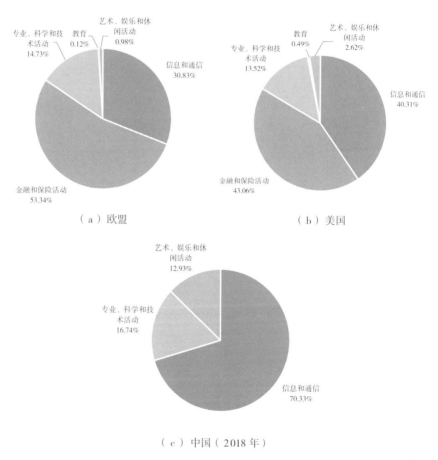

图 12 2019 年欧盟、美国、中国商业存在数字服务贸易出口结构

数据来源:WTO Statistics Database。

4. 数字订购贸易(电子商务)蓬勃发展

经济合作与发展组织(OECD)、世界贸易组织(WTO)、国际货币基金组织(IMF)将通过数字订购的数字贸易称为电子商务,其中交付内容为货物和传统服务部分的范畴相对明确,同时由于还包括了通过数字订购但交付内容为数字形式的数字贸易,因此也需要认识到"订购"和"交付"两个概念并不是相互排斥的。

　　作为数字贸易的全球跨境 B2C 电子商务销售在增长迅速,从 2017 年的 3776 亿美元增长到疫情前的 4400 亿美元,已经接近全部 B2C 在线销售 4.87 万亿美元的近十分之一,参与跨境网购的人数已经达到 3.6 亿人,更是占到全部网购人数 14.8 亿人的 24.3%。因此如果考虑到占主体地位的跨境 B2B 电子商务销售,数字订购贸易的总体体量和数字交付贸易是基本接近的,二者共同构成了全球数字贸易的繁荣格局。

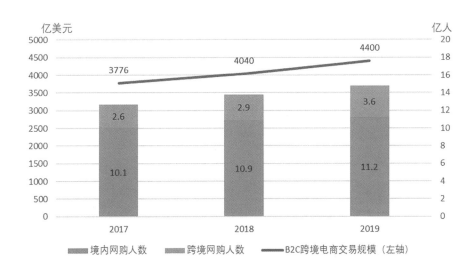

图 13　全球网购及跨境电商交易规模

数据来源:UNCTAD(2021)。

　　从开展数字订购贸易的主要经济体的跨境 B2C 电子商务销售来看,中国以 1050 亿美元的销售总量位居世界第一,美国以 900 亿美元的销售总量列第二位。两国的跨境销售占总电子商务消费的比重也比较接近,分别为 6.8% 和 7.1%，相比之下同样列于跨境电商销售前列的主要欧洲经济体和日本，这一比例则普遍都在 10% 以上。考虑到中国在跨境 B2B 电子商务销售当中的体量，加总之后其在数字交付形式中的数字服务贸易与欧美的体量差距将会有所缩小。

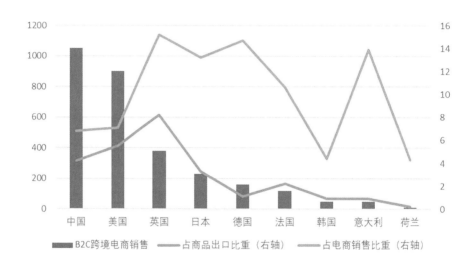

图 14　2019 年主要经济体跨境电商销售及占比

数据来源：UNCTAD(2021)。

二、主要经济体的数字贸易战略选择

数字贸易治理成为世界各国高度重视的议题，但在国际层面尚未达成共识。数字贸易规则主要由 WTO 的贸易协定和双边贸易协定(BTA)、区域贸易协定(RTA)、贸易伙伴协定(TPA)共同构成，但在国际层面尚未达成共识。现阶段，全球数字贸易治理呈现四个特点。第一，数字服务贸易壁垒呈增高态势。据 OECD 统计，近 5 年数字服务贸易限制性指数(Digital Services Trade Restrictiveness Index)的平均值呈上升趋势；

第二,WTO 电子商务多边谈判尚未达成一致意见,区域性的自由贸易协定逐渐成为替代性选择;第三,有关数字贸易的双边、诸边、区域贸易协定的数量不断增多,涉及数字贸易的条款内容愈加详细;第四,尽管区域贸易协定在一定程度上弥补了 WTO 规则的空缺之处,但显现"全球治理规范分裂"的态势。随着数字贸易快速发展的不是开放的贸易规则,而是逐渐加重的数字服务贸易壁垒;随着数字治理体系加速构建的不是一致的政策立场,而是逐渐分化的贸易规则。

跨境数据成为世界贸易的重要生产要素。许多数字平台依托跨境数据以提供服务,与此同时也从世界各地收集跨境数据,成为全球数据基础设施发展和跨境数据流动的重要参与者。结合人口规模、经济发展水平、是否拥有主导地位的国际在线平台、是否拥有领先高科技产业等多种因素影响了数据进出口情况。根据这些差异可以划分出六种类型的国家:第一类,数据净进口国(即数据流入大于数据流出)——拥有占主导地位的国际数字平台和领先高科技产业的发达国家,例如美国;第二类,数据净进口国(即数据流出大于数据流入)——拥有占主导地位的国际数字平台和领先高科技产业的发展中大国,例如中国;第三类,数据净出口国——没有占主导地位的国际数字平台但拥有领先高科技产业的发展中大国,例如印度;第四类,数据净出口国——没有占主导地位的国际数字平台和领先高科技产业的发展中大国,例如印度尼西亚;第五类,数据净出口国——没有占主导地位的国际数字平台但拥有领先高科技产业和/或人才的发达国家,例如欧洲国家;第六类,数据净出口国——没有占主导地位的国际数字平台或高科技人才的小发展中国家,例如撒哈拉以南非洲国家(见表1)。

表 1　数字贸易战略分类

经济发展水平	拥有占主导地位的国际在线平台	拥有领先高科技产业	数据进出口情况	代表性国家
发达大国	是	是	数据净进口	美国
	否	是	数据净出口	法国、英国
发展中大国	是	是	数据净进口	中国
	否	是	数据净出口	印度
发展中小国	否	否	数据净出口	印度尼西亚
	否	否	数据净出口	越南

资料来源：Coyle and Li(2021)。

本章选取美国、欧盟、中国和印度的贸易规则进行分析,探讨各国数字贸易战略选择(见表2)。本章选择这四个经济体进行案例分析,主要出于两个方面的考虑。第一,美国、欧盟、中国和印度的数字经济规模在全球范围内均排名前列,也都是拥有领先高科技产业的经济体。并且,这四个经济体的人口规模较大,也即互联网用户规模、数字贸易市场规模较大。第二,现阶段,欧盟、美国和中国的在国际层面各自秉持了不同的数字贸易方案,呈现"三足鼎立"的局面,极具代表性,而印度是数字经济规模排名前十的经济体中,唯一一个没有加入WTO电子商务多边谈判的国家。需要说明的是,欧盟实行"数字单一市场"战略,因此本章将其作为一个经济体进行分析。

表 2　典型经济体的数字贸易开放路径

经济发展水平	战略选择	
	数据净进口	数据净出口
发达经济体	开放数字贸易(如美国)	有条件开放数字贸易(如欧盟)
发展中经济体	渐进开放数字贸易(如中国)	限制开放数字贸易(如印度)

资料来源：根据相关资料整理。

（一）美国：开放数字贸易

无论是技术层面还是数据层面，美国数字平台在全球处于领先地位。据 UNCTAD 统计，2021 年全球数字平台市值排名前 100 中，美国数字平台的数量为 41 个，占市值总份额的比例为 67%。此外，美国拥有世界领先的云计算平台，为人工智能、物联网、大数据、区块链和其他数字技术发展奠定了基础，是数字技术的主要来源地。例如，据 Statista 统计，亚马逊是全球企业市值排名最高、访问用户量最高的零售电商平台，2021 年 7 月亚马逊的市值达到 1.73 万亿美元，2020 年亚马逊的月平均流量达到 3.68 亿。并且，亚马逊云服务（Amazon Web Service）是全球领先的云计算服务平台之一，在世界范围内被广泛使用。综合而言，数字平台可以在世界各地收集数据，并在美国进行集中决策和数字生产，使得美国成为数据净进口国。与此同时，数字平台需要继续从世界各国收集数据，具有交易和（或）共享数据的动机，以此进入新市场和拓展业务。

美国实行自由开放的数字贸易战略，有助于国内平台继续在全球范围内扩展、获取数据，从而提升国家数字产业的竞争力，提升国家数字经济的竞争力。美国强调贸易自由化和便利化，倡导降低数字贸易壁垒。第一，美国积极签署有关数字贸易规则的贸易协定。截至 2021 年 12 月，美国签署且生效的涵盖电子商务或数字贸易章节的双边、诸边、区域协定有 12 个，《美墨加协定》（USMCA）是全球首个设定数字贸易章节的贸易协定，《美日数字贸易协定》（US-JAPAN Digital Trade Agreement）是美国首个数字贸易协定。第二，美国通过达成贸易协定，力争降低数字贸易壁垒。从数字贸易议题的发展脉络来看，有关议题由最初的在贸易协定的部分条款中讨论，而后发展成为电子商务章节、数字贸易章节，而今发展成为专门的数字贸易协定，既体现了数字贸易议题的重要性，也体现了美国对数字贸易议题的重视程度。从数字贸易议题的涵盖范围来看,美国主导签署的数字贸易协定涵盖议题广泛,包括数字产品的非歧视待遇、允许跨境数据流动、禁止数据本地化措施、禁止强制披露源代码等,并且率先在贸易协定中谈及数字税收、禁止强制披露密码技术议题。并且,美国倡导跨境数据流动,鼓励国际合作,打破数据壁垒,促进区域贸易,试图平衡包括经济发展、保护国家安全和隐私在内的公共政策目标。现阶段,《美墨加协定》与《美日数字贸易协定》被认为是全球解决数字贸易壁垒的最全面、最高标准的贸易协定。

(二)欧盟:有条件开放数字贸易

欧洲数字贸易发展略微落后于美国和中国。一方面,据 Statista 统计,2020 年欧洲电子商务收入规模为 0.46 万亿美元,相比美国和中国较低;另一方面,欧洲本地没有全球领先的数字平台,尽管欧洲数字经济中有超过 1 万家数字平台,但其中大多数为中小企业,占据大部分市场份额的是少数大型数字平台。美国数字平台是欧洲主要的数字服务供应商,许多中小企业使用亚马逊、字母表(Alphabet)等数字平台的云服务平台,将数据存储于欧洲之外(ECIPE & KGBPC,2021)。

欧盟致力于提升国家数字经济的竞争力,确保欧盟在数字贸易和技术创新的领先地位。欧盟实行有条件开放的数字贸易战略,设置了高标准的数据保护体系,给予本地中小型数字平台企业一定程度的成长空间。一方面,欧盟积极消除不合理的数字贸易壁垒。欧盟是全球签署贸易协定数量较多的经济体之一,于 2020 年 12 月 30 日正式签署《欧盟与英国贸易暨合作协议》,这是欧盟首次设定数字贸易章节的贸易协定,也拓宽了数字贸易议题,包括允许数据跨境流动、禁止数据本地化措施、软件源代码保护、电子信托服务、交互式计算机服务等。另一方面,欧盟重视构建开放和安全的数字贸易环境,设置了严格数据保护体系,设定了数据保护高标准规则,旨在消除不合理的数据流动障碍,又保持在数据和隐私保护方面的监管自主权。欧盟在贸易协定中规定,跨境数据传输的前提是缔约方法律规定了适当保护措施,并且双方在协定生效之日起三年内可以随时审查条款实施情况。并且,欧盟《通用数据保护条例》(GDPR)自2018 年 5 月 25 日生效,通过统一立法的方式,对个人数据跨境流动设定了"充分性保护认定""适当保护措施"的条件,在一定程度上对数字贸易设定了条件。

(三)中国:渐进开放数字贸易

中国依托国内市场规模,数字平台快速崛起,电子商务规模全球领先。一方面,中国互联网用户规模全球第一,数字市场流量优势显著,跨境电商规模增速较快;另一方面,中国电子商务平台的收入规模与市场份额全球排名第一。据商务部电子商务和信息化司统计,2020 年中国跨境电商进出口额达 1.69 万亿元,按可比口径计算增长 31.1%。根据 Statista 统计,2020 年中国电子商务收入规模为 1.34 万亿美元,美国为 0.54 万亿美元;2019 年中国零售电商平台占全球市场份额的比例为 42%,而亚马逊的市场份额为 13%。

中国积极参与区域贸易协定,重点关注推动贸易便利化和改善电子商务环境,加强国际电子商务合作。截至 2021 年 12 月,中国签署且有效的涵盖电子商务或数字贸易章节的双边、诸边、区域协定为 5 个,即将生效的协定为 2 个,主要涵盖了数字贸易的基础性议题,包括禁止强制性技术转让、电子传输海关关税、电子认证和电子签名、非应邀商业电子讯息、在线消费者保护等,但尚未对数字贸易的新兴议题设定规则,例如数字产品非歧视待遇、源代码保护等。在跨境数据流动方面,中国严格要求关键信息基础设施运营者和个人信息数量达到规定规模的个人信息处理者,非经主管机关批准不得向外国司法或执法机构提供境内数据。

尽管中国被认为设置了较高的数字贸易壁垒,但是中国积极申请加入国际高水平贸易协定,渐进地对标全球高标准数字贸易协定,进一步扩大对外开放程度。中国首个超大区域贸易协定《区域全面经济伙伴关系协定》(RCEP)于 2020 年 11 月 15 日正式签署、2022 年 1 月 1 日生效,并且于 2021 年 9 月 16 日正式申请加入《全面与进步跨太平洋伙伴关系协定》(CPTPP),于 2021 年 11 月 1 日正式申请加入《数字经济伙伴关系协定》(DEPA),致力于加强全球数字经济领域合作。

(四)印度:限制开放数字贸易

印度依托国内人口规模,电子商务快速增长。随着互联网基础设施的完善和智能手机的普及,印度互联网用户规模不断扩大,互联网用户渗透率快速提升。据印度品牌价值基金会(India Brand Equity Foundation,IBEF)统计,2020 年印度线上购物用户规模达到 1.4 亿,仅落后于中国和美国。基于庞大的消费市场,印度电子商务市场规模不断上升。据 Statista 统计,2021 年印度电子商务市场规模为 840 亿美元,预计 2027 年将增长至 2000 亿美元。与此同时,印度本地的电子商务平台与国际大型平台处于竞争状态。在印度,无论是访问量还是销售额,美国亚马逊均排名第一,超过了所有印度本地平台;2017 年,亚马逊印度的销售额超过 5 亿美元,占据了较高市场份额。

印度在国际层面缺位于多边和区域数字贸易谈判,为数字贸易与数据流通设置了壁垒。一方面,印度在国际层面参与数字贸易合作的程度较低。在多边层面,印度没有参与 WTO 电子商务谈判;在双边、诸边和区域层面,截至 2021 年 12 月,印度签署且有效的贸易协定为 17 个,但涵盖电子商务章节的协定仅为 1 个。另一方面,印度在数字贸易中设置了限制性条件。例如,印度主张征收电子传输关税,也设定了严格的数据本地化要求。

三、数字技术与数字全球价值链

随着移动互联网、云计算、社交网络、电子商务与物联网的迅速发展,以数字化、信息化、互联多媒体等为标志的数字经济时代已经到来。互联网、云计算、大数据等现代信息技术,不仅深刻改变传统行业、促进制造业服务化,而且赋能服务贸易、大大提高服务业可贸易性,为中国贸易高质量发展带来全新机遇。

20 世纪 90 年代以来,贸易占全球 GDP 的比例不断提高,尤其是在中国加入 WTO 后,经济全球化进入快速发展期。推动和影响全球贸易发展的重要因素之一,就是数字技术与全球价值链的兴起。一方面,数字技术的快速发展使得传统意义上不可贸易、不可分工的服务业,以远程医疗、远程教育、设计和研发服务外包等多种形式实现了跨境贸易,在贸易中的比重快速上升。另一方面,全球生产网络体系将包括资本、劳动、数字技术等在内的各种生产要素,在世界范围内进行了全新分工,将产品生产环节按各经济体的比较优势在全球范围内进行分工协作,形成了连接全球、跨越多个国家边境的全球价值链体系。数字技术、信息技术和研发投入等上游生产环节,通过贸易产生跨国影响和溢出效应,全球价值链放大了数字技术与研发投入的作用。

因此,在数字经济时代和全球价值链时代,我们有必要研究贸易发展与数字技术、研发投入之间的联系,特别是从全球价值链的视角出发,重新解读服务贸易的增加值、研发投入、比较优势与全球价值链参与度①。

（一）数字技术密集行业与数字技术渗透率

根据联合国贸易和发展会议（UNCTAD），可数字化交付服务贸易的内容包括六个大类，即：保险服务，金融服务，电信、计算机和信息服务，知识产权使用费，个人、文化和娱乐服务和其他商业服务。现有的跨国投入产出数据库和价值链数据库，通常使用 ISIC Rev3 标准将行业划分为 35 个类别，根据 ISIC Rev3 框架下的 4 位行业代码，本课题梳理了数字技术行业和服务贸易行业之间的对照关系如下，即：价值链框架下的"金融中介行业"对应数字技术行业"保险服务"和"金融服务"，"电子与光学元件行业"和"邮政通讯行业"对应"电信、计算机和信息服务"，"材料和设备的租赁及其他商业活动行业"对应"知识产权使用费"和"其他商业服务"，"其他社区、社会和个人服务"对应"个人、文化和娱乐服务"。

表 3　数字技术行业对照表

部门	代码
电子与光学元件行业：电信、计算机和信息服务	
30	300、3000
31	311、3110、312、3120、313、3130、314、3140、315、3150、319、3190
32	321、3210、322、3220、323、3230

---

①　本研究使用如下数据：1995 年至 2009 年全球投入产出数据库（World Input-Output Database）和 2010 年至 2018 年亚洲开发银行投入产出数据（ADBMRIO）；世界经合组织（OECD）提供的各国研发投入数据（ANBERD）、联合国教科文组织（UNSECO）提供的各国研发投入数据以及世界银行（World Bank）提供的研发投入数据；世界银行（World Bank）提供的价格指数、汇率与购买力平价指数；以及对外经贸大学全球价值链研究院提供的全球价值链指数数据（UIBE GVC Indicators）等多个数据库。本研究经过汇总整理，将各种不同来源、口径的数据统一为 41 个主要经济体和 35 个行业。基于 KWW（2014）、WWZ（2015）、Meng et al.（2018）开发的全球价值链双边分解方法，本文对全球贸易中隐含的增加值与研发投入进行分解，对全球价值链下的显示比较优势和全球价值链参与进行统计与计算。

续表

部门	代码
33	331、3311、3312、3313、332、3320、333、3330
邮政通讯行业：电信、计算机和信息服务	
64	641、6411、6412、642、6420
金融中介：保险服务、金融服务	
65	651、6511、6519、659、6591、6592、6599
66	660、6601、6602、6603
67	671、6711、6712、6719、672、6720
材料和设备的租赁及其他商业活动：知识产权使用费、其他商业服务	
71	711、7111、7112、7113、712、7121、7122、7123、7129、713、7130
72	721、7210、722、7220、723、7230、724、7240、725、7250、729、7290
73	731、7310、732、7320
74	741、7411、7412、7413、7414、742、7421、7422、743、7430、749、7491、7492、7493、7494、7495、7499
其他社区、社会和个人服务：个人、文化和娱乐服务	
90	900、9000
91	911、9111、9112、912、9120、919、9191、9192、9199
92	921、9211、9212、9213、9214、9219、922、9220、923、9231、9232、9233、924、9241、9249
93	930、9301、9302、9303、9309

资料来源：根据相关资料整理。

数字技术不仅重新塑造了行业的增加值分布、技术水平、比较优势和价值链位置，而且通过全球价值链深刻影响了整个生产链条。为了刻画数字技术在各行业的强度，Lv et al.（2021）构建了数字技术渗透率指标，即某国某行业一单位总产出中来自数字技术行业的中间品占比。在本研究中数字技术渗透率被定义为来自金融中介行业、电子与光学元件行业、邮政通讯行业、材料和设备的租赁及其他商业活动行业以及其他社区、社会和个人服务行业中间品合计占各行业总产出的比重。图15展示了1995年和2018年中国、德国、印度、日本、美国各行业数字技术渗透率，过去二十年来数字技术的渗透在各行业均有所加强,这不仅发生在电子光学与元器件等两业融合产业,也发生在运输业等生产性服务业、邮政与电信等数字技术密集的服务行业以及金融中介行业等典型服务行业。

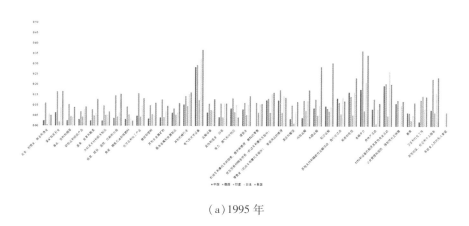

（a）1995 年

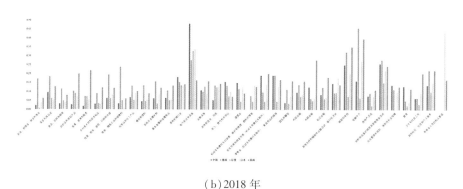

（b）2018 年

图 15　全球主要国家分行业数字技术渗透率

注:主要国家包括澳大利亚、奥地利、比利时、保加利亚、巴西、加拿大、中国、塞浦路斯、捷克共和国、德国、丹麦、西班牙、爱沙尼亚、芬兰、法国、英国、希腊、匈牙利、印度尼西亚、印度、爱尔兰、意大利、日本、韩国、立陶宛、卢森堡、拉脱维亚、墨西哥、马耳他、荷兰、波兰、葡萄牙、罗马尼亚、俄罗斯、斯洛伐克共和国、斯洛文尼亚、瑞典、土耳其、美国等。

从 1995 年至 2018 年,中国各服务行业的数字技术渗透率绝大多数有所增长。如表 1 所示,批发贸易行业从 0.12 提高到 0.19,成为全球该行业数字化程度最高的国家之一;零售行业从 0.12 提高到 0.19,同属该行业数字化程度最高的国家之一,与德国一致;邮政和通讯行业从 0.16 提高到 0.25,2018 年德国该行业数字渗透率为 0.32、美国为 0.35、日本为 0.20;材料和设备的租赁及其他商业活动从 0.20 提高到 0.26,仅次于德国的 0.28,高于美国的 0.24;其他社区、社会和个人服务从 0.08 提高到 0.14,仅次于德国的 0.22;但金融中介行业从 0.18 变为 0.16,没有实质性提高,而同时期德国已达到 0.46、日本达到 0.27、美国达到 0.40。

表 4　2018 年全球主要国家服务贸易行业数字技术渗透率

服务贸易行业	1995 年	2018 年				
	中国	中国	德国	印度	日本	美国
机动车和摩托车销售、维护、修理	NA	NA	0.08	0.05	0.14	0.13
批发贸易和佣金贸易	0.12	0.19	0.10	0.05	0.14	0.20
零售业;家庭用品的修理	0.12	0.19	0.19	0.05	0.13	0.17
酒店和餐馆	0.04	0.04	0.11	0.04	0.07	0.16
内陆运输	0.04	0.10	0.14	0.07	0.08	0.16
水路运输	0.09	0.13	0.06	0.05	0.06	0.28
航空运输	0.10	0.08	0.13	0.06	0.07	0.18
其他运输活动,旅行社活动	0.14	0.15	0.09	0.10	0.18	0.14
邮政和电信	0.16	0.25	0.32	0.08	0.20	0.35
金融中介	0.18	0.16	0.46	0.07	0.27	0.40
房地产活动	0.08	0.08	0.09	0.02	0.08	0.11
材料和设备的租赁及其他商业活动	0.20	0.26	0.28	0.15	0.22	0.24
公共管理、国防、社会保障	0.11	0.14	0.11	0.00	0.10	0.13
教育	0.07	0.13	0.05	0.02	0.04	0.12
卫生和社会工作	0.02	0.06	0.07	0.03	0.09	0.20
其他社区、社会和个人服务	0.08	0.14	0.22	0.10	0.15	0.22
有就业人员的私人家庭	NA	NA	0.00	NA	0.43	0.17

（二）数字全球价值链

参考现有文献中的全球价值链分解方法，根据不同行业的数字技术渗透率，可以将全球价值链中的增加值贸易进一步分解为沿全球价值链中的数字技术相关增加值贸易。如图 16 所示，1995 年全球总增加值为 28.49 万亿美元，其中数字技术相关的增加值为 3.69 万亿美元，全球服务业总增加值为 18.77 万亿美元，其中数字技术相关的服务业增加值为 2.72 万亿美元，数字技术相关增加值占总增加值的比重为 12.0%、占服务业增加值的比重为 14.5%；2018 年全球总增加值为 82.33 万亿美元（增长），其中数字技术相关的增加值为 11.79 万亿美元，全球服务业总增加值为 54.52 万亿美元，其中数字技术相关的服务业增加值为 8.91 万亿美元，数字技术相关增加值占总增加值的比重为 14.3%、占服务业增加值的比重为 16.3%。数字技术相关增加值在服务业中的增长更为迅速。

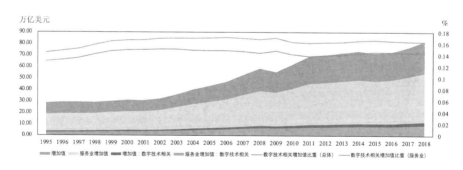

图 16 全球数字技术相关增加值及其比重

注：图 22 中增加值、服务业增加值、增加值：数字技术相关、服务业增加值：数字技术相关 4 类为面积图，而不是堆积面积图。

进一步，图 17 展示了将贸易按照全球价值链路径进行分解后，不同价值链路径中数字技术相关增加值所占比重。整体而言，数字技术相关增加值在服务贸易中的比重高于其在总体的比重，主要原因在于服务贸易的数字技术渗透率相对更高。按时间趋势来看,全球价值链中数字技术相关增加值的比重成波动上升趋势,其中第一次快速增长发生在1995至1999年,在这期间美国经历了互联网行业的快速增长,数字技术快速进步;第二次快速增长发生在2011年后,在这期间,如图18所示的人工智能、智能制造、工业机器人等数字技术快速发展,推动了全球数字技术相关增加值占比的提高。在服务贸易内部,简单价值链和复杂价值链中数字技术相关增加值所占比重相对更高,而传统贸易中数字技术相关增加值所占比重相对更低,这一现象符合传统贸易多为生产技术较为简单的产品,而简单价值链和复杂价值链生产中包含了更多高技术中间品的特征。

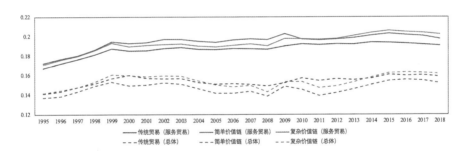

图17　全球价值链中数字技术相关增加值比重

本研究再进一步对中国数字技术相关增加值及其比重进行分析,主要结果如图19、图20所示。从1995年至2018年,中国数字技术相关增加值545.49亿美元增长为17945.73亿美元,其中服务业数字技术相关增加值从259.56亿美元增长为10464.83亿美元,而服务业中服务贸易数字技术相关增加值则从41.39亿美元增长为1540.03亿美元。图19、图20展示了1995年至2018年中国数字技术相关增加值及其比重,并根据国内需求、传统贸易、简单价值链和复杂价值链进行了分解。相对全行业或制造业而言,中国服务业增加值中数字技术占比较高。从数字技术

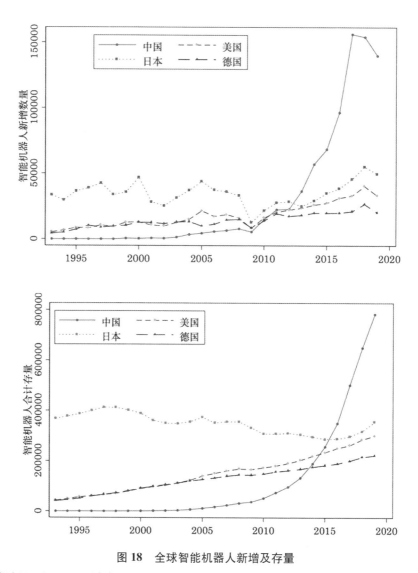

图 18　全球智能机器人新增及存量

数据来源：国际机器人联合会（The International Federation of Robotics，IFR）。

相关增加值所占比重来看，贸易中的数字技术增加值含量相对国内部分更高。从 1995 年至 2018 年，贸易中传统贸易、简单价值链、复杂价值链增加值中的数字技术所占比重均有大幅上升，全行业贸易从 7%—10%增长到 13%—17%，服务贸易均从 11%—12%增长到 17%—18%。近二十年来,中国数字技术的快速发展,促进了上下游产业的发展,不仅在服务贸易中的贡献快速提高,也带动了服务贸易的高质量发展。

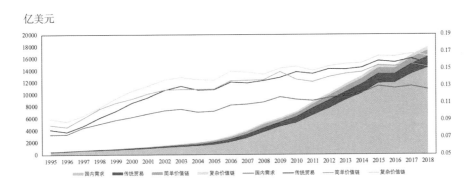

亿美元

图19　中国数字技术相关增加值及其比重(全行业)

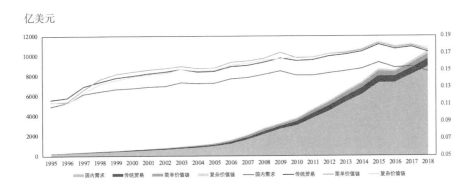

亿美元

图20　中国数字技术相关增加值及其比重(服务业)

总体而言可以发现:第一,中国数字技术的快速发展促进了上下游产业的发展,在服务贸易增加值中数字技术相关部分的比重快速提高,数字技术带动了服务贸易的高质量发展。第二,中国研发投入经历了快速增长,已经从全球贸易中的研发投入净输入国转变为净输出国。第三,近年来中国服务贸易的显示比较优势有所提高,但仍低于自身的制造业贸易和发达国家的服务贸易。近年来,中国电子与光学元件行业、邮政通讯行业等数字技术密集型行业,经历了增加值的快速提高,其原因在于研发投入爆发式增长和全球价值链参与度有所提高。这表明,数字经济时代,数字技术、研发投入、融合创新已经成为中国贸易高质量发展的动力来源。

四、中国发展数字贸易实现高水平
对外开放的路径选择

数字化对贸易的影响不断深化,数字贸易在迅猛发展,全球贸易分工格局在重构,全球经济关系在重配,全球贸易治理体系也在重建。数字贸易是全球经济治理的重要关切点,世界各国积极部署数字经济发展,也加紧更新治理规则,尽管不同国家在产业发展与竞争力、监管理念与方式等方面存在差异,但数字贸易发展与治理挑战是全球性的,平衡开放与监管的趋势是共性的。

数字时代的全球化势不可挡,数字贸易成为国际贸易的重要形式,数字平台成为重要组织形式,跨境数据成为关键要素。相应地,数字时代的比较优势在改变,拥有大量数据要素的国际数字平台企业成为重要影响因素。尽管战略性贸易政策理论为政府干预贸易提供了理论证据,美国、欧盟、中国、印度等数字经济大国选择了不同的贸易战略路径。但是,各国分化的数字贸易战略,是否有助于数字贸易的发展,是否有助于数字经济的发展,是否有助于全球合作与发展,值得更进一步地思考与分析。数字时代的贸易治理挑战重重,仍有诸多问题亟待探讨。

数字平台与数据要素对经济社会发展产生了深远影响,数字贸易规则反映了各国在数字产业发展与数据监管方面的倾向。在数字经济时代,数字平台是重要载体,数据是重要要素。一方面,平台作为数字经济的主要组织形态,是数据要素配置的重要组织形式。大型数字平台对全球数据价值链的控制力逐渐增强,在数据收集、传输、存储、处理和使用过程中的影响力日益显著。另一方面,数据是平台形成竞争优势的重要生产要素。数据具有显著的正外部性,参与者越多、数据量越大、正外部性越强,并且平台可以将数据的正外部性内部化。因此,数字贸易规则分歧反映了数字产业竞争力之争,具备数字产业优势的国家,试图通过开放以进一步提升产业竞争力;不具有产业优势的国家,试图通过设定条件与限制,给予本地数字产业成长的空间。与此同时,数字贸易规则分歧也反映了数据之争,反映了发达国家与发展中国家的数据监管倾向不同,总体而言,发达国家的数据监管相对较开放,很少采取严格的数据本地化措施。

中国的数字贸易战略呈现出"渐进式开放"的特点,既符合中国对外开放历程的规律,又符合中国在数字时代的发展需求。第一,中国改革开放走的是"渐进式开放"道路。由于经济上面对变化与不确定性,政治上面对质疑和担忧,中国对外开放以建立经济特区为起步,然后在开放区域和内容上逐步推进,为政治上达成共识提供了实践成效,为产业竞争力提升留出了时间。第二,中国在数字时代应逐步地实现高水平对外开放。一方面,中国的数字平台成长迅速、跨境电商交易与数字贸易稳步增长,与此同时,依托数字产业优势,中国实现了数据净进口,因此,中国需要开放数字贸易。另一方面,数字平台与数据是新兴的产业组织形式与生产要素,产业如何发展与如何治理都需要探索与实践,这在全球层面尚未达成共识。因此,中国选择渐进地开放数字贸易,既能为国内数字产业成长留出时间,也能为数字产业治理积累实践经验。

数字贸易发展的共同趋势是开放,贸易协定的重要分歧在于跨境数据流动。美国推行开放的数字贸易规则,倡导跨境数据流动;欧盟推行开放与安全并重的数字贸易规则,开放的条件是保障跨境数据安全;中国实行渐进开放的数字贸易规则,严格监管跨境数据流动。中国通过加入高标准贸易协定,可以逐步提高对外开放水平。现阶段,区域贸易协定是全球经贸合作的重要载体,CPTPP、DEPA 等是国际高标准贸易协定的代表。一方面,积极加入高标准贸易协定,对接高标准的市场经济规则,不仅能够予以国际和国内市场主体稳定的预期,还能够逐步推动国内市场体系完善与改革。另一方面,CPTPP、DEPA 等贸易协定率先在数字贸易治理和数据治理方面进行了探索,涵盖了不少有关数据流动与保护的条款,能够为中国逐渐提升数字贸易治理能力提供契机与实践。

综合来看,政府部门可以从以下两个方面为加入国际高标准贸易协定进行准备,助推构建高水平对外开放。一方面,加快推动数字贸易发展,健全数字产业监管体系。一是完善数字基础设施,进一步提高数字贸易供给能力,激活数字消费需求。二是平衡数字产业发展与监管,完善数字产业治理监管体系,为政府监管以及市场运行提供法律规范指导,保障数字产业平稳健康发展。另一方面,平衡监管与开放的关系,构建跨境数据监管体系。一是加快完善有关法律法规和政策,为数据流动与保护提供法律依据;二是建立数据分类分级管理体系,建立数据跨境安全评估体系,在保障数据安全的前提下适度放开数据跨境流动;三是完善跨境数据流动的行业自律制度,鼓励行业协会等第三方组织制定与推行有关行业指南、行为准则等,作为政府监管与市场机制的补充;四是明确数据处理者的合规义务,引导企业对数据流动与保护进行合规管理,提高企业数据合规出境的自觉性。

与之对应,中国企业和各类市场主体可以从以下两个方面把握发展机遇,积极融入国内国际经济大循环。一方面,推动国内与国际市场的融合,提升企业的全球竞争力。一是大力推动企业的数字化转型,提高企业的生产效率,优化企业的业务模式,拓展生产与服务内容,提升企业的价值创造能力;二是兼顾本土化与全球化竞争战略,巩固国内市场、开拓海外市场,积极融入全球价值链体系,实现内贸外贸一体化发展。另一方面,建立健全企业合规治理体系,提升企业的自治能力。一是树立企业的合规治理理念,建设合规管理体系,健全合规风险识别、防范与应对机制,提高企业的数据保护性水平与合规治理水平;二是健全多元的合规渠道,制定多样化的合规方案,以应对美国、欧盟等经济体不同的跨境数据流动要求;三是积极参与国内国际合作,通过企业间协议、标准合同等方式,搭建跨境数据转移的合法机制。

参考文献

1. 国务院发展研究中心对外经济研究部、中国信息通信研究院课题组:《数字贸易发展与合作:现状与趋势》,《中国经济报告》2021 年第 6 期

2. 岳云嵩、陈红娜:《数字贸易发展趋势、特征和国际比较——基于 FATS 视角的分析》,《上海经济研究》2021 年第 10 期

3. UNCTAD, Estimates of global e-commerce 2019 and preliminary assessment of covid-19 impact on online retail 2020, May 2021

4. Coyle D, Li W, The data economy:market size and global trade.ESCoE Discussion Paper 2021-09(2021-08-02).https://www.escoe.ac.uk/publications/the-data-economy-market-size-and-global-trade/

5. European Centre for International Political Economy (ECIPE), Kearney Global Business Policy Council(KGBPC).The economic costs of restricting the cross-border flow of data. (2021 - 06 - 30) [2021 - 12 - 21]. https:// www.wita.org/atp-research/ cross-border-data-restrictions/

5. Koopman, R., Wang, Z.& Wei, S.J.Tracing Value-Added and Double Counting in Gross Exports.Social Science Electronic Publishing 104,459-494

（2014）.

6. Wang,Zhi,Shang-Jin Wei,and Kunfu Zhu,Quantifying International Production Sharing at the Bilateral and Sector Levels.NBER Working Paper 19677(2015)

7. Meng,B.,Peters,G. P.,Wang,Z.&Li,M.Tracing CO2 emissions in global value chains.Energy Economics 73,24-42(2018)

8. Lv,Yanfang,Fang,Ruonan and Wang,Dong.2021. "Measurement and Characteristics of the Integration of China's Trade in Services into Digital Global Value Chain." China Finance and Economic Review,10(1):44-65

9. 江小涓:《立足国情与时代,探索开放促发展促改革之道路》,《经济研究》2021 年第 6 期

第九章 跨境电商:对外贸易新业态

一、跨境电商进入数字贸易新阶段

跨境电商作为国际贸易新业态,经历了从无到有、从小到大、从弱到强的发展过程。1999 年阿里巴巴国际站成立标志着中国跨境电商进入信息服务的 1.0 阶段,2004 年敦煌网成立代表着跨境电商进入线上交易一体化的 2.0 时代,2010 年开始速卖通、Wish 等跨境电商平台不断涌现,服务全面升级,跨境电商进入 3.0 阶段。2020 年新冠肺炎疫情以来中国跨境电商逆势增长,进入创新驱动、快速响应和综合发展的数字贸易发展新阶段,呈现出以下特点。

(一)跨境电商成为中国稳外贸促增长的重要力量

新冠肺炎疫情发生以来,中国跨境电商创新外贸新模式,实现稳中提质逆势增长,成为稳外贸促增长的重要引擎,成为全球电子商务的领跑者。海关数据显示,2021 年中国跨境电商进出口 1.98 万亿元,增长 15%,其中出口 1.44 万亿元,增长 24.5%。在亚马逊封店事件的影响下,中国跨境电商出口仍保持高速增长,充分验证了跨境电商出口的市场活力和增长韧性。

（二）中国跨境电商出口市场与贸易结构得到了改善

跨境电商为中国企业打开了更多的海外市场，已形成以欧洲与北美为代表的成熟市场，东南亚、中东、拉美、东欧等新兴市场多层次市场共存格局。在贸易结构方面，疫情带动 3C 产品、休闲服饰、家居产品、运动健身等品类迅速增长。为抢占后疫情时代消费者线下回流，部分出海品牌积极在海外建立品牌线下渠道。

（三）中国跨境电商数字化贸易与供给能力不断提升

受益于中国数字化进程不断加快，国内制造业供应链能力的总体恢复及"双循环"国家政策，中国跨境电商企业借助数字化技术和产业链优势，灵活调整产品，快速生产及时满足海外需求，数字化贸易能力与响应能力得到很大提升。

二、跨境电商面临的发展机遇与挑战

（一）中国跨境电商面临重要的发展机遇

1. RECP 等伙伴关系协定为跨境电商出口带来利好

中国参与的《区域全面经济伙伴关系协定》（RCEP）已于 2022 年 1 月 1 日正式生效。与此同时，中国积极拥抱《全面与进步跨太平洋伙伴关系协定》（CPTPP），正式提交"入群申请"。RCEP、CPTPP 签订后，区域内各国资源、商品流动、技术合作、服务资本合作、人才合作等都将更加便利，海外仓建设阻碍也将大大减少。RCEP、CPTPP 涵盖了一系列减免关税、推动贸易数字化、降低信息沟通成本的规则,为中国跨境电商出口带来了利好。

2. 各类政策为跨境电商创造更好的营商环境

跨境电商作为国内企业出海的重要途径,受到中国政府的高度重视。自 2014 年"跨境电子商务"一词首次出现在政府工作报告中,已连续 9 年被写入政府工作报告。跨境电商综试区经过六次扩容已达到 132 个,基本覆盖全国,形成了陆海内外联动、东西双向互济的发展格局,尤其在长三角、珠三角等地形成了跨境电商综试区集群。

中央各部委发布多项激励政策,如《商务部关于与应对新冠肺炎疫情做好稳外贸稳外资促消费工作的通知》《关于支持贸易新业态发展的通知》等,为跨境电商行业发展创造了更好的营商环境。

3. 新冠肺炎疫情加速线上线下消费场景融合

受新冠肺炎疫情影响,购物需求由线下场景向线上加速转移,全球线上消费需求增长。跨境电商以直达消费者、敏捷灵活、精细化服务迎合新需求,预计新冠肺炎疫情对于消费者消费习惯的培养不会随着疫情结束而终止。疫情仍在持续,海外消费者线上购买习惯持续进行,跨境电商渗透率也将持续增加,新消费新业态崛起,线上线下消费场景加速融合,表明消费市场面临进一步升级换挡。

4. 资本的进入推动跨境电商规模化发展

跨境电商行业的快速发展,引来了资本的追逐。网经社数据显示,2021 年跨境电商融资事件数达 77 起,同比增长 133.33%,融资总金额 207 亿元,同比增长 191.96%,其中出口跨境电商融资 21 起,融资金额超

73.6 亿元,跨境电商服务商领域共融资 50 起,融资金额 71.5 亿元。资本的进入加速跨境行业的规模化、体系化与精细化,引发业内对于跨境电商品牌价值、精细化运营的思索。

(二)中国跨境电商面临的主要挑战

1. 国际环境面临不确定性,跨境风险加剧

当前世界正处于大发展、大变革、大调整时期。二战后确定的全球治理体系正面临严峻挑战,新冠肺炎疫情全球大流行加速了国际格局的变化,经济全球化遭遇逆流,全球化多边贸易体制受到冲击。

世界经济整体发展环境面临诸多不确定性致使跨境电商风险加剧。海外市场的数字化运营如何对接中国互联网监管和信息安全需要,亟待解决。美国、欧洲、东盟等主要目标市场受经济低迷所累,将通过更加严格的商业管制和税收政策,加大对本国电商市场的保护。知识产权维权、消费者保护、信息安全和海外仓监管等方面呈现加强的趋势。

2. 平台媒体政策收紧,跨境面临合规考验

2021 年,跨境电商风险事件频发,4 月以来,跨境电商公司遭遇亚马逊平台史上最严厉的一波"封号潮",大批华南大卖家如帕拓逊、泽宝、万拓等,以及数千中小卖家被波及。仅仅两个多月时间,亚马逊平台被封店的深圳卖家超过 5.2 万,造成行业损失金额超千亿元。

同时,全球范围内数字贸易立法监管趋严,海外主流社交媒体平台如 Google、Facebook 等纷纷针对广告投放、隐私追踪等政策进行了一系列更新,在加强用户个人信息保护的同时,对广告主的限制进一步加大。可

见,跨境出口电商企业合规面临极大考验。

3. 物流及广告成本上升,利润空间被挤压

2021年,跨境电商物流成本呈现整体上涨趋势,据英国《金融时报》披露,从上海到北美的航线空运价格在12月达到了每千克14美元的历史新高;海运价格也呈现明显上涨趋势,2021年12月中国出口集装箱运价指数达到3265.41,比同期高出1819.33。

跨境电商各项广告费用也上涨明显,2021年12月亚马逊美国站的广告价格达到了每次点击1.33美元,比年初的0.93美元增长了43%,此外,Facebook等社交平台,Google搜索引擎推广价格也水涨船高。物流及广告成本上升,导致跨境电商行业的利润空间不断受到挤压。

4. 企业数字化能力不足,行业"内卷"严重

目前,部分跨境电商企业存在规模较小、资金不足、抗风险能力较弱等问题,导致其过于注重成本的控制,而忽视数字化技术的投入,使其在国际市场的激烈竞争中处于不利地位。

与此同时,跨境电商的逆势增长吸引了大量跨境企业与新卖家入局。企查查数据显示,近5年来,中国跨境电商相关企业注册量逐年上升,仅2021年新增1.09万家,同比增长72.20%。跨境电商企业与新卖家的不断涌入,将不可避免抢占市场、资源与人才,行业竞争加剧。此外,人才短缺问题也给跨境电商企业与卖家带来了挑战,成为其行业快速发展的一大瓶颈。

三、跨境电商模式及生态演化

（一）跨境电商商业模式不断演进

1. 从专注第三方平台转向多渠道运营

第一,第三方平台是跨境电商卖家初期的首选。鉴于平台自带流量以及入门上手快等优势,第三方平台成为起步阶段且供应链资源较弱的中小卖家的首选,以亚马逊、eBay、速卖通、阿里巴巴国际站等综合型平台为主要渠道。相较于独立站,平台电商的卖家数量仍居首位,其中跨境B2C平台卖家现有170万,B2B外贸平台卖家为30万。

第二,第三方平台运营进入低利润周期。第三方平台因大量卖家涌入导致同质化竞争加剧,平台流量红利逐渐减少导致销售增速放缓,平台规则不断变化带来不确定风险增加。数据显示,亚马逊平台卖家的利润在2021年受到较大冲击,整体并不乐观,虽然有32%的卖家实现利润增长,7%的卖家利润与上一年持平,但高达61%的卖家利润出现了下滑状况,跨境电商第三方平台模式进入了低利润周期。

第三,转向多渠道运营方式以跳出低谷。鉴于第三方平台竞争激烈,无法沉淀数据,同时其规则变化快,对跨境电商卖家有较多限制,越来越多跨境电商卖家转向多渠道运营寻求更大发展空间,包括多平台、独立站、社交电商及直播电商等。

2. 独立站从粗放铺货模式转向垂直精品模式

第一,独立站在海外拥有良好的发展基础。得益于海外消费者习惯的养成,独立站已占据海外电商 40% 的市场份额。北美、欧洲等地凭借完善的电商基础设施,庞大的线上消费总数成为国内 DTC 企业出海的首选,其中,美国为全球最大的 DTC 电商市场,预计 2022—2025 年仍将保持 15% 的增速。

第二,独立站朝精品化和垂直化方向发展。多 SKU、广铺货、站群模式引流、测爆品等早期独立站模式已很难持续发展,越来越多的卖家转向精品独立站。垂直精品模式的核心逻辑在于通过较高的流量获取和精细化的站内运营,沉淀和细分用户数据,力求通过产品导向和精细化运营服务提升用户体验,为良性营销和品牌建立奠定基础,从而实现二次营销、二次转化,提高品牌忠诚度和品牌溢价转化率。

第三,独立站完整的产业链助推品牌出海。独立站建设产业链已基本完善,分为上游、中游和下游三个部分,上游包括系统开发商、网络服务商和设备供应商,中游包括 SaaS 建站服务商、支付服务商、物流服务商和营销服务商,下游是各种类型的独立站品牌商,上游和中游的生态服务为独立站品牌商的快速发展奠定了良好基础。据 Shoplus 预测,未来三年将有一批平台卖家、B2B 外贸卖家、国内电商卖家涌入独立站,中国独立站卖家数量将超过 50 万,独立站将成为跨境电商品牌出海的重要渠道。

3. 社交媒体从引流为主转向引流与社交电商双轨并行模式

第一,社交媒体是独立站主要的获客和营销渠道。随着社交媒体的快速发展,海外消费者使用社交媒体的时长大幅度增长,其红利持续释放。除 Facebook、Instagram、YouTube 等超级流量池,独立站卖家进一步开拓 Snapchat、Pintrest 等第二梯队的流量渠道,此外,"独立站+TikTok"模式正在崛起。

第二,社交媒体纷纷推出电商功能进军社交电商。2021 年,Twitter

宣布推出 The Shop Module，即"购物模块"功能，并率先在美国开启测试。Facebook 早在 2018 年引入 Marketplace，与亚马逊和 eBay 抗衡，随后又将 Shops 服务添加到 WhatsApp 和 Marketplace 平台上；Instagram 于 2019 年推出"Check Out with Instagram"项目，允许顾客通过图片上的标签进入相应产品购买页面完成购买。2021 年底，Youtube 开始向部分用户提供直播卖货功能。此外，其他有社交属性的平台也纷纷加速与电商融合。

4. 跨境电商直播从元年进入持续增长阶段

第一，直播电商模式全面爆发。在疫情的冲击下，直播电商模式助推企业拓展境内外市场，直播成当下炙手可热的流量新风口，2022 年成为中国跨境直播的元年，市场规模预计超过千亿元。海外跨境电商直播也全面爆发，主要分为两种模式，其一是以 Amazon、速卖通、Shopee 等为代表的站内店播模式，其二则是以 Facebook、Youtube、TikTok、Instagram 等社交媒体为代表的网红直播模式。自新冠肺炎疫情暴发以来，速卖通平台主播数量增加了 7 倍，直播总场次翻了两番。Shopee 平台数据显示，新冠肺炎疫情期间马来西亚市场直播场次同比暴涨达 70 倍，菲律宾、新加坡市场增加 40 倍。YouTube 数据显示，自新冠肺炎疫情暴发以来，直播观看时长相比点播视频高出 4 倍，直播时长年增长率达到 130%。

第二，跨境直播业态仍需完善。直播带货在中国异常火爆，但美国和欧洲尚未形成规模化市场，海外消费者社媒购物习惯尚待养成。东南亚等海外市场除了传统的信用卡支付渠道外，缺乏为社会所普遍接受的第三方支付渠道，这将极大降低跨境直播订单转化率。跨境直播对人才综合能力要求高，从业者除了要熟悉电商和外贸的基本知识外，还要了解海外市场交易方式、消费习惯以及各大平台的交易规则，由于缺乏专业的海外网红孵化培训机构，致使本土主播团队匮乏。

(二)跨境电商产业生态逐步完善

1. 平台服务从全球性综合型向区域性垂直型方向演化

　　跨境电商未来将沿着服务纵深化方向发展,而区域性垂直型跨境电商主要针对特定的领域和特定需求客户提供相应的服务。以中国卖家开拓美国市场为例,从入驻全球性、综合性平台如亚马逊、eBay 和 Wish 为主转而投向诸多小众利基电商平台,例如 Etsy 是主要出售手工艺品的全球性电商平台,wayfair 是面向欧洲和北美的家居平台,poshmark 是美国最大的二手交易平台。同时,中国卖家也越来越注重其他区域的电商平台和垂直型平台。欧美、日本、东南亚、澳大利亚、新西兰、拉美和中东等地的区域性垂直型电商平台如表1所示。

表1　区域性垂直型电商平台

序号	平台名称	区域	种类	排名
1	Walmart.com	美国	综合型	全美第三
2	Target.com	美国	综合型	全美第四
3	Etsy	全球	垂直型(手工艺品)	全美第五
4	wayfair	北美和欧洲	垂直型(家居产品)	全美第六
5	Allegro	波兰	综合型	欧洲第三
6	Zalando	欧洲	垂直型(流行时尚)	欧洲第四
7	Bol.com	荷兰	综合型	欧洲第五
8	Cdiscount	法国	综合型	欧洲第六
9	PayPay Mall	日本	综合型	日本第一
10	Shopee	东南亚	综合型	东南亚第一
11	Tokopedia	印度尼西亚	综合型	东南亚第三
12	Zalora	东南亚	垂直型(流行时尚)	东南亚第八
13	Trademe	新西兰	综合型	澳洲第三
14	Cath.com.au	澳大利亚	综合型	澳洲第四

序号	平台名称	区域	种类	排名
15	Mercado Libre	拉丁美洲	综合型	拉美第一
16	Dafiti	拉美	垂直型（流行时尚）	拉美第六

2. 技术服务从信息化升级为数字化和智能化

随着产业互联网、物联网、区块链、云计算、大数据等信息技术的兴起，跨境电商进入数字化、智能化的新阶段，打造了从生产流通、到精准营销、交易履约、信用资产的完美闭环。以独立站 SaaS 建站工具为代表，从仅提供简单建站功能到为商家打造高效经营快速转化的独立站商城，再转向持续迭代的全链路数据化工具和服务生态平台，以"用户思维"而非"产品思维"，以"数据驱动模式"而非"业务驱动模式"，为独立站 DTC 商家实现全球消费者购物服务链路中的用户价值创造与价值保护。以 AR 技术—增强现实为例，在全球范围受访者内，对沉浸式线上购物体验的兴趣越发浓厚，Snapchat 是以 AR 技术为核心风靡全球的社交营销平台，在深度了解新兴消费群体社交逻辑的基础上，以独特的 AR 试穿、互动和购物技术迅速吸引了新一代用户的眼球。

3. 支付服务从单一收付款转向多元金融服务

经过多年发展，跨境电商第三方支付行业费率日趋稳定，收付款模式日趋成熟化，使得第三方支付公司有余力围绕跨境零售电商展开由点到面的支付金融衍生服务，主要包括海关清关服务，出口退税服务、金融服务、汇率管理、海外营销和一键开店等。第三方支付机构提供海关支付单推送服务，打通商户网站、物流公司、第三方支付，实现交易订单、支付流水、物流信息的三单快速对接。通过与外贸综合服务平台合作,为出口卖家提供退税服务,简化操作流程,缩短退税周期。为跨境卖家提供融资服务,根据卖家的日常经营情况予以贷款支持,缓解资金压力,部分机构还提供理财服务。辅助卖家指定汇率优化方案及币种管理方案,从而帮助跨境卖家规避汇率损失、节约成本。基于支付数据为商户提供卖家经营分析、电商平台分析与消费者分析,定制化且多样化的营销策略帮助卖家精准触达目标客户,提高订单转化率。

4. 物流服务进入全球化跨境网络与供应链协同时代

由于跨境电商的服务与交付都在境外完成,且全球客户对物流服务要求逐步提升,所以物流服务企业通过综合应用信息平台、大数据精准分析、操作自动化、智能化和感知技术以及拓展物流核心技术,致力于将全球化服务能力和本土化运营能力结合,为客户提供直发小包到海外仓,再到仓配一体化的跨境供应链综合解决方案。同时,深挖寄递客户的延伸服务需求,提供发货建议、咨询、物流跟踪、代收货款、索赔等中间环节的精细化服务,以提升物流服务水平。中国物流快递服务延伸到了美国、欧洲、日本、俄罗斯、印度、东南亚、澳洲等主要经济体。同时,围绕"一带一路"倡议,物流企业通过合资和战略合作等方式,在境内外投资建设世界级航空物流枢纽,开通多条境内直达国际市场的航线。

5. 海外仓持续探索专业化、智能化、多元化和本地化发展

数据显示,中国目前已有超过 2000 个海外仓,服务范围覆盖全球,主要分布在美国、俄罗斯、日本、韩国等国家和地区,海外仓成为支撑跨境电商发展、拓展国际市场的新型外贸基础设施。海外仓将在仓储专业化、发展智能化、服务多元化、经营本地化等方面深入探索,助力中国产品更好

走向全球市场。积极推进海外仓从代收、发货的初级模式向多功能的"一站式"物流中转中心转变;探索"物流专线+边境仓+海外仓""物流专线(国际快递)+海外仓""跨境电商平台+外贸综合服务+海外仓"等混合式运营模式。利用物流技术,改变传统的人力密集拣选模式,由"人到人"转变为"货到人,订单到人"模式,有效提高产品在整个仓库内物流环节上的效率与质量。积极拓展头程、退换货、转仓、贴标、换标、产品检测、分箱、代缴关税保险、定制化等服务。通过与当地合作商协调合作,实施本地化经营,不断优化当地资源,精准配送渠道,提高配送效率。

6. 聚焦基于大数据的精细化、全渠道和品牌化营销服务

随着跨境电商营销渠道和方式的变化,运营服务商需帮助客户企业提升全场景触达用户的能力,从单一的广告投放转变为社交购物、直播购物、VR购物等多渠道投放,帮助企业获取全面的流量;同时,通过打通全渠道数据,充分挖掘用户数据价值,基于数据分析优化面向用户投放个性化、优质的品牌内容以及品牌活动;此外,助力企业建立精细化运营流程,实现从追求规模到追求质量的转变,提升用户的品牌忠诚度和品牌黏性。

(三)跨境电商体制机制不断健全

1. 创新监管与监测模式引导跨境电商健康发展

作为对外贸易新业态,跨境电商在税收、通关检疫、支付结算、结汇以及数据统计等关键环节上的监管不同于传统国际贸易,监管模式的创新有利于国家引导跨境电商持续健康发展。

(1)各部门出台监管和监测相关政策。海关总署、财政部、外汇管理局等相关部门对税收、通关检疫、支付结算、结汇和数据统计等关键瓶颈

问题出台针对性政策如《关于跨境电子商务零售出口税收政策的通知》《关于跨境电子商务零售进出口商品有关监管事宜的公告》等,支持中国跨境电商企业合法合规开展跨境电商业务。

(2)持续推进数字化手段提升监管效率。通过持续优化使"单一窗口"功能覆盖到国际贸易链条主要环节,逐步成为企业面对口岸管理相关部门的主要接入服务平台。提高国际贸易供应链各参与方系统间的互操作性,提升监管效率。建设跨境电商企业信用数据库,充分运用公共服务平台的集成数据,健全统计监测体系,完善风险防范机制。

(3)实现跨境进出口多模式监管全覆盖。从 2014 年至今,跨境电商进出口监管已实现 1210、9610、9710 和 9810 等模式全覆盖,对跨境电商零售进出口和跨境电商 B2B 直接出口、海外仓出口等类型进行监管。

2. 构建防范机制提升跨境电商行业风险防范能力

通过参与国际化规则制定,引领知识产权保护,引入跨境电商合规服务,加强风险防范能力。

(1)积极参与以电子商务为核心的数字领域国际规则制定。具体体现在三方面:一是在全球数字贸易规则制定中积极发声,展现举足轻重之地位;二是参与电子商务国际标准体系建设,建立公平竞争贸易环境;三是支持行业组织企业搭乘数字化发展快车,在国际规则体系建设中发挥积极作用。

(2)研究制定跨境电商知识产权保护指南。2019 年 11 月,中办、国办印发《关于强化知识产权保护的意见》,明确提出"研究建立跨境电商知识产权保护规则,制定电商平台保护管理标准。"2022 年开始,两办印发《2020—2021 年贯彻落实〈关于强化知识产权保护的意见〉推进计划》,研究制定《电子商务平台知识产权保护管理》,引导跨境电商平台防范知识产权风险、防范假冒伪劣商品,保护企业的合法权益。

(3)引入跨境电商合规服务。2021 年成为跨境电商合规发展的元年,合规对于跨境电商而言,不仅仅是发展问题,更是生存问题。一是全渠道合规。继亚马逊、敦煌网、Wish 等平台先后发布了关于欧盟 EPR 的合规要求后,速卖通与 eBay 平台相继更新了关于 EPR 的合规要求。二是全面合规。跨境电商合规并不只是财税合规,公司架构、财务、税务、法务、人力资源、产品等所有环节都需要合法合规。

四、跨境电商发展对策

经过十数年的酝酿、沉淀、积累,跨境电商模式不断演化,生态逐渐丰富,政策体系持续完善,跨境电商步入黄金发展期。然而现阶段还存在跨境电商企业与产业数字化转型不足,品牌出海力度不够,公共服务体系有待完善,跨境电商人才缺乏等问题。为助力跨境电商高水平发展,要重点关注以下四个着力点。

(一)加快推进数字化转型

跨境电商进入数字贸易新阶段,利用数字化技术推动跨境电商企业和产业的数字化,有助于提升跨境电商企业在国际中的竞争力,优化产业结构。

1. 跨境电商企业数字化转型

中国跨境电商企业面临周期性压力,"一心一意练好数字化内功"是重要出路。在数字时代背景下,跨境电商企业要重视数字技术的投入应用,将数字化发展渗透入公司管理与运营范畴中,确保数字技术带动跨境电商企业的转型升级。

跨境电商企业数字化转型通常包括业务在线化、系统数字化与生态智能化三个阶段,围绕"三化"做文章。

业务在线化是指跨境电商企业在业务层级完成信息系统的搭建,将传统的线下交易行为转移到线上,优化现有业务流程与资源配置。系统数字化阶段,跨境电商企业将各种数据进行处理并实现数据可视化,运用云计算、大数据、物联网和移动5G技术等先进的互联网技术进行商业模式的创新。到了生态智能化阶段,跨境电商企业利用数据湖、中台、泛在式人工智能技术,实现智能化生产、运营,最终实现行业的智能化。

2. 跨境电商产业数字化转型

中国原先依靠低端成本优势占据全球价值链分工地位,然而这种比较成本优势,正逐渐被成本更低的东南亚、非洲等地所取代。为改变产业发展现状,利用产业集群,助力传统产业转型升级,促进产业数字化发展。

其一,围绕技术、资本、供应、制造以及销售等环节构建全产业链供应系统,有效推动产业集群企业专业化分工协作、集聚和配置各类生产要素,实现产业链、供应链、价值链等链条规律性发展,实现从原料到研发制造再到销售的全程控制体系。其二,利用互联网信息大数据、云技术实现产业集群信息链的高效畅通,实现产业集群信息交流透明化,以便快速响应,提升企业的柔性化生产水平与个性化生产能力,从而降低企业的库存积累,增加企业的市场竞争力。其三,加快产业支持体系建设,促进跨境电商和产业的市场联通,以品牌化建设打造跨境电商产业链,夯实强化中国跨境电商知名品牌成长基础,提升数字贸易价值链。

（二）着力培育出海品牌

随着海外流量向社交端转移,海外消费者消费习惯的改变以及 DTC 模式的兴起,跨境电商从"产品出海"进入"品牌出海"时代,品牌价值成为连接中国制造和海外消费者的纽带。

1. 善用矩阵式营销助力品牌推广

Facebook、YouTube、Instagram、TikTok 等社交媒体在海外蓬勃发展,目前以 30.8% 的年复合增长率增长,预计到 2026 年全球社交电商市场价值将达到 2.9 万亿美元。社交媒体的广泛应用为 DTC 品牌曝光提供了大量的机会,使 DTC 品牌借由社交媒体渠道斩获流量红利;社交媒体的流行与短视频内容的兴起,促使消费者基于搜索的购物习惯将逐渐被社交分享"种草"式的购物习惯所取代,尤其是社交平台上的海外网红营销将极大助推品牌出海。此外,独立站因无需受制于人,直面消费者且能沉淀数据成为跨境电商品牌出海的重要渠道。因此,品牌出海需利用垂直社区论坛 KOL 引流,在 Twitter、Facebook 等社交媒体广泛布局设立官方账号,通过独立站打造属于自身的私域流量,形成矩阵式品牌营销网络。

2. 借助本土服务商做好品牌闭环

品牌出海需在增强消费者购物体验方面下功夫,建立与消费者具有高关联性的社区等途径,以提升用户留存率及其终身价值,是品牌出海需要重点考虑的战略部署。因此,品牌出海需要借助本土优质的营销服务商,他们能洞察海外市场规则,具有多年的本地化营销经验,能选择合适的合作伙伴,大规模地管理合作伙伴营销项目,提供中长尾流量多渠道的聚合,扩大营销的覆盖面,尤其在交付端、营销端和数据端给予支持,帮助出海企业做好品牌闭环。

(三)持续完善综合服务平台

围绕跨境电商生态培育,搭建全方位、系统性的线上综合服务平台,为跨境电商企业提供一站式解决方案;通过布局和建设线下跨境电商园区,为跨境电商的集聚发展打造强大载体,营造线上线下跨境电商生态圈。

1. 搭建线上综合服务平台

通过搭建线上综合服务平台,包括信息共享服务,智能物流服务,金融服务,电商信用服务,风险防控服务,统计检测服务等,实现全产业链式综合服务,实现跨境电子商务业务的便利化、高效化、可监管化、可溯源化。例如,通过供应链金融服务系统,建立融资、保险、支付对接在内的服务体系,引进金融服务企业和金融衍生工具,提供一揽子综合金融服务并创新供应链金融体系,从而建立起应对包括系统性金融风险和汇率风险在内的跨境电商市场风险管理机制。再如,通过构建互联互通的智能云物流平台,实现物流供应链全程可验可控;通过海外仓服务加快传统外贸企业、跨境电商和物流企业的联动发展,形成三方协同“出海”发展格局,推动制造供应链和流通供应链的耦合,强化国际供应链协同。

2. 布局线下跨境园区

推进跨境电商线下园区建设,增强跨境电商园区的集聚能力。通过企业的集群发展突出集群优势,形成完整的产业链结构,实现产业链集聚,从而推动跨境电商集聚式、链条式的发展。

加快培育一批跨境电子商务龙头企业,发挥龙头企业的示范作用,突出示范引领,激发其他企业积极开拓新市场、介入新领域、尝试新方法、生产新产品、提供新服务。

(四)培养跨境电商人才

随着跨境电商行业的迅猛发展,人才短缺问题已成为制约跨境电商发展的瓶颈之一,据阿里国际站预测,当前中国跨境电商人才缺口超过 600万。加大跨境电商人才培养力度,提高跨境电商人才培养质量迫在眉睫。

1. 完善人才培养体系

构建"政府引导、院校为主、企业参与"的跨境电商人才培育合作机制,紧跟跨境电商产业和技术发展的最新动态,确保培养的人才和市场需求无缝对接,为跨境电商企业的发展与运营提供人才支持。尤其要发挥高校作为跨境电商人才培养主阵地的作用,自 2019 年教育部批准设立跨境电商专业以来,已有 78 所本科院校、321 所高职院校开设跨境电商专业,跨境电商人才培养走上了系统化阶段。作为高校,通过打造一支"双师双能"跨境电商师资队伍,开发一批一流跨境电商核心课程,出版一系列高质量跨境电商新形态教材,建设一批实习实训基地,完善跨境电商师资、课程、教材与基地,强化跨境电商专业建设,最终为社会输送跨境电商创新创业人才。

2. 制定从业人员评定标准

制定跨境电商从业人员评价标准,明确不同类型、不同等级从业人员的申请资格,规定不同等级人员评定的要素、方式、程序及要求。标准的设立,可以为高校教育教学改革、跨境电商人才培养及企业人才等级认定提供依据,对跨境电商的可持续发展,将起到重要的指引作用。例如,阿里巴巴、Google 等跨境电商领头企业可实施初中高三个层级的跨境电商人才认证,教育部通过实施"1+X"证书引导职业院校改革教育教学体系,拓宽和提升学生的就业创业能力。

五、跨境电商案例分析

SHEIN：高速成长的快时尚跨境电商

(一)成立于 2008 年,逐步成长为快时尚跨境电商品牌

2008 年,许仰天与他的两位合伙人成立南京点唯信息技术有限公司,利用之前做 SEO 的经验,做起了跨境电商网站,经营低价婚纱为主的裙装。2012 年始,在品类上深耕女装细分人群,并围绕女装消费者扩品类;品牌上,组建设计师团队、搭建独立站并大力营销品牌;供应链上,搭建和升级供应链生态,探索更高效的供应链管理方式。2015 年创立自有品牌 SHEIN,期间积极拓展海外市场,品类扩张至男装、童装、家居、宠物等,独立站覆盖欧美、中东、东南亚等 200 多个国家和地区,通过自建独立站渠道,在全球范围内进行产品跨境销售。根据 Similar web 的数据显示,SHEIN 在时尚和服装类网站访问量目前排名世界第一,同时在 Google 和 Kantar 联合发布的 2021 年 BrandZ 中国全球化品牌 50 强榜单中,SHEIN 在中国全球品牌年度指数中排在第 11 位,较 2020 年排名再升 2 位,赶超 Anker 和 Zaful 等跨境电商头部卖家。2021 上半年,SHEIN 在 iOS 和 Android 平台下载量约 7500 万次,超越 Shopee 和 Wish(WISH.US)跻身榜单第 2 名,成为全球移动端快时尚第一品牌。

SHEIN 定位"跨境快时尚互联网公司",以超越一般同行的高效率成

为"超级快时尚"的代表,积极开拓全球市场,高速扩张。

(二)供应链优势、数字化运营双轮驱动

1. 产品:"多、快、好、省"铸造核心竞争力

与传统快时尚 ZARA、快时尚跨境电商 ZAFUL 相比,SHEIN 在产品端的优势体现在更低价、更快、更多、更时尚。SHEIN 凭借强大的设计、专业的买手与打版团队,借助大数据分析对流行趋势的捕捉与设计元素的重新组合,截至 2021 年 7 月 18 日,一周内 SHEIN 上新 SKU 为 3.4 万款,而 Zaful 仅为 0.2 万款,ZARA 每年上新约 1.2 万款。同时在产品展示上精心设计图片,通过专业摄影师团队拍摄产品展示图,最大程度激发购买欲望。同时公司通过系统化、流程化的产品周期管理,实现对产品需求的快速反馈和管理,实现了不仅上新快,而且能在第一时间送达至消费者手中。例如在美国境内,可以做到下单后 3—7 天后收货。SHEIN 在定价上较同行具有绝对优势,以一款女性上装为例,SHEIN 售价约 7 美元,ZARA 折扣后价格仍为 12.99 美元,售价差距达 70%。

2. 供应链管理:大规模小单快返的生产模式

目前 SHEIN 全品类产品均为小单快返生产模式,订单多为 100—500 件/单的小批量订单,OEM、ODM 货期要求分别为 7—11 天、10—15 天。小单快返生产模式下,SHEIN 不断优化供应商结构,合作模式在 OEM 的基础上拓展了 ODM 与 OBM,且为了最大化各模式的效率,SHEIN 对各模式下的供应商有不同合作标准。

引进供应商评级机制,促进生产提速、品质提升。由高到低分为 S、A、B、C、D 五个级别,每季度参考采购金额(60%)和 KPI(40%)进行评

级,其中,KPI 考核指标包括速度(急采及时率、备货及时率)和质量(上新成功率、次品率)两方面,季度评级将影响供应商月度的上新、活动资格与奖金,且 D 评级末位 30%的供应商将被淘汰。

3. 用户：构建流量入口矩阵,优化体验提升客户黏性

独立站的建设核心在于流量获取与品牌建设,SHEIN 低成本获取流量并通过差异化体验赢取用户心智、提高客户黏性。

站外通过构建流量入口矩阵,包括社媒流量、Google 展示广告、推荐(私域流量)、邮件营销,实现多触点营销。2011 年 SHEIN 开始网络红人营销,通过免费寄送样品方式邀请网红测评,并提供独家优惠券以提高转化,充分享受海外各阶段流量红利。SHEIN 网站的底端分别设置了通往 Facebook、Instagram、Twitter、TikTok 等社媒的入口链接,分别有超 2.2 千万、2.1 千万、32 万、2.1 百万的粉丝,通过晒单、互动、社群形成内容营销,将用户转至站内进行沉淀。而站内则以消费者为中心优化平台体验,增强互动提升客户黏性。

(三)结束语

SHEIN 作为快时尚品牌出海巨头,以数字化赋能全链路管理的商业模式不仅解决了服装行业库存的痛点,为中国企业跨境电商出海提供了战略经验。

店匠科技：用科技赋能跨境电商 助力中国企业成功出海

(一)创立 5 年时间,稳居国内跨境独立站 SaaS 行业龙头

近年来,跨境电商竞争日趋激烈,平台政策愈发严苛,产品下架、店铺

封号时有发生,而独立站凭借其能帮助卖家直面消费者、降本提效、有利于品牌形象打造的特点深受跨境企业的欢迎,越来越多的品牌出海方选择将独立站作为主阵地。

2017 年李俊峰和他的伙伴们在深圳成立店匠科技(Shoplazza),最初的几位合伙人都是程序员,敲代码出身,拥有相似的工作经验。因此,公司成立初期,便达成了这样的共识——用科技赋能,做好一家全球化的 SaaS,服务跨境电商,助力全球商务。

店匠科技创立至今不到 5 年时间,已为全球 36 万家商户提供专业的电商独立站建站 SaaS 软件平台服务,商户数量、交易规模均稳居国内跨境独立站 SaaS 行业龙头。

(二)科技赋能,助力中国企业成功出海

1. 依托 SaaS 平台:为全球 B2C 电商提供产品和技术解决方案

店匠科技依托核心产品"店匠 Shoplazza"独立站建站 SaaS 软件平台,专注为全球 B2C 电商提供产品和技术解决方案。通过该 SaaS 系统,即可快速运用模板和卡片式模块创建附有销售功能的海外官网,覆盖交易场景高达 95% 以上,助力中国商户的跨境电商独立站销售业务增长,助力中国品牌实现全球化转型。

店匠科技凭借技术优势形成了行业独有的国内外双端服务器,进行数据传输和数据存储,平均打开速度 2 秒以内;同时支持 PayPal、Stripe 等全球 10 多家信用卡在线支付通道和货到付款支付形式,帮助商户的销售业务在全球不同国家得以顺畅开展。

海帝思是一家自主研发无损音乐播放器等便携式音乐产品的中国企业,2018 年以前,海帝思以亚马逊平台为主要销售渠道。随着业务发展,

海帝思很快意识到,入驻第三方平台不利于品牌树立和深度运营。为此,2021年3月,海帝思正式与店匠科技合作,将独立站作为品牌和用户的主阵地。店匠科技团队充分借助技术和专业优势,利用精美的落地页呈现新品预热、营造活动氛围,通过海外团队本土化优势帮助海帝思进行社交媒体渠道运营和达人营销。仅用半年时间,海帝思品牌独立站便实现销售额翻番,同时,海帝思品牌认知在海外用户层面不断加深,实现了品效合一。

2. 全球伙伴计划:为独立站卖家提效降本

为了将全球开发者、合作伙伴与商户紧密连接起来,店匠科技于2022年3月面向全球发布"店匠科技全球伙伴计划",通过该计划,店匠生态伙伴平台将为商户提供多元的技术解决方案和服务,从而满足商户在运营过程中的多元需求。

在跨境营销方面,店匠科技SaaS在海外流量端与Google、Facebook、Pinterest、TikTok、Snapchat等多个媒体平台进行深层次的技术对接合作,能在跨境电商数据端及交易端完成无缝对接。在物流仓储方面,店匠科技与菜鸟国际达成合作,平台卖家可以在其后台一键接入菜鸟国际物流服务,从而让平台卖家享受"一杯咖啡送全球"的高效全球物流服务。

店匠科技通过不断开放其平台商业生态,接入全球在营销、物流仓储、支付等各个领域跨境服务商,为中国独立站卖家在节省人力、资金压力的同时,极大提升经营效率。

3. 多维度专业服务:助力中国品牌全球化

店匠科技专注跨境电商领域的各个环节,除技术赋能外,还提供品牌、营销、运营的完整解决方案,助力中国企业和品牌拓展全球化业务。同时,店匠科技成立海外 DTC 本地化运营团队,以技术和数据为引导为中国品牌提供品牌策划、流量推广、社媒等多维度专业服务。

AlloyWorks(上海衡德汽车配件有限公司)主营汽车散热器等配件,畅销北美、澳大利亚市场,在亚马逊等海外购物平台中稳居前列。虽然在平台获得不错的成绩,但企业很快感受到来自平台的束缚和局限性。平台流量日益变贵、竞争对手层出不穷等困扰让 AlloyWorks 选择打造品牌独立站。

2019 年,AlloyWorks 与店匠科技 DTC 品牌营销服务团队接触,开启品牌独立站道路。"店匠科技团队为我们提供了从品牌 Logo 设计、网站 UI 设计、网站搭建到海外品牌营销体系建立的整套服务,打造品牌内容的同时也帮助我们突破平台局限,通过社交媒体的运营和达人营销等方式塑造品牌 IP,提高行业知名度以及用户黏性和复购率。店匠的服务给我们节约了大量的团队资源,在品牌化道路上节省了大量的成本。"AlloyWorks 负责人表示。

店匠科技通过多元化的品牌打造和专业的技术能力,累计助力商家完成数亿美金销售额。

(三)结束语

店匠科技成立不到五年时间,已经崛起成为国内最大的跨境出海电商独立站 SaaS 平台。截至目前,店匠科技在全球累计服务商户超过 36 万家,并拥有 500 多家合作伙伴,每个季度合作伙伴增速达到 15%—20%。李俊峰提到"提供标准化建站,销售 SaaS 工具,让商户搭建自己的网站,把商品卖到全球,这是我们现在在做的事。"

TikTok:跨境社交电商的新风口?

(一)TikTok 的兴起与发展壮大

2016 年 9 月,字节跳动借鉴 Musical.ly 的运作模式,在国内推出了引领当下中国短视频潮流的产品——抖音,以国内资源强推迅速起量。2017 年 5 月,字节跳动推出抖音国际版 TikTok。2017 年 11 月,字节跳动完成了其历史上最大的一次收购,以高达 10 亿美金的价格买下 Musical.ly。收购后,字节跳动将之前在东南亚、日韩等市场推出的抖音国际版与 Musical.ly 进行合并,统一为 TikTok。Musical.ly 是以娱乐视频为主要产品的社交网站,凭借新潮的产品理念,获得了美国青少年用户的高度认可,最高峰时期拥有 2.4 亿用户。通过收购 Musical.ly,TikTok 出海之路顺利了很多。当然,字节跳动也给 Musical.ly 带来了先进的算法,提高了视频分发效率,保证用户可以连续看到自己感兴趣的视频,让用户乐享其中。字节跳动和 Musical.ly 优势互补,相互赋能,确保 TikTok 在稳定的开发技术基础上,以领先潮流的产品文化为起点,以强大的资本和算法为助力,使得短视频产品以一种前所未有的速度,风靡全美。2020 年,TikTok 当年全球下载量突破 8.5 亿次,超过 WhatsApp、Facebook、Instagram 等传统互联网巨头;截至 2021 年 7 月,TikTok 全球下载量突破 30 亿次,成为世界上第五个下载量超过 30 亿次的非游戏 App;2021 年 9 月,TikTok 宣布月活跃用户超过 10 亿大关,达成这一数据,TikTok 仅用了 4 年多时间,成为世界上最短时间月活跃用户达到 10 亿的 App。

(二)TikTok 的跨境电商探索历程

TikTok 从 2020 年 10 月开始探索直播电商模式。最初,TikTok 作为独立站引流的主要渠道介入跨境电商的发展,主要是加强与 Shopify、Square 等独立站合作,因此兴起了"独立站＋TikTok"模式。11 月份,TikTok 在日本、泰国、印尼上线,随后又开放美国、英国市场,这是一种针对于流量进行变现的付费使用工具,从而让视频的互动量和粉丝的关注量大大增加,满足平台用户的多元化需求。12 月份开始,TikTok 试水直播带货,通过和沃尔玛合作,在美国市场开始直播电商带货,邀请 TikTok 知名网红,通过直播的方式,销售沃尔玛商城的商品。

2020 年 12 月 TikTok 正式进入直播电商时代,标志性事件为印度尼西亚市场开放直播带货功能。2021 年 2 月上线印尼小店(TikTok shop),直播购物车和 Shopee 合作,印尼小店开放印尼本地公司申请入驻;2021 年 4 月上线英国小店,6 月开放英国本地公司申请入驻,7 月开放国内执照和中国香港公司申请入驻;开通小店后,每家店铺可以绑定 5 个 TikTok 账号,增加直播购物车、短视频购物车和主页橱窗的功能。2021 年 8 月,TikTok 和 Shopify 合作,在美国、英国、加拿大开通短视频购物车功能;2021 年,字节跳动上线独立电商平台 Fanno,前期邀请亚马逊、Wish 平台大卖家入驻。TikTok 未来或将是 Fanno 最主要的流量来源。2021 年 12 月,TikTok 在商家交流会上透露:未来 5 年 TikTok 电商将入驻全球主流市场。

(三)结语与展望

综上可见,TikTok 主要在短视频、直播、TikTok 小店和广告投放等四方面大力开拓跨境电商市场,从数据上来看,大有超越 Facebook、Twitter 和 YouTube 等社交平台,以及超越亚马逊等跨境电商平台的势头。但目前来看,在不确定的 2022 年,无论是字节跳动上线独立电商平台 Fanno 还是 TikTok 的发展都将面临巨大考验。

J&P 集团:助力解决中国卖家出海的合规痛点

2021 年成为跨境电商合规发展的元年,"全面合规"是一个复杂的系统化问题,对于跨境电商卖家而言,选择可靠的服务商成为必然。本案例我们一起走进跨境电商合规服务商——以"助力跨境电商企业实现合规化经营"为企业宗旨的 J&P 集团。

(一)聚焦财税合规,J&P 会计师事务所立志服务中国跨境卖家

具有资深欧洲税务经验的相关负责人了解到欧洲税务合规问题成为中国卖家进军欧洲市场的拦路虎之一,于 2015 年在中国深圳成立服务团队,成为中国跨境卖家欧洲税务合规服务行业的开创者。截至 2021 年 9 月,J&P 在英国杜伦及德、法、意、西、奥等欧洲多国设有办公室,欧洲专业会计师、客服团队以及中国大陆团队员工合计超过 300 人,真正实现汉语海外无障碍沟通。J&P 会计师事务所的 VAT 服务优势在于:(1)直连英德税局的智能申报系统、智能税务 SaaS 系统,获英德税务局官方授权,在线计算、专业会计师复核、在线申报、人工客服一对一咨询,低成本高效合规平台代扣代缴。从注册到申报,以及罚金信的处理全部线上化,为卖家提供海外税务整体解决方案。(2)行业唯一具备英国清关行的会计师事务所,在清关行和会计师事务所业态的结合下,J&P 会计师事务所能够向卖家提供递延清关服务,帮助卖家省下高达 20% 的税金,极大地优化了卖家的现金流。

(二)以财税合规为基础,J&P 纵深发展合规业务

中国跨境电商发展如火如荼,跨境卖家对海外服务的需求也与日俱

增,为了持续赋能跨境电商,J&P 进行服务的横向拓展及纵向深挖,更好地解决卖家的痛点。

(1)产品合规。2021 年 9 月,J&P 集团并购欧代易检测,以客户需求为导向,不断创新服务项目和检测技术,获得了国际授权的实验室授权认可,增加检测认证、授权代理申请和产品合规申请等三部分产品合规服务。欧代易自主研发的"欧代秘书"服务,能及时提供产品合规建议,大幅度提高产品出口欧盟海关时的通关概率。

(2)知识产权合规。2021 年 9 月,J&P 集团并购盛世知识产权,增加知识产权合规服务,包括商标注册、专利申请和版本申请三块内容,具备以下两大优势:其一是在美国商标注册服务方面,为客户免费提供美国专商局证据使用 OA 答复服务;其二提供免费日本商标的高级检索,提高客户注册的成功率。未来 J&P 将上线的商标注册系统,支持系统智能核名。

(3)YOYO 供应链服务。YOYO 供应链成立于 2016 年,旗下拥有无忧海外仓,同时收购了 YSD 清关行。清关行设立在英国的希斯罗机场,与英国海关密切合作,拥有自己的监管仓和保税仓,空运、海运、火车、卡航运输的货品均可清关。

(三)结语与展望

J&P 自 2007 年创立以来,以 VAT 为核心竞争优势,未来将重塑服务体系,打造一支技术与服务并行的团队。"我们公司设立了技术部门,专注于搭建跨境卖家专属服务系统,将所有服务都整合在一个系统当中。实现客户、中国办以及欧洲办团队三方串联,提供高效的沟通对接服务。"J&P 相关负责人提到。

第十章　数字贸易发展典型案例评估

　　数字化技术是一种新的产业革命,并且以时刻更新的理念和内涵影响着人们的生产生活方式。紧跟现代计算机技术的进步,数字化技术在近20年内逐渐渗透人类社会的各个领域。正在蓬勃发展的数字经济使得公众对于"人工智能""5G""物联网""云计算""大数据"等名词不再陌生。在人们的日常生活中,我们可以看到智能机器人穿梭并替代了人工服务,也可以体验到数字化技术带来的便利。

　　目前,各个企业都在努力推动数字化技术应用和数字化转型。企业希望通过与各种数字技术的结合,进行商业模式、业务模式的变革,从而提升公司服务水平和生产效率。中国数字经济正呈现迅猛发展的态势,并在国民经济中体现着重要作用。习近平总书记曾提出应把握数字化、网络化、智能化融合发展的契机,推动互联网、大数据、人工智能和实体经济深度融合,"十四五"规划和2023年远景目标纲要亦提出"打造数字经济新态势",从政策上支持中国数字经济发展,使之与实体经济相结合,催生出更加多元的应用场景,进一步解放生产力,促进产业转型升级。各地根据各自区位优势和产业结构相应出台了支持数字化转型的利好政策,发挥地方优势,推动各产业升级和协调发展。

　　本案例汇编研究主要基于22个企业数字化技术场景的案例应用(相

关企业中有 13 家民营企业、4 家国有企业、2 家外资/合资企业），涉及医疗、跨境电商、金融科技、智慧城市、农业等行业，从项目案例的背景、项目内容、目前实施效果、技术和商业模式创新点等角度进行了分析整理，在一定程度上反映了中国目前数字化技术应用的发展，为进一步深度融合数字经济和实体经济提供借鉴。

一、数字化技术应用案例分类

下表汇总了本章节涉及的企业名称、案例名称、所属领域以及企业所有权性质。

表 1　案例汇总表

企业名称	案例名称	领域	企业性质
中国人寿保险（海外）股份有限公司	大湾区医疗信息服务会员平台	在线医疗平台	国有
中国联合网络通信有限公司珠海市分公司	5G 智慧医疗应急指挥急救平台	应急指挥急救平台	国有
广州金域医学检验集团股份有限公司	数字化病理管理分析系统	数字化病理平台	民营
东软集团股份有限公司	澳门地区镜湖医院信息化建设	医疗信息平台	民营
深圳市一达通企业服务有限公司	全链路供应链服务助力商家货通全球	跨境供应链	民营
深圳市华甫达信息技术有限公司	跨境电商保险及反向保理融资金融服务	跨境电商保险	民营
杭州乒乓智能技术公司	PingPong 跨境电商全生态链解决方案	跨境支付平台	民营
金邦达有限公司	信用卡个性化定制与智能交付体系	信用卡定制与交付	民营
驼驼数字科技（北京）有限公司	通过数字化手段解决电商小微企业融资难问题	产业融资平台	民营
普华永道咨询（深圳）有限公司	普华永道"产业互联网"风控模型与应用	产业互联网风控体系	外资独资

企业名称	案例名称	领域	企业性质
映物云科技（云南）有限公司	映物云——时空区块链溯源认证与数字云仓解决方案	时空区块链	民营
珠海爱浦京软件股份有限公司	基于 APJ 低代码平台的快速交付服务	低代码交付平台	中外合资
宏桥高科技集团有限公司	宏桥智慧灯杆数字化解决方案	智慧灯杆	民营
广联达科技股份有限公司	福州滨海新城规建管一体化平台（一期）项目	城市管理	民营
广联达科技股份有限公司	青岛 CBD 基于 CIM 的城市综合治理服务平台项目	城市管理	民营
广联达科技股份有限公司	泉州芯谷南安分园区智慧园区项	智慧园区	民营
北京德知航创科技有限责任公司	基于全自动无人机机巢的城市数字化治理服务方案	城市管理	民营
珠海华发新科技投资控股有限公司	"后疫情时代"智慧政务服务平台 & 智慧园区社区的无感通行	智慧政务/智慧园区	民营
广州广电运通金融电子股份有限公司	5G+智能银行—广州数字住房中心	智能银行/住房生态	国有
中国联合网络通信有限公司珠海市分公司	面向制造行业的 5G 工业互联网应用推广服务平台	智能制造	国有
中国联合网络通信有限公司珠海市分公司	珠海 5G 数字农业服务平台	智慧农业	国有
北京履坦科技有限公司	数字化果园	智慧果业	民营

二、数字化技术领域案例概述

（一）医疗领域

1. 主要企业

本章涉及的医疗数字化技术企业包括中国人寿保险（海外）股份有

限公司、中国联合网络通信有限公司珠海市分公司、广州金域医学检验集团股份有限公司、东软集团股份有限公司等。其中除中国人寿保险(海外)股份有限公司和中国联合网络通信有限公司珠海市分公司为国有企业外,其他企业均为民营企业。

2. 技术特点

医疗数字化技术主要以 5G+、远程传输、互联网平台与 IT 建设、人工智能等为主要应用技术。5G 技术能够提升医疗系统对于紧急重大事件的响应能力,并结合互联网平台建设,有效提升工作效率,规范急救医疗流程。互联网平台与 IT 建设主要应用于整合优质医疗资源,建立"医疗信息+科技"的健康生态闭环。远程传输技术能够提供远程病理诊断,从而对医疗水平欠发达地区的病例进行会诊、咨询和学术交流,诊断数字化也使得多个院区之间可以统一管理,根据医生专长分配工作和平衡工作量,充分利用资源,提升整体的诊断效率。人工智能技术能够与新型医疗器械结合,通过自主 AI 阅片带来新技术领域突破,帮助医疗器械填补自身短板,适配更多临床应用需求。可提升患者依从性并降低检测盲区,适用于相关疾病诊断与癌症初筛。

对于有储存需求的药品,物流供应链数字化技术可根据药品特性以及全程物流需求,为客户智慧化匹配最优解决方案。充分利用政策便利优势,保税模式为客户提供服务。药品可直接转至保税库,无需经货站冷库;仓储成本降低,库内可完成分拨、贴标、重新包装等物流增值工作;根据出库数量分批缴纳关税和增值税,为客户提供综合成本最优的空港进口冷链方案。

（二）跨境电商领域

1. 主要企业

本章涉及的跨境电商数字化技术的代表企业包括深圳市一达通企业服务有限公司、深圳市华甫达信息技术有限公司、杭州乒乓智能技术公司等，均为民营企业。

2. 技术特点

跨境电商的主要应用技术为互联网平台和数字服务贸易平台，以"用户数字化""运营在线化"和"数据智能化"为特征，利用大数据流处理技术，将人工智能、虚拟现实等技术应用至营销领域，把商家的想法瞬间形成广告，并通过技术投放到相应的媒体渠道上。

（三）金融科技

1. 主要企业

金融科技数字化技术的代表企业为金邦达有限公司、驼驼数字科技（北京）有限公司、普华永道咨询（深圳）有限公司等。其中普华永道咨询（深圳）有限公司为外商独资企业外，其他企业均为民营企业。区块链数字化技术的代表企业为映物云科技（云南）有限公司，为民营企业。

2. 技术特点

（1）大数据风控手段。从供应链金融风险控制入手，利用大数据风控手段，提高经销商融资的安全可靠性，消除金融机构顾虑，打造国内领先的家电产业信用平台,不需核心企业承担风险。

（2）打造一站式金融科技服务平台,搭建链接"场景+金融机构+用户"的生态系统,为跨境电商商家、跨境电商平台及行业从业者等全行业生态链以及金融机构,提供跨境支付科技、跨境风控科技和跨境金融科技产品和服务。

（3）SaaS 生态,基于神经网络的大数据模型、随机森林算法、GBDT 模型,辅以 AI 辅助决策系统,在极大地简化与便利中小微企业贷款的同时,实现风险控制。

（4）构建了区块链系统,可为境内外产品溯源、数字认证与供应链金融提供良好的云服务;建立广告主、媒体主和媒体之间的信任关系,基于区块链推出广告区块链系统作为行业基础设施,构建信任协作平台。

（四）智慧城市领域

1. 主要企业

本章所涉及智慧城市代表企业包括宏桥高科技集团有限公司、广联达科技股份有限公司、北京德知航创科技有限责任公司、珠海华发新科技投资控股有限公司、广州广电运通金融电子股份有限公司等。其中广州广电运通金融电子股份有限公司为国有企业,其余企业均为民营企业。政务数字化代表企业为深圳太极云软技术有限公司,是一家民营企业。

2. 技术特点

（1）建设智慧物联网管理平台,实现设备终端的实时可视、可控,打造城市运营管理体系。建设感知数据融合的数据智能平台,实现数据挖掘、共享应用,打造智慧城市数据价值应用体系。运用 BIM、物联网等技术,通过视频监控、扬尘监测等实时数据接入和建设监管过程业务数据沉淀,实现建设工程项目数字化动态监管,以城市信息模型 CIM 平台为载体,以城市综合治理业务为核心,汇聚 CBD 城市治理各类应用服务与要素资源,集成融合 BIM、3DGIS、IOT、AI 等新一代信息技术,并结合线下城市管家服务,探索形成线上平台+线下服务的城市综合治理创新标杆。

(2)利用人工智能、大数据、语音识别、物联网、图像技术,打造全新的智慧化、数字化解决方案,集技术研发、系统集成和运营服务等为一体,构建新科技智能+平台。无人机倾斜摄影测量技术实现快速、自动化、全方位的城市三维精细建模。

(3)智慧政务采用互联网云计算、大数据、互联网和人工智能等技术。对政策进行梳理、解读、拆分,通过"智能标签+人工标签"相结合的方式构建涉企政策标准化库。通过标签关联匹配,以达到政策精准匹配企业,实现精准推送服务。通过建立企业画像和政策画像,可以更加准确地识别企业特征和政策特征,从而有助于进行受益企业名单筛选、扶持政策精准推送、扶持资金效益分析、扶持企业效益分析及扶持政策优化调整等。通过大数据挖掘分析技术,针对企业实际情况,主动、精准、高效推送政策信息。利用统一平台的便利性,将政策的实时动态、高端解读、全面分析等信息有针对性地推送给各个企业,解决企业对政策不了解、解读不到位以及申报不规范等问题,为企业发展提供助力。通过智能驱动平台 AI 算法仓包含多个 AI 模型,包括政策匹配模型、政策推荐模型和政策预演模型等。

(五)农业领域

国家提出数字乡村战略,要求大力发展农业农村数字经济,夯实数字农业基础,推进农业数字化转型。国家政策的倾斜表明发展农业农村数字经济具有广阔的市场与空间,随着数字经济向着乡镇农村下沉,农村商业组织变革与产业链数字化升级等方面将会孕育出巨大战略机遇。

在智慧农业数字化管理平台方面,通过数字技术的网络化发展,从根本上打破时空障碍,变革经营与流通模式,缩短产品从园地到餐桌的流通环节。在信息化管理方面,促进产品价格、数量、质量等市场信息的快速传递,消除生产者和消费者之间的信息不对等,进入以消费者为中心的生产定制时代。农民足不出户,就能方便地找到生产信息和市场信息,也能与专家或者同行学习和交流种植养护技术。

1. 主要企业

本章所涉及农业数字化代表企业为中国联合网络通信有限公司珠海市分公司和北京履坦科技有限公司,前者为国有企业,后者为民营企业。

2. 技术特点

农业数字化主要依托联通 5G+大数据、物联网技术和农机装备先进制造、农业物联网、农业大数据和农业机器人等高新技术。

三、数字化技术应用领域案例分析

(一)中国人寿保险(海外)股份有限公司:大湾区医疗信息服务会员平台

1. 项目背景

根据国务院《关于深化医疗保障制度改革的意见》,到 2030 年,中国要全面建成以基本医疗保险为主体,医疗救助为托底,补充医疗保险、商业健康保险、慈善捐赠、医疗互助共同发展的多层次医疗保障制度体系。

近年来,随着中等收入人群的扩大,保险意识的不断提升,中国多样化的商业健康险需求正在加速增长。虽然近年来中国健康险业务取得了较快的发展,但健康险市场和健康服务领域仍明显脱节,保险公司发展健康保险业务的水平和速度仍然较低,其中存在一些现实障碍。从需求角度看,目前大众已经普遍认识到健康的重要性,但是在日常作息习惯、生活方式、健康管理乃至健康保险方面的投入却少之又少。目前,中国医疗制度体系与美国等发达国家差异巨大。中国医疗资源高度集中,以公立医院为主导、行政化色彩浓厚,保险公司在医疗服务价格谈判中处于明显弱势,极大地限制了保险公司开展健康服务相关业务。从供给端看,中国保险公司的健康服务能力十分有限。实践中,虽然保险公司在持续探索开展保险+健康、保险+养老服务模式,但效果尚未充分体现。

2. 项目内容

中国人寿(海外)作为肩负社会责任的在港中资企业,积极融入粤港澳大湾区发展,基于保险业上下游医疗行业资源积累,借助金融科技工具,整合湾区内尤其是香港地区的优质医疗资源,发起大湾区医疗信息服务会员项目,搭建大湾区"保险+跨境医疗生态+科技"的健康生态闭环,以提供保险为核心,同时提供疾病预防、健康管理、医疗问诊、医疗信息等一站式服务,与寿险产业价值链能够形成有效互补,同时满足社会大众的需要,为共建粤港澳合作发展平台,建设宜居宜业宜游的优质生活圈,塑造健康湾区做贡献。医加医疗福利会员平台整合覆盖全港各区的600余个医疗网点、1200多名医生的优质医疗服务资源,为社会大众提供涵盖门诊、疫苗、体检、视频问诊及抗疫专区等五类服务。

3. 实施效果与创新

本项目于 2020 年 12 月正式发布,自上线以来,平台用户和合作机构反应积极。中国人寿(海外)通过医加项目与诸多重量级机构伙伴达成深度合作,包括中国移动香港——在移动香港官方 APP MYLINK 上开始医加专属健康板块;中国联通香港——节假日,开学季联合推广医加;国寿财险——客户增值服务板块增加医加入口。

技术创新包括:

(1)大湾区用户可以通过医加在线跨境预约医疗服务,实时获取三地最新的医疗健康资讯。

(2)运营模式上,医加平台可以作为独立的平台运营,也可以作为合作机构生态中的补充板块。

(3)推广合作中,平台一方面作为独立平台获客,另一方面与具有量级客户生态的合作机构,平台将以嵌入式模块的方式展开合作,为合作机构完善医疗健康板块的服务内容,提升客户体验和生态价值。

(4)打造保险医疗科技生态圈,创造健康生活圈,通过平台整合境外医疗服务资源,系统化服务在港中资企业以及国寿集团客户。

(二)中国联合网络通信有限公司珠海市分公司:5G 智慧医疗应急指挥急救平台

1. 项目背景

本案例主要是通过建设 5G 智慧医疗应急指挥急救数字化服务平台,提升全市医疗系统应急指挥、疫情防控等紧急重大事件的响应能力,有效提升工作效率,并能无缝接入省卫健委的广东省远程医疗平台,实现省+市+一线医疗机构的三级联动体系,为打赢新冠肺炎疫情防控阻击战打下坚实基础。这对急救医疗信息的无缝连接及在日常急救工作起到非常关键的作用。随着近年来突发公共卫生事件和医患纠纷不断增多,对于车辆以外移动视频监控需求越来越迫切,应运而生的单兵视频采集传输设备在远程视频、远程指挥的全流程监控和便捷性方面可以有效解决诸多工作问题,有效规范急救医疗流程。

2. 项目内容

(1)5G+视讯指挥调度系统:

在市卫生健康局部署一套连接广东省远程医疗平台的延展视讯服务软硬件设备,完成市卫生健康局对辖区内香洲、金湾、斗门等区卫生健康局以及21家医院的应急指挥调度视讯系统组网接入,并建设属于珠海市卫健系统的5G MEC专有网络,确保做好医疗信息的安全传递以及快速分流等保障。

(2)5G+院前急救系统:

一是视频监控子系统建设,通过布置在急救车辆上的监控摄像头以及分站的监控摄像头,实时了解车内外的实时画面、分站的出车情况。二是患者生命体征监测与传输子系统建设,即将现场转运车辆图像及病员监护数据实时发送给120指挥调度中心,使救护车病员转运、院内急救抢救提前准备,亦即救护车内院前救治与院内抢救有机地结合起来。三是5G急救车设施改装建设,即车辆环境监控终端及系统的安装与部署,包括:车辆运行状态采集、车辆环境状态采集、氧气采集、胎压采集、车辆视频监控等,基于车辆数据信息的采集、分析等实现车辆的实时监控与故障预警。

3. 实施效果与创新

通过 5G 专网部署及搭建,满足全市 21 家医院近 200 个疫苗接种流动点访问广东省疫苗接种平台,实现全市近 400 万人/次的疫苗接种任务。实现疫苗接种系统与现有省级医疗数据库进行对接,使疫苗接种情况实时更新至粤省事平台,满足接种人员日常出行信息更新。

创新点包括:

(1)实现院前与院内信息的双向追踪溯源功能,提高急危重症救治效率。

(2)建立"5G+院前医疗急救"管理制度,保证医疗质量和医疗安全。

(3)建设远程急救转运体系,助力医院推进分级诊疗工作。

(4)借助 5G+智慧医疗视讯服务平台,实现"零接触"应急调度会议。

(5)实现 5G 智慧医疗各类应用,可将本地的医疗资源深入融入全省充分共享全省医疗资源。

(三)广州金域医学检验集团股份有限公司:数字化病理管理分析系统

1. 项目背景

金域医学作为国家首批"5G+医疗健康"示范单位、广东卫健委授予的"广东省病理诊断中心"和广东省高新技术企业协会认定的"高新技术产品"协作网,自从 2010 年便开始启动远程病理诊断的深耕布局,并建立了全国首家远程病理协作网,成为中国最早一批互联网医疗的探索者之一。远程数字病理是一种基于互联网+病理技术的远程诊断方式,只需在当地将病理切片扫描转化成数字切片,上传到网络诊断平台。而远在异地、甚至是大洋彼岸的病理医生,就可以在线上进行病理诊断,发出报告单,从而实现快速诊断。结合了数字化病理和物流网络,实现网上实时数字病理诊断和实体玻片会诊两种模式,优势互补。

2. 项目内容

在昆明金域的助力下,专委会将为云南省基层医疗机构提供远程病理诊断帮扶,并搭建病理学专家与基层病理科医生进行会诊、咨询和学术交流的平台,以多种方式促进当地病理学科发展。依托金域医学的数字化病理平台,专委会将为云南省基层医院提供精准化的病理诊断服务,如疑难病例专家会诊、远程术中冰冻。此外,借助金域"大平台、大网络、大服务、大样本、大数据"等核心资源优势,昆明金域协助专委会,为云南省的病理医生提供进修基地,帮助医院进行学科发展规划、人才培养,提升市、县级医院的病理诊断技术和能力,在"授人以鱼"的同时"授人以渔",促进云南省病理学科规范发展。数字化远程病理健康教育专业委员会的成立,将为云南省病理学发展注入新的生机,通过联合省内各家医院病理科室,打通各级病理医生的沟通交流渠道,推动云南省病理学科快速发展,助力"健康中国,美丽云南"的建设。

3. 实施效果与创新

产品利用公司大平台、大网络资源,以遍布全国的省级实验室为核心节点,建立起230多家的远程支持终端,辐射全国超过22000家医疗单位,可为广大基层医院提供术中冰冻诊断、疑难病例会诊、病例质控、培训教学等诊断服务,共享移动医疗新模式。

创新点包括:

临床诊断的全面数字化,可以避免人工整理和分发物理玻片,可以大幅提升病理科的工作效率。首家全数字化的病理中心 LabPON 的研究表明,实现诊断数字化之后,一天可以节约 19 个小时。诊断数字化也使得多个院区之间可以统一管理,根据医生专长分配工作和平衡工作量,充分利用资源,提升整体的诊断效率。诊断数字化还使得 AI 等高级分析工具可以便捷地应用于诊断,从而提升定量诊断的速度和质量。数字切片便于分享也使得病理走出病理科,更好地支持临床诊疗,从而提升医院整体治疗水平和加快患者周转率。

(四)东软集团股份有限公司:澳门地区镜湖医院信息化建设

1. 项目背景

澳门镜湖医院创建于清代同治十年(公元 1871 年),是一所由华人创办与管理的慈善医院,最初办院宗旨为赠医施药、为民解困、兴学育才。医院坚持"以病人为中心"的方针,大力发展专科医疗技术,通过大型基建改善就医环境,医疗服务广泛受到欢迎,镜湖医院目前全院开放床位数 635 床+127 床,年门诊量达 130 万人次,是澳门地区最大的非营利性医院和地区医疗服务的主要提供者。

2015 年,澳门镜湖医院提出了"全力打造智慧型医院"的建设目标,全面启动数字化智慧医院的建设征程,计划通过全方位信息化数字化建设消除信息孤岛、打破时空界限,提高医疗效率;打通关节拆除围墙,把时间还给医生,提高服务质量;利用科学技术,实现科学决策精细化管理,提高质量安全。

2. 项目内容

2016 年东软集团股份有限公司(以下简称"东软")新一代医院核心

业务平台 RealOne Suite 新品发布,并率先落地应用于澳门镜湖医院。新一代医疗核心系统以电子医嘱为驱动,以电子病历为核心,以集成平台为信息交换、信息利用和信息共享的桥梁,构建了医院核心信息资产"临床数据中心 CDR",并提供了便捷的"一站式"操作界面及场景化信息组织。产品可实现对 200 多个核心业务流程的闭环式管控,可全面实现互联网环境下"多屏信息互动",并在系统运维方面提供丰富、标准化、开放式的系统组件,以满足客户个性化定制和定制开发。

3. 实施效果与创新

2017 年 11 月,澳门镜湖医院数字化医院系统软件建设顺利通过验收。这标志着澳门镜湖医院实现全面信息化建设取得阶段性进展,同时印证了东软"以客户为中心",聚焦医患需求,打造高品质医疗信息化建设项目前提下的快速研发与交付能力。验收仪式上,澳门镜湖医院与东软集团宣布共同成立"智慧医院联合研发基地",并正式揭牌。

基于澳门镜湖打造的以人为本的基于新一代医院核心业务平台的整体解决方案,在 2018 年得到行业广泛认可,目前已经在中山大学附属肿瘤医院、富力国际医院、广州医科大学附属第一医院、南方中西医结合医院、郑州大学附属第一医院等客户获得客户好评,并获得了国家电子病历评级六级、互联互通成熟度四甲的国家认证,获得了专家的一致认可。领先市场一个产品周期,并在 2018 年起进行全国推广,目前已实施上线 20 余家大型三甲医院客户。

该项目的创新点主要包括:

东软和澳门镜湖医院在双方多年的合作成功和融合生态建设模式开启了粤港澳大湾区在医院管理思想、信息化建设服务、创新医疗模式等领域的互通与交流。

澳门镜湖医院项目不仅标志着医疗和 IT 创新思维的成果转换价值,打造了医疗 IT 技术在粤港澳大湾区实际相结合的数字化信息建设的样板工程,也标志着粤港澳大湾区在面向互联网+医疗、大数据与 AI 应用等领域迈出了探索智慧医疗联合研发建设的脚步,预示着粤港澳大湾区在高质量发展数字化转型中发挥标杆效应,发挥澳门镜湖医院的医疗服务辐射能力,进一步赋能粤港澳大湾区的全民健康医疗体系建设。

未来,东软和澳门镜湖医院后续将进一步聚焦于"互联网+"患者服务、多屏应用互动的临床医护工作体验、深度的专科化系统与专科化流程建设、基于数据事实的流程分析与优化重组以及基于良好原始数据基础的大数据与 AI 应用等领域,开展深入且广泛的合作,以临床诊疗业务为核心,融合患者线下就医与线上问诊服务,结合医院实际医务和业务监管需求,构建具有自主品牌和业务特色的医院互联网化解决方案,推动医院信息化建设不断创新发展。

(五)深圳市一达通企业服务有限公司:全链路供应链服务助力商家货通全球

1. 项目背景

外贸链路长、环节多,疫情后资金、物流等供应链核心环节的不确定性急剧增加。中小外贸企业要在国际贸易竞争中把握商机,亟需提升供应链服务的效益和效率。阿里巴巴国际站跨境供应链,围绕货物出口订单的履约环节,与国际银行机构、世界领先的船东公司、国内知名物流服务商、优质的报关行和财税服务商建立合作,并打造本地化服务的拍档体系,搭建外贸服务的生态网络,为中小企业提供资金、通关、物流、财税等全链路供应链服务,帮助中小企业获得普惠、确定性的跨境供应链服务。

2. 项目内容

在资金环节,针对跨境资金不可视的痛点,阿里巴巴国际站跨境供应链联合 SWIFT、摩根大通打造"GPI 汇可视",实现跨境汇款全程可视的突破和创新;在物流环节,与国际知名物流服务商、世界领先的船东公司合作,推出中美包机无忧专线常态化运营,每周固定五次航班提供确定吨位的舱位;海陆货运方向,为商家提供"保舱保柜,甩柜必赔"的服务。在通关环节,打造"智能报关平台",实现了图文识别、智能录单、自动跟进、全程可视、数据对接、单证管理等功能,帮助报关企业、货代和外贸企业减少差错、降成本、提时效。

3. 实施效果与创新

2015 年成立以来,跨境供应链拍档团队取得了突飞猛进的发展。目前已经广泛分布在全国 23 个省、市、自治区和直辖市,形成了近 4000 人的专业团队。服务的外贸企业已经超过 20 万家。

(1)服务能力升级,"一拍档"升级成为"供应链拍档",服务将不再局限于报关、结汇和退税,而是将服务拓展到国际物流、信用信保、验货认证、海外仓储、贸易金融等领域,提供本地化的配套服务,成为当地跨境贸易及外贸综合服务中心。

(2)服务对象扩大,原来以国内商家为主,逐步扩大到服务海外 B 类买家,比如在物流的选择上,支持海外买家在平台上下物流订单。

(3)数字化能力提升,通过在线化、数据打通、技术对接等方式,构建起数字化协同的底层履约保障系统,聚集具备服务能力、专家能力、物流能力、金融能力、售卖能力和整合能力的各类生态伙伴。

该项目的技术创新包括:

（1）共筑外贸服务生态，提升中小企业供应链履约的确定性。

（2）加快发展外贸新业态新模式，开拓数字化出口服务。

（3）一达通升级为阿里巴巴跨境供应链，依托于阿里巴巴国际站，整合全球知名银行、金融机构、物流服务商、一达通以及菜鸟网络和蚂蚁金服等资源，为国际站平台上的中小企业提供数智化履约服务，满足商家包括信用保障、支付结算、供应链金融、物流和外贸综合服务等一站式需求，为中小企业稳定外贸发展提供底层服务。

（六）深圳市华甫达信息技术有限公司：跨境电商保险及反向保理融资金融服务

1. 项目背景及内容

B2C 模式的跨境出口电商、跨境进口电商发展迅速，已成为中国跨境贸易中的新生力量。其中，出口跨境电商平台以 eBay、Amazon、Wish、Shopee、速卖通及众多独立网站为主，出口电商卖家企业超过 40 万家。从 PC 端和移动端，推出描述不符险，通过系统平台为卖家损失提供保险公司赔付。

2. 项目特点

相比国内电商企业，出口电商领域有如下特点：

（1）整个行业盈利且发展快。

（2）B2C 交易数据清晰。

（3）应收款很少，但应付款多，包括原材料、海外仓费用、直邮运费等。

为此，公司根据自身商业保理资质，设计出跨境出口电商的反向保理产品,为出口电商提供短期融资服务。自 2016 年 12 月至今,已推出了针对出口电商工厂进货、海外仓压货、跨境直邮运费等应付款的反向保理融资产品;受到跨境出口电商的一致好评。

3. 实施效果与创新

通过为出口电商卖家设计创新保险产品,不仅解决了行业痛点,而且帮助中国人保财险等大公司建立了个性化的动态保费风控模型。截至2019 年底,华甫达市场占有率超 50%、服务超过 20 万家出口电商。

创新点包括:

(1)产品创新,填补出口电商的需求

(2)技术创新,为几十万卖家制定不同的保险费率

(3)理赔流程创新,系统自动理赔

(七)杭州乒乓智能技术公司:**PingPong** 跨境电商全生态链解决方案

1. 项目背景

跨境电子商务已成为外贸增长新引擎、转型升级的新动能。PingPong 作为国内第一家从事跨境收款的科技企业,也是目前全球最大的跨境电商基础服务商之一,为行业提供底层交易设施和全方位的数字服务,全面见证并记录百万跨境企业从零到千亿美金的成长。数字贸易普惠是未来跨境电商发展的大趋势,其核心是如何实现一切贸易的数字化,进而让这些数字在线化,互联互通,打破孤岛,实现让数字化发挥效益最大化。

2. 项目内容

（1）PingPong 围绕跨境电商企业的痛点和综合需求，带来了跨境电商全生态链产品服务解决方案，该解决方案涵盖了跨境企业收款、资金分发、全球收单、供应链金融、出口退税、VAT 税务缴纳、智能选品 SAAS 企业服务等全生态链服务和产品，一站式解决跨境卖家全球发展中遇到的痛点和需求。

（2）外贸一站式收付款解决方案——福贸（Flowmore）。PingPong 正式推出数字化外贸收付款产品——福贸，为中小外贸企业提供一站式收付款解决方案，切实解决外贸企业在全球发展中的收款难点。支持外贸企业线上迅速开立全球收款账户及欧美本地收款账户，支持 14 个主流币种的快捷收款，让外贸企业低门槛、低成本享受全球账户带来的便利。

3. 实施效果与创新

基于跨境支付大数据，通过技术手段建立跨境电商可信交易环境，提高跨境电商市场主客体可信度，净化跨境电商市场信息，保障跨境电商安全交易，维护交易各方的合法权益，提高跨境电商交易过程的可信度，也逐渐成为国内跨境电商行业的共识与标准。

PingPong 将联合金融机构、第三方支付机构、电子商务平台、外贸综合服务企业等机构为具有真实交易背景的跨境电商交易提供一站式结算、担保、保险和汇率避险等金融服务，将切入跨境电商细分领域，建设金融科技闭环生态圈。

（八）金邦达有限公司：信用卡个性化定制与智能交付体系

1. 项目背景

银行业的数字化转型正在如火如荼地深入推进,作为银行业客户值得信赖的金融科技能力合作伙伴,金邦达通过不断创新应用金融科技技术,用智能化的产品和服务为银行客户和最终用户提供高品质、便捷的业务体验。金邦达"信用卡个性化定制与智能交付体系"为发卡机构提供定制化改造服务,帮助发卡机构重新梳理业务流程,同时通过自动医卡设计平台进行客户定制化改造,满足发卡机构的业务模式和需求。

2. 项目内容

"信用卡个性化定制与智能交付体系"迎合年轻客户群体日益凸显的个性化、即时性的产品需求,基于多年来金邦达为银行客户服务所沉淀的在信用卡业务领域的技术、运营、产品创新、链接及生态能力,通过应用多种数字化技术手段,全流程打通了从需求描述、卡片设计、金融功能加载及增值服务定制,到智能卡生产、个人化、智能交付等多个核心环节,实现了信用卡 C2B2M 反向定制的个性化线上获客、发卡和交付的新模式。

3. 实施效果与创新

"信用卡个性化定制与智能交付体系"自推出以来,在行业内得到了一定的推广和应用,客户反馈应用情况良好。目前已部署上线的项目包括邮储银行总行服务项目、北京银行信用卡中心 DIY 系统引入项目、农业银行信用卡中心美国运通定制服务项目、平安银行卡中心个性化定制项目、上海旅游卡项目等。金邦达将坚定"成为值得信赖的金融科技产品和服务提供商"的企业发展愿景,不断创新强化数字化科技赋能,为银行业的数字化转型提供强劲动力。

技术创新包括:

(1)提供丰富可定制的银行卡产品元素,提升银行卡业务数字化获客和运营水平,同时为用户带来个性化、差异化的产品及服务体验

(2)面向其他智能卡应用领域进行扩展,利用信用卡业务领域的个性化定制、生产交付系统能力,面向社保、交通、医疗、政务、电信等智能卡应用领域进行扩展,让数字化金融科技服务能力惠及民生、提升关联领域数字化服务能力

(九)驼驼数字科技(北京)有限公司:通过数字化手段解决电商小微企业融资难问题

1. 项目背景

自新型冠状病毒肺炎疫情暴发以来,不少行业面临停产、延期开工的情形,全国范围内供应链均受不同程度影响,中小企业首当其冲面临生存危机。2020年2月5日,商务部办公厅印发《关于帮助外贸企业应对疫情克服困难减少损失的通知》,北京、上海、山东、苏州等各地各级政府自2月2日起先后出台一系列重磅政策,为受疫情影响的中小企业送来及时雨。小微企业融资存在难、贵、慢的问题,中小企业的征信数据维度相对薄弱,缺乏重资产抵押等资金实力。

2. 项目内容

为响应国家扶持小微企业普惠金融的号召,驼驼数科基于敦煌网17年滚动、实时的交易数据、物流数据、资金结算数据、产品店铺运营数据等

丰富的大数据组合,能够精准全面地为平台上的中小企业建立科学的纯信用、大数据化征信体系,联合中国建设银行共同打造的电商贷正是一款精准帮扶跨境电商小微企业的普惠信贷产品。电商贷平台通过开放的应用程序连接第三方平台(如电子商务、物流、支付、税务及其他相关平台)的海量数据,小微企业向电商贷平台提交贷款申请和数据授权后,基于神经网络的大数据模型、随机森林算法、GBDT 模型,目前驼驼数科已经能够利用毫秒级运行和来自各种场景的海量数据建立高效风控模型,辅以 AI 辅助决策系统,可在一秒内完成中小微企业与银行之间的贷款/还款业务。

3. 实施效果与创新

该项金融产品精准针对跨境电商小微企业,额度高达 200 万,年化利率低至 5%(在疫情期间将利率降低到 4.5%,在同类纯信用贷款服务中具备优势),极速审批、实时放款、无抵押随借随还、全线上操作,以金融手段驰援中小微跨境电商企业。在敦煌网与中国建行达成战略合作后,双方历时一年共同研发,完成了"电商贷"产品的数据对接与数轮项目迭代。

创新点包括:

平台通过打破企业与银行之间的信息壁垒,运用金融科技手段,搭建线上融资绿色通道,以数字化业务协同提升融资效率。通过平台,企业一键申请,银行精准对接,在后台能够直接调取企业信息,通过数据质量评价和控制体系,精准评估企业的信用情况,精准对接需求,畅通金融血脉。

(十)普华永道咨询(深圳)有限公司:普华永道"产业互联网"风控模型与应用

1. 项目背景

"2021 中国产业互联网与乡村振兴发展论坛暨中国中小企业协会产

业互联网专业委员会成立大会"发布《2021 产业互联网白皮书》认为,目前互联网发展的主战场已从消费互联网转向产业互联网,这既是国家政策的指引,又是各传统行业发展受困必须转型的现实迫切需求。产业互联网是数据时代各垂直产业的新型基础设施,产业大数据的应用将成为产业互联网平台的关键核心能力。

产业互联网串联起了各个产业链环节,提高了效率、降低了成本,但此深度参与同时也为产业互联网平台带来了风险。产互平台需要参与到产业链的生产、运输、贸易、结算、交付的各个环节,整合资源、形成产互平台商业模式。而在享受资源整合权利的同时,产互平台也需承担相应的风险,因此产互平台的风险控制体系建设,在此背景下显得愈发重要。

2. 项目内容

结合当前市场各产业互联网平台的战略布局,普华永道在"产互平台大数据风控"领域展开了积极的探索与实践。力求充分利用核心企业供应链内外部数据,量化并控制产互平台全流程风险。截至目前,普华永道已为包括大湾区在内的多家银行、保险、金融机构开展了产业互联网全流程风控体系规划与建设,获得了一致认可,实现了以下几项产业互联网大数据风控的创新实践:

(1)产互场景模式界定:从"核心企业类型"和"交易环节"两个维度划定了产互场景模式,并针对各产互场景模式,成功助力某深圳行业领先金融企业制定完备的系统性风控方案,节省数千万元风险控制相关成本。

(2)首创"3×3"风控框架:围绕"核心企业、小企业、订单"三个风控对象和"流程、规则、模型"三层次风控手段,构建产业互联网风控体系,帮助大湾区多家银行、金融机构实现风险控制整体优化,风险得到有效控制,为高效运营赋能。

(3)金融信用评分模型构建:利用对公企业信息与零售企业主信息,设计了7大子模型,包括企业征信、企业形象、财务状况、交易行为等,并使用传统逻辑回归算法和机器学习算法建模,确定最终模型,为大湾区核心城市金融监管机构提供有效的评估参考工具。

(4)商业信用评分模型构建:建立"商业信用打分卡",对核心商业指标进行定义、归类与权重配比,支持信贷全流程风控应用,为营造大湾区金融行业公平的竞争和营商环境提供助力。

(5)模型在风控环节的应用:针对预授信、准入、审批、贷后等各环节,制定个性化的风控规则,巩固大湾区金融服务机构在效率方面的领先地位。

(6)模型构建流程规范:对商业/金融信用评分模型构建流程提出了规划建议,涵盖模型设计、样本采集准备、指标加工、模型构建、模型验证等各个流程环节。真正实现了产业互联网大数据风控在大湾区金融服务实践中的量化、创新与落地。

3. 实施效果与创新

项目实施的主要创新点包括:

伴随产业链全要素科技化,金融科技的发展模式将从基于场景需求提供配套金融工具,转向基于产业信息化升级的需求提供配套金融科技工具;从通过互联网运营的手段,最大程度地撮合交易转向通过新型技术,最大程度地为B端创造价值;从基于场景数据输出风控模型转向将线上积累的风控模型与线下融合,推进线上赋能线下和线下赋能线上的双向进阶。

（十一）映物云科技（云南）有限公司：映物云——时空区块链溯源认证与数字云仓解决方案

1. 项目背景

存储于区块链中的数据具有不可伪造、全程留痕、可追溯、公开透明等特征，可用于构建可信的网络系统解决价值交换与转移中存在的欺诈和寻租问题，由此奠定了"信任"基础，创造了可靠的"合作"机制，但其痛点是难以保证数据来源的真实性，即便使用了区块链技术，但若无法保障数据源的可信，上传到区块链的数据即使无法篡改也不能保证建立可信、可靠的全产业链数字化体系，不能有效支撑产品溯源、供应链金融等各种应用。

以农产品为主的地理标志产品领域，其生产企业大多属于小微企业以及农户，规模小、分布零散，难以形成规模效应，存在抗风险能力差等问题，亟需融入到更广泛的产业链中，解决从生产、流转到销售过程中的产品溯源认证和交易问题，打通产业链、建立生产与消费生态圈。

2. 项目内容

映物云基于卫星定位和区块链技术构建了时空区块链系统，融合卫星定位、地理信息、区块链和物联网技术，形成了基于时空区块链的产品溯源、数字认证与数字云仓解决方案。该方案将产品生产和流转过程的时空信息、区块链、仓储、交易结合起来，面向产品溯源、认证、交易提供整体技术支持。

主要功能模块：

（1）映物时空区块链云服务系统

通过映物定位器和云服务系统提供产品时空编码（映物码），实现时空信息与区块链数据实时同步,使商品信息与区块链数据唯一绑定,建立区块链上可信、可追溯的产品数据档案;实现产品产销全程溯源认证,支持消费者区块链积分奖励,促进消费。支持形成区块链数字凭证、数字仓单,支持在线交易和基于区块链的结算。

（2）空间信息云服务系统

利用遥感、卫星定位和物联网等技术获取产品产地分布数据、特色生态背景特征指标、生产过程数据等,实现产地认证,提升品牌价值。支持卫星定位、电子地图、视频、图像和生产过程各类传感器数据等多源数据融合,面向企业提供在线制图、数据发布云服务,使产品直观关联地图;为订单农业提供产地空间信息数据服务。

（3）映物云仓

本解决方案的数字云仓,即"映物云仓"是由若干实体仓连接"映物云"系统构成的仓储+数字认证与数字仓单服务系统,用于产品的仓储和货物交易、交割,由两部分构成:实体仓和映物云产品溯源认证与数字仓单交易系统。映物云仓把产品实物一对一映射为一个数字化的仓单,以便进行在线交易和跨境贸易。映物云通过物联网、区块链和时空编码等技术保障仓储商品可信、可控,支持数字仓单在线交易。

（4）数字营销

映物云支持实现面向地块/产地的产品预售和订单生产;支持多媒体数字营销融合集成,支持产品分销、促销,面向消费者开展在线销售;基于产品溯源数据支持消费者市场分析;支持从产品生产、运输、仓储到各网点经销的全程流转数据记录,实现对产品销售的全程管理;基于区块链的积分管理功能,便于企业以产品溯源标签为入口开展产品促销活动。

3. 实施效果与创新

通过本解决方案,企业可以方便地实现产品溯源,保障产品来源可靠,并向消费者提供产品综合信息介绍和在线销售、实现数字营销,促进销售;政府部门、行业组织等可利用映物时空区块链整合相关产业资源、建立优质产品生产与销售生态圈,帮助相关小微企业解决融资难、资金周转效率低等问题,给予品牌背书,提高市场竞争力,促进总体产业发展。

目前,本解决方案已应用于中药材、茶、菌类、水果、养殖等农林业领域和旅游领域,尤其是在具有原产地溯源需求的农林领域以及以农林产品为原料的工业生产领域、跨境电商领域具有广泛的市场需求和巨大的应用价值。

该项目的技术创新主要包括:

(1)时空管理,实现公益事业全民化和科学化。

(2)公益事业科技化、科技事业公益化的理念。

(3)区块链提供时间和空间组合新模式的技术基础。

(4)重新赋予合作社的生命力。

(十二)珠海爱浦京软件股份有限公司:基于 APJ 低代码平台的快速交付服务

1. 项目背景

现在是移动互联网的时代,移动端应用程序的需求不断增大,但是专业开发人员的开发速度并不能跟上需求的增长速度,低代码开发平台的出现,很大程度上缓解了企业应用程序的需求压力。基于 APJ 低代码平台的快速交付服务,可以极大地提升企业的开发效率,在为客户提供快速交付服务和节约采购成本的同时,还可以精准地实现客户的业务需求,快速提升客户数字化的水平,因此取得双赢的效果。

2. 项目内容

以基于 APJ 低代码平台实现的运营数据收集分析及智能表单功能的系统为例(简称:数据智能收集系统),该项目是一个专注于为公共事业等领域提供数据收集、流程管控、数据分析的解决方案,该平台方案已经应用于香港地区多家公共事业的实际业务中。数据智能收集系统可以通过后台定制相关的数据收集的工作指引,通过工作指引可以自动在移动端生成相关的数据收集表单,和对应的流程管控,该平台还可以和第三方的工单系统集成做到无缝工单的集成和衔接。

3. 实施效果与创新

目前,已经有多家大型香港地区公共事业使用了基于 APJ 低代码平台实现的运营数据收集分析及智能表单功能的系统,获得了客户的认可。

创新点包括:

基于 APJ 低代码平台的快速交付服务技术先进性体现在:

(1)与传统开发平台相比,低代码平台由于其灵活的设计而有助于显著改善客户体验,有助于满足对快速发展和敏捷变更的需求。

(2)低代码平台以很小的成本提高了开发效率,这有助于企业以更少的成本和时间实现更多的目标。

(3)基于宿主语言,可满足 80%业务研发需求。

基于 APJ 低代码平台的快速交付服务创新性体现在:

(1)提升效率:对同一个流程而言,基于 APJ 低代码平台的快速交付服务的平均执行时间将比传统的时间缩短 30%以上。

（2）提升准确率：基于 APJ 低代码平台的快速交付服务通过降低差错率和操作风险,帮助企业实现精益化管理。

（3）节省成本和提升效益：基于 APJ 低代码平台的快速交付服务把员工从大量、重复、繁琐的日常工作业务流程中解放出来,替代或辅助人工操作,降低企业人工成本,缩短工作时间,员工可以将精力与时间放到价值更高的事务上,提高生产率。

（4）提升客户满意度：更高的效率,也将会改善客户服务与体验,提高转化率。

（十三）宏桥高科技集团有限公司：宏桥智慧灯杆数字化解决方案

1. 项目背景

智慧灯杆是数字城市重要的数据来源,也是智慧城市重要的组成部分,能够实现城市及市政服务能力提升,是智慧城市的一个重要入口,可促进智慧市政和智慧城市在城市照明业务方面的落地。通过集成传感器,采集城市信息,在未来将产生智慧城市所需数据。这些数据可与政府内部的交通系统、警务管理系统、财政管理系统和采购系统进行交互,为智慧城市的大数据应用提供多种数据支持。

2. 项目内容

（1）第一步,产生和收集数据：建设大范围的智慧灯杆网络,通过布设智慧灯杆,结合"智慧云盒"打造一体化物联感知体系。

（2）第二步,业务与数据联动：建设智慧物联网管理平台,实现设备终端的实时可视、可控,打造城市运营管理体系。

(3)第三步,管理和分析数据:建设感知数据融合的数据智能平台,实现数据挖掘、共享应用,打造智慧城市数据价值应用体系。

3. 实施效果与创新

创新点包括:

(1)物联"底座"支撑智慧城市建设。

(2)泛在感知提升城市运营管理效率。

(3)智慧灯杆提升人民生活智慧化水平。

(4)助力创新监管模式提升政府治理数字化水平。

(十四)广联达科技股份有限公司:福州滨海新城规建管一体化平台(一期)项目

1. 项目背景

作为福州新区区域科研中心、大数据产业基地与创新高地的滨海新城,在规划与建设初期,提出将规划、建设、管理全流程进行科学衔接与管理,形成城市持续发展的强大动力,并依托滨海新城独特的特色资源,优先注重环境保护、水务、交通、基础设施、大数据等领域智慧化建设与应用的建设要求。

2. 项目内容:

项目建设成果主要包括以下几个方面:

(1)形成了 CIM 数据汇聚共享数据库。CIM 数据库已收集滨海新城54 项规划成果、批供地数据、启动区城市三维模型(50 个房建项目、21 条市政道路、422 公里地下管线等）；已发布 CIM 模型交付标准包括 CIM 模型交付通用标准和房建、市政三维模型实施指南。

（2）建设了城市规划一张图。通过建立滨海新城的 CIM 城市信息模型，实现城市规划一张图，有效解决空间规划冲突，推演城市发展，让土地资源和空间利用更集约、方案更科学、决策更高效。

（3）构建了建设监管一张网。运用 BIM、物联网等技术，通过视频监控、扬尘监测等实时数据接入和建设监管过程业务数据沉淀，实现滨海新城范围内建设工程项目数字化动态监管，目前已实现滨海新城范围内两百多个建设工程项目数字化动态监管。

（4）实现了滨海新城的智慧管理。通过市政基础设施智能化建设和改造，将供水、排水、燃气、电力、照明等市政设施数据进行实时汇聚，实现滨海新城市政数据"一张图"展示，为相关部门统一协调和科学决策提供有力支撑。

3. 实施效果与创新

项目建设过程中，分别于 2019 年、2020 年、2021 年，连续三年参加"数字中国建设峰会"，展示了福州滨海新城的远景规划、建设历程、运营管理新模式。并于 2021 年被评选为福州市全面深化改革十佳案例。

该项目的创新点主要包括：

规建管一体化项目的实施，改变了传统模式下规划、建设、城市管理脱节的状况，将规划设计、建设管理、竣工移交、市政管理进行有机融合，实现城市规划一张图、建设监管一张网、城市治理一盘棋，初步为"数字孪生滨海新城"及智慧城市领域更为广阔的应用奠定基础。

（十五）广联达科技股份有限公司：青岛 CBD 基于 CIM 的城市综合治理服务平台项目

1. 项目背景

青岛中央商务区以创建国家示范中央商务区为目标，基于数字孪生的新型智慧城市发展理念，以城市信息模型 CIM 平台为载体，以城市综合治理业务为核心，汇聚 CBD 城市治理各类应用服务与要素资源，集成融合 BIM、3DGIS、IOT、AI 等新一代信息技术，并结合线下城市管家服务，探索形成线上平台+线下服务的城市综合治理创新标杆。

2. 项目内容

（1）青岛市北区中央商务区人口、交通、产业、社会治理等城市发展管理日益复杂化，传统城市治理与运维发展模式不足以支撑未来城市的创新发展，迫切需要新的信息技术驱动发展活力，加快新旧动能转换，强化城市精准治理的新手段，提高城市治理新效率。

（2）中央商务区现有的智慧灯杆、视频监控、智慧停车以及楼宇经济等业务系统各自独立且数据离散，不能形成数据共享共用，对中央商务区总体运行态势和城市治理过程中的突发事件缺乏有效的机制手段。

（3）中央商务区内各种路灯、灯杆、井盖、广告箱等市政设施设备，需要大量的巡检人员，人工成本较高、维护水平和效率比较低，迫切需要新的智慧运维手段。

3. 实施效果与创新

青岛中央商务区基于 CIM 的城市综合管理平台项目对提高商务区

城市治理和管理效率、降本增效具有立竿见影的效果。最直接的表现是，随着项目的实施，商圈的城市管家从 46 人减少到 4 人；每月运维成本从 45 万元降低到 12 万元。

该项目的创新点主要包括：

领导团队在城市、建筑和房屋的不同维度进行产品创新，大力推进三大产品的孵化和研发，监管、建设和管理一体化解决方案，建设一体化平台，以及全安装设计的云平台。在水务和数字化运维两个垂直领域，有针对性地开展研发和推广工作。在城市建设层面，积极参与智慧城市的探索与实践，在产品的各个环节与合作伙伴紧密合作，致力于环保、节能、降本等解决方案的研发与创新提升效率，助力数字中国建设。

（十六）广联达科技股份有限公司：泉州芯谷南安分园区智慧园区项目

1. 项目背景

泉州芯谷南安分园区智慧园区项目是基于"数字孪生"理念，以园区开发运营全生命周期的"规建管服"一体化业务为主线，利用 BIM+3DGIS 和云计算、大数据、物联网、移动互联网、人工智能等信息技术，实现物理园区全过程、全要素、全方位的数字化、在线化、智能化，构建起物理维度上的实体园和信息维度上的数字孪生园区的共生模式，形成线上线下协同运作、互联互通、全面感知、智能处理、虚实融合的园区发展新形态，实现园区规划一张图、建设监管一张网、园区治理一盘棋、招商服务一站式。

2. 项目内容

以泉州芯谷南安科创中心为试点，积极探索"海归小镇"建设模式。

目前已启动泉州芯谷南安科创中心项目,规划建设标准厂房、孵化器、研发中心、创业平台、服务中心、生活配套等,致力打造成为集文化创意产业基地、都市新型服务中心、绿色低碳人居典范于一体的芯谷"园中园",建设"三生融合、职住平稳"的未来城、科技城。目前该项目已完成设计方案批复、初设审查及招标方案,正在按时序进度进行前期工作。

3. 实施效果与创新

福建(泉州)半导体产业高新园区(简称泉州芯谷)核心区,南安分园区是在福建省政府支持下,由泉州市、南安市两级政府共同打造的"港产城"高端融合示范区。园区规划建设面积约33平方公里,根据泉州芯谷整体规划,南安分园区布局电子信息产业区、生态休闲区、芦青健康科创区、配套居住区、海峡两岸集成电路产业合作试验区5个功能分区。

同时,园区按照"统筹规划、分步实施、政府引导、市场驱动、创新引领、融合发展"的原则,坚定新型智慧园区发展理念,以创新园区管理、服务产业发展为目标,积极实施芯谷智慧园区建设,打造园区 CIM 时空信息云平台,推进园区基础设施数字化、开发管理信息化、服务功能专业化和产业发展智能化。

(十七)北京德知航创科技有限责任公司:基于全自动无人机机巢的城市数字化治理服务方案

1. 项目背景

无人机具有时效性强、机动性好、方便灵活、巡查范围广等优点,使得其在城市管理中起到非常重要的补充作用。无人机空中巡航,在配有高清运动摄像头的情况下,可在空中对重点监控区域进行定点监控、拍摄,可实现远距离无线实时影保回传,便于迅速发现特定监控区域的脏乱差,使管理无死角;此外,还可借助无人机对不同时间城市管理的效果进行全方位的排查和摸底。无人机可以应用于城市治理的众多领域,能够进一步提高城市工作水平和效率。无人机上阵,实现精准治理,以科技力量助力城市管理工作,运用信息化手段提高监管效率,是城市精细化管理、智慧城市建设的一大利器,助力构建共建共治共享治理新格局。

2. 项目内容

本案例通过自主研发具由国际领先水平的无人机倾斜摄影测量技术,实现快速、自动化、全方位的城市三维精细建模。基于倾斜航空影像生成的点云三维信息结合影像纹理信息,进行全方位的地物变化检测。利用实景三维模型的高精度、全视角、实景化等优势,结合区域分割、面向对象分析方案、A/B 类变化结果、机器深度学习等算法,实现快速、高效、全面的地物变化检测,同时实景三维为后期的结果、决策等提供有力的数据依据。

无人机航测系统是高分辨率及高精度影像获取和处理的崭新技术,它以无人驾驶飞行器为飞行平台,负载数码相机进行拍摄,通过倾斜摄影测量技术,实现对三维立体地理信息的快速获取。

3. 实施效果与创新

创新点主要包括:无人机自动飞行系统时效性强、机动性好、巡查范围广、智能化飞行,在常态化巡逻中不受空间和地形限制,对城市进行全区域、全视野的有效覆盖,实现了城市管理从地面向天空的延伸,助力提升城市发展、治理、运行效能,加速城市治理数字化转型。以科技为引领,不断借助科技手段提升工作效能,能最大限度地发挥无人机系统在侦查、救援、农业生产协作等方面的应用,不断开创工作新局面,从而提高城市治理水平。

(十八)珠海华发新科技投资控股有限公司:后疫情时代智慧政务服务平台 & 智慧园区社区的无感通行

1. 项目背景

2021 年是"十四五"开局之年,也是广东省数字政府改革建设迈进新阶段、开启新征程的一年。党的十九届五中全会、省委十二届十三次全会、2021 年省政府工作报告对数字化发展、数字政府建设作出了全面系统的部署。报告指出,各地政府要深刻领会数字化发展的重大意义,深刻理解数字化发展丰富内涵,深刻把握当前数字政府改革建设面临的形势任务,在省委、省政府坚强领导下,围绕中心工作,坚持问题导向,聚焦难点痛点,开拓创新、锐意进取、扎实工作,形成我省数字政府改革建设新格局,推动在新起点上取得新发展。基层公共服务平台以综合政务服务终端为载体,推动政务服务三级部署,从县区、乡镇/街道、村/社区,并向基层群众延伸,可实现近 160 项高频政务事项的便捷办理,打通服务群众"最后一公里"。

2. 项目内容

(1)实现"一网通办"为目标,加快建设"纵向全贯通、横向全覆盖、业务全流程、部门全协同、效能全监管"覆盖全区的政务服务一体化平台,构建"互联网+政务服务"总门户,打造在线政务服务总枢纽,实现政务服务的标准化、精准化、便捷化、平台化、协同化,政务服务流程显著优化,服务形式更加多元,服务渠道更为畅通,群众办事满意度显著提升。

（2）融合 AR 高新技术支撑优化党组织运作的创新互动形式，加强村居历史、党建知识普及，建设党员教育模块，制作建党宣传视频。融合 AR 高新技术支撑优化党组织运作的创新互动形式，加强村居历史、党建知识普及，新增党员教育模块，制作党建宣传视频。

（3）便民公共服务类事项。为方便民众日常出行、就医、生活缴费等场景，在有第三方相关接入条件基础上，接入购买长途车票、医院就诊预约及挂号、水费电费缴纳、煤气费用缴纳、通信话费缴纳等多种公共服务类型，为群众提供便捷的信息查询、就诊预约、生活缴费平台，让群众生活更加便利。

（4）无感通行。在"后疫情时代"华发新科技打造的无感通行 & 可视对讲解决方案聚焦社区住户通行和访客出入应用场景，集物联网、5G 通信、AI 视频、AI 语音等技术为一体，为用户提供无卡门禁、免按键呼梯、可视云对讲、智能安防、实时公区视频等服务。

3. 实施效果与创新

本项目中，基层公共服务平台已完成与鲲鹏云服务、华为云 Stack8.0（鲲鹏）完成双重兼容性测试验证，获得鲲鹏技术认证证书；与此同时还完成了银河麒麟高级服务器操作系统（飞腾版、鲲鹏版）V10 兼容性测试，并获得麒麟软件 NeoCertify 认证证书。随后还将进一步完成终端机设备硬件国产化和用户端与国产操作系统适配的工作，保障政务服务信息安全。

该项目的创新点主要有：

在国家政策指引下，为了破解群众办事来回跑、办事地点远、办事地点分散等难点，降低群众办事难度，缩短办事周期，实现"数据多跑路、群众少跑腿"，华发新科技基于人脸识别、指纹识别等技术自助研发了政务综合办事终端,产品集政务事项自助查询和办理、基层党建互动、生产生活服务、广告宣传、线上支付等多功能为一体。政务综合服务终端改变了传统终端设备"大、重、笨"的缺陷,充分利用现代化集成技术和人体工程学的设计原理,将高拍仪、打印机、触摸显示器、身份证读卡器、双目人脸识别摄像头、凭条打印机、二维码扫描器等专用设备进行了精细化集成和一体化整合,助力基层政务服务机构为群众提供更便利的服务。

(十九)广州广电运通金融电子股份有限公司:5G+智能银行—广州数字住房中心

1. 项目背景

广州数字住房中心以客户涉房业务办理的金融服务需求为基础,在5G技术、AI智能语音、人脸轨迹、客户感知、视频服务的技术支持下,打造了新生态、新理念、新形态、新引擎、新体验的"五新"住房生态银行,提供"因时而需,因需而在"有温度的新金融,为客户带来更加安全、便捷、智慧的服务体验。

2. 项目内容

智能终端十大业务及流程介绍和呈现。人脸识别及行为收集实现金融服务及产品的精准推送。通过语音交互实现十大业务信息查询及帮助呼叫。多种交互(手机互动、语音互动、VR交互等)提升客户体验。

(1)基础金融业务办理:连接微信公众号、小程序实现基础金融业务的线上预约及线下办理能力。

(2)住房金融业务办理:实现涉房业务线上预约,线下业务办理的线上线下无缝结合。

（3）不动产财富管理:提供多渠道不动产财富管理线上业务办理,全方位的不动产财富管理方案以及财富管理决策咨询。

（4）人脸轨迹:1—2 层空间的全方位人脸识别和轨迹自动跟踪,聚类或单个的客户年龄、性别、行动轨迹的统计/分析,客户到场/离场等信息实时推送。

（5）智能营销:通过多种渠道(微信、网点行为、运营商渠道、人脸识别、虚拟银行等)形成客户画像,达到市场策略、增效等分析实现金融服务多渠道融合。

（6）产业联盟:围绕住房、养老等打造产业融合平台,为 C 端客户提供一站式产业服务。通过产业融合,连接 C 端和 B 端,并通过平台实现产业链金融服务。提供产业进驻以及综合信息发布平台,实现数据互通互惠,产业共赢建设。

（7）AI 智能语音:基于语音为原有设备或系统提供语音交互控制方式,具备更加自然的对话和理解能力,以及一定的机器学习能力,通过对语音交互的信息练习,不断提升 AI 语音客服的质量。

（8）5G 虚拟银行:天河东网点 3D 虚拟化空间构建,实现客户虚拟空间漫游。提供开业虚拟剪彩场景,支持 PC、手机、VR 眼镜多渠道接入。支持查询、理财金融交易 3D 真实业务办理,总行接口支持的情况下可拓展其他业务。

3. 实施效果与创新

5G+智能银行是以数字技术在广州打造全国首个住房金融服务主题 5G+智能银行,创新网点数字化、场景化、智能化服务新模式,融合交易中心、创新中心、文化中心等多个功能,为客户打造"新形态、新生态、新理念、新体验、新引擎"金融服务综合体,从传统银行向未来银行探索转变。

该国有银行广东分行围绕"数字广东"建设,积极发挥新金融科技优势,加强与政府全面对接服务,持续助力推进数字政府、数字城市、数字住建等方面的建设,深度融合科技、金融与城市发展,助推打造智慧城市。

该项目的技术创新主要包括:

(1)首例可以办理真实业务的虚拟银行:客户可以充分体验金融科技带来的变化,无论是 VR 环境,还是手机、网点智能设备上,客户都可以接入虚拟银行系统;客户可以在虚拟网点中参观,可以相互交流,不用再去银行网点,不用再受时间和地域的限制,可以随时享受某国有银行最新的场景化、交互式的房屋+金融服务。

(2)打造新型一站式立体化的住房生态平台:融合产业联盟和客户自主集群的全贯通,将全部有住房需求的人群,通过网点实现交集和融合,有共同需求的客户不仅可以通过网点获得所需的认知和快捷服务,还可以通过网点实现需求集群的人群组织建立,网点建立一个交互的集合桥梁与平台。

(3)基于物联网的线上直租体验:直击租房体验的痛点,通过某国有银行在物联网技术上最新的探索,租赁客户可以实时看到房屋的实景视角、光线情况、噪音,甚至空气的质量,完全满足客户对房屋一切细节的了解需求;最终通过各种认证技术的整合,客户可以完成线上选房、看房、签约、电子钥匙交付的全流程。银行服务与日常生活场景串联起来,给客户提供超凡体验。

(4)5G+万物互联:客户从步入银行开始便能真实感知全新 5G 网点带来的感受,所有物物、人人、物人通过 5G 与客户互联互通,设备的交流畅通无阻,各楼层的信息会同步贯通在客户的整个体验过程中。

(5)基于人脸的全量客户服务和营销辅助系统:通过人脸识别,可享受由大数据和智能 AI 分析量身定制的产品组合推荐。精准人脸跨境追踪技术,实现了客户在网点的最详细的活动和服务轨迹数字化管理。银行可实时全方位获知客户需求,最大可能的实现对客户的实时智能服务,并为大堂业务人员实现自动化的营销介入机会;为客户打造最贴合实际需求的方案。

(6)全新的 AI 交互体验:以 AI 能语音为基础,通过人机对话,实现二楼交互屏幕上的流程界面跳转与交互,带来新的交互体验;在网点智能设备和交互大屏、移动端实现智能语音问答,实现房屋业务相关知识的智能式交互咨询。

(7)客户感知:精准服务以人脸及行为识别为基础,实现到店客户行为跟踪与管理,感知客户需求,客户经理通过移动 PAD 第一时间发现客户的疑问及需求,提供精准服务,助力银行打造"新营销"方式下的智慧网点。

(8)创新性体验设备:沉浸式服务太空舱和高端财富管理仓。为普通客户服务和高端净值人士,提供沉浸包围式的创新服务体验仓。体验仓涵盖了客户自助+辅助服务+私密体验的多种需求,为不同阶段的客户营造了最新的服务体验。

(9)全方位交互式创新体验:场景化视觉影像,多维观感体验。

(二十)中国联合网络通信有限公司珠海市分公司:面向制造行业的 5G 工业互联网应用推广服务平台

1. 项目背景

作为 2025 年智能制造试点示范项目企业、空调行业的智能制造标准制定企业,格力也在规划智能制造带来的企业蓝图。除了制造业务本身,智能化与信息化的管理手段最终都要落实到生产技术和管理体系,实现智能化,二者融为一体,提高格力工业自动化程度,满足智能制造之MES、WMS等信息化系统数据传输、交换的准确性、及时性要求,实现IT与OT的融合,满足未来业务的高速发展,积极参与建设数字中国,加速实现企业数字化转型发展,重塑企业发展核心竞争力,把数字化转型作为打造世界一流企业的重要利器。

2. 项目内容

5G是打通各行业进入数字化革命的良机,珠海联通与格力面向空调行业市场响应快、产品质量要求高、成本控制严的行业需求,结合空调行业总分结合的研发制造体系特点,利用最新5G技术对空调行业全流程跨地域协同制造所需网络进行5G网络化改造,打通信息在横向各系统模块之间、纵向计划排产与制造现场之间的微循环节点,形成一个全流程智能制造管控平台,优化分析各个环节的数据,给公司的关键决策提供有效参考和指导,建设一个智能制造示范工厂,实现数据全过程采集连接,达到上云上平台统一管理的目的。

3. 实施效果与创新

结合5G网络对格力园区进行升级改造后,整体网络速率、时延、带宽均有较大提升,同时诸多痛点问题得到解决。

该项目的创新点主要包括:

(1)无线网络替代传统有线视频回传,有效解决厂区光纤及带宽资源不足而造成的业务回传难题,化解了部分地区管道施工成本高、周期长、铺线难、后期维护困难等痛点,规避了常规光缆连接易受周边环境影响的缺陷,美化生产环境。同时减少了现场维护工作量,提高可靠性。

(2)生产、仓储、物流等诸多环节的生产数据和设备数据需要实时监控、跟踪、安全防范等。这些工业现场的数据量非常大,也存在大量无价值数据,利用边缘计算技术对采集到的数据进行过滤、预处理等,有效地缓解了数据传输、计算的压力。

(3)基于 5G 网络架构进行调整,引入 MEC 组网方案,将数据面核心网和业务应用下沉到网络边缘,降低了核心网的带宽压力,同时有效地满足了现场指挥业务对超低时延的需求。

(4)通过在边缘云中部署 AI 功能,通过自动进行监控视频的分析、识别和报警处理,大大提升了监管效率,节约了资源投入。

(二十一)中国联合网络通信有限公司珠海市分公司:珠海5G 数字农业服务平台

1. 项目背景

珠海市作为广东乃至全国的农业养殖"大户"之一,农业生产过程中农业投入品价格不清晰、天气以及气象不了解、市场行情不透明、种植养殖技术落后、绿色生产意识淡薄等问题,成为提高珠海市农业生产户经济收入的绊脚石。相关法律法规和规章宣传力度不足,难以深入基层。

2. 项目内容

本案例通过 5G+珠海市"三农"采集信息发布平台的建设,依托联通5G+大数据、物联网技术,解决养殖户市场行情信息、生产技术信息、农资供应信息、农业气象数据等"三农"生产难题,通过短信网络平台发送与小程序提供"三农"服务的方式,解决农业养殖户信息获取难的问题。并以金湾黄立鱼现代农业产业园为标杆,打造聚集现代生产要素的特色化、标准化、产业化、绿色化的现代农业产业园。积极推进数字农业大数据平台项目结合"互联网+农业"带动园区生产经营主体实现专业化、标准化、集约化生产,推动产业升级。

（1）打造5G+三农服务平台:以信息小程序为主,微信公众号、手机短信为辅的方式,拓展生产户的信息获取渠道,采集和整合发布国内种苗信息、饲料行情、药品价格和供求关系、气象灾害预警、"三农"政策法规等农业相关信息。

（2）打造金湾黄立鱼产业大数据平台,产业园可实现黄立鱼产业数据化,建立黄立鱼数字化养殖体系和全产业链的安全质量管理。以物联网监控、云网资源为技术支撑,通过数据平台实现全区黄立鱼产数据一张图的目标。

3. 实施效果与创新

通过本次农业数字化平台建设,打造珠海市农业局线上服务途径,通过"三农"课堂、经典农业全景仿真场景等方式,拓展养殖户学习先进农业生产力和科学技术的途径,帮助养殖户提升生产水平和管理效率,达到增产增值,降本节支的效果。

该项目的创新点主要包括:

（1）5G+大数据平台,提高养殖户亩产收益,实现农民增收。利用数字化手段监测水质环境,帮助养殖户控制鱼苗、饲料、药品的投入,减少用量和频次。在减少鱼药和饲料的用量之后相应的劳动投入成本也会减少,与此同时保障优质水质环境,其水产品质量与价格也能够有所提高,从而提高养殖户经济效益,带来农业增产,农民增收。

（2）提高养殖企业产品收益,促使企业做大做强。通过对生产过程中成品、半成品有害物质残留特性等内容的检测,可以提高水产品的质量,在市场上赢得更好的声誉,为企业带来更多利润。品质优良的水产品可以吸引高端客户,从长远角度提高企业的盈利能力。

(3)降低水产加工企业的产品质量控制成本,提升企业竞争力。开展从原料到产品全产业过程食品安全信息的溯源,快速定位、快速跟踪反应,最大限度降低有毒有害物质可能带来的风险。

(二十二)北京履坦科技有限公司:数字化果园

1. 项目背景

新一轮科技革命和产业变革正在兴起,信息技术、生物技术、新材料技术和新能源技术广泛渗透到农业领域,催生了一大批战略性新兴产业,农机装备先进制造、农业物联网、农业大数据和农业机器人等高新技术逐步应用到农业生产各个领域,智慧农业呈现出强劲的发展势头。无人农场是实现智慧农业的重要途径。通过有效利用智能感知系统、智能装备及数字化管理系统,可以将农业带入数字化时代,早日实现农情预报、信息化耕作、产量预测、价格监测、在线培训等农业数字化的目标。

2. 项目内容

本案例中的数字化果园是智能感知、智能分析、智能作业和智能装备技术在果园生产中的集成应用。通过除草机器人、剪枝机器人、植保无人机、植保机器人、套袋机器人、无人运输车、仓储搬运机器人等设备实现果园的日常无人作业;通过对水肥一体化装备的智能调控实现果园的精准灌溉和施肥,确保果树生长在最佳状态;通过辅助采摘机器人、自动分拣装备、自动包装装备实现果园的采收;通过无人运输车和装载机器人对肥料、农药等生产资料开展库房与果园间运输与加注等工作。

(1)基础设施系统

数字化果园基础设施系统包括厂房、道路、水、电、仓库、车库、通信节点和传感器安装节点等基础条件,是数字化果园的基础物理构架,为果园无人化作业提供了工作环境保障。

(2)智能感知系统

智能感知系统主要是通过各种传感器、空间信息设备、摄像装置、定位导航装置和无线传输模块等快速获取果园环境信息、种植对象的生长状态、装备的运行状态,以保障各种信息的实时监测和通信,从而进行装备端的精准自主作业控制。

(3)智能作业系统

智能作业移动装备与固定装备是作业的执行者,它们之间的有效对接和配合作业,增加了数字化果园智能装备与机器人的环境适应能力和工作效率,提高了数字化果园智能化水平,实现了机器对人工作业的替换。

3. 实施效果与创新

创新点包括:

将果园内地块的三维模型数据、环境数据、作物生理数据、地块属性数据等进行全面汇聚融合,可提前推测每株树体果实的产量,并通过遥感特征光谱分析进行智能分析和诊断,从而实现全过程精准管护。在主要果树形态结构模型构建与果园智能管理方面,将会融合园艺学、生态学、生理学、计算机图形学等多学科,以果树器官、个体或群体为研究对象,构建出主要果树4D形态结构模型,实现对果树及其生长环境进行三维形态的交互设计、几何重建和生长发育过程的可视化表达。通过数字果园技术的智能化发展,将突破果树栽培与管理专家知识的采集、存贮和推理技术,专家系统与模拟模型研究相结合,专家系统与实时信号采集处理系统甚至技术经济评估系统相结合,专家系统与精准农机具相结合,智能应用系统的产品化水平将有质的飞跃。智能应用系统将具有良好的人机交互接口,一般果农无需专门培训就能操作自如。在果园精准作业与智能机械装备方面,果园机械精准导航和控制技术、作业决策模型与作业方案实时生成技术等会得到应用,智能化果园装备将实现果树栽植、树体管理、花果管理、肥水管理、病虫害防控等生产环节的机械化、智能化和机器人化。